Schriftenreihe des Bundesinstituts für
ostwissenschaftliche und internationale
Studien, Köln

Band 26

Barbara Pietzonka

# Ethnisch-territoriale Konflikte in Kaukasien

Eine politisch-geographische Systematisierung

Nomos Verlagsgesellschaft
Baden-Baden

Die Meinungen, die in den vom Bundesinstitut für ostwissenschaftliche und internationale Studien herausgegebenen Veröffentlichungen geäußert werden, geben ausschließlich die Auffassungen der Autoren wieder.

Die Deutsche Bibliothek – CIP-Einheitsaufnahme

**Pietzonka, Barbara:**
Ethnisch-territoriale Konflikte in Kaukasien: Eine politisch-geographische Systematisierung / Barbara Pietzonka. – 1. Aufl. – Baden-Baden: Nomos Verl.-Ges., 1995
  (Schriftenreihe des Bundesinstituts für Ostwissenschaftliche und Internationale Studien, Köln; Bd. 26)
  Zugl.: Dresden Univ., Diss. 1994
  ISBN 3-7890-3720-6
  NE: Bundesinstitut für Ostwissenschaftliche und Internationale Studien <Köln>:
    Schriftenreihe des Bundesinstituts . . .

1. Auflage 1995
© Nomos Verlagsgesellschaft, Baden-Baden 1995. Printed in Germany. Alle Rechte, auch die des Nachdrucks von Auszügen, der photomechanischen Wiedergabe und der Übersetzung, vorbehalten.

# Inhaltsverzeichnis

*Vorwort*   13

1 *Einleitung*   15
  1.1 Problemstellung   15
  1.2 Zentrale Frage und Teilfragen   17
  1.3 Anlage der Arbeit und Vorgehensweise   18
  1.4 Quellengrundlage   20
  1.5 Literaturüberblick   21

2 *Kaukasien*   26

  2.1 Geographische Lage   26
  2.2 Die Bedeutung der naturräumlichen Ausstattung für die Kulturlandschaftsentwicklung   32
  2.3 Die Herausbildung kulturgeographischer Merkmale im historischen Prozeß   34
    2.3.1 Transkaukasien   35
    2.3.2 Nordkaukasien   38
  2.4 Territoriale Strukturen von Bevölkerung und Wirtschaft   42

3 *Die Völker Kaukasiens*   54

  3.1 Die ethnolinguistische Gliederung der Bevölkerung   54
  3.2 Die Religionszugehörigkeit der Bevölkerung   58

4 *Die politisch-territorialen Strukturen des Raumes*   78

  4.1 Zur politisch-rechtlichen Stellung der Territorialeinheiten bis 1991   78
  4.2 Die Herausbildung der gegenwärtigen Territorialgliederung   82

    4.2.1  Vom Beginn bis zum Zerfall der sowjetischen Administration    82
    4.2.2  Politischer Status und Grenzen seit 1990/91    85
4.3  Die aktuellen Bezeichnungen der Territorialeinheiten    94

5  *Zum Verhältnis ethnisch-nationaler und politisch-territorialer Strukturen*    97

5.1  Primäre und sekundäre ethnische Gruppen    97
5.2  Ethnische Inkonsequenzen der politischen Territorialgliederung    99
    5.2.1  Die Heterogenität der ethnischen Struktur innerhalb der Territorialeinheiten    99
    5.2.2  Die Zerschneidung ethnisch relativ homogener Territorien durch politische Grenzen    109
    5.2.3  Ethnisch-territoriale Inkongruenzen infolge administrativer Veränderungen im Zusammenhang mit Zwangsmigrationen    115
        5.2.3.1  Der Prigorodnyj Rajon    117
        5.2.3.2  Das Problem der Akkiner    120
    5.2.4  Exklaven und Enklaven    121
        5.2.4.1  Nagornyj Karabach    121
        5.2.4.2  Nachičevan'    127
5.3  Ethnische und territoriale Inkonsequenzen der Autonomiehierarchie    128
    5.3.1  Autonomiestatus und politisch-territoriale Zugehörigkeit    128
        5.3.1.1  Südossetien    129
        5.3.1.2  Abchazien    131
    5.3.2  Ethnische Minderheiten    138
        5.3.2.1  Die Mes'cheten    138
        5.3.2.2  Die Kurden    141

6  *Zum Verhältnis von Ethnizität und Territorialität*    145

6.1  Eine Untersuchung zur Sprachlichkeit in Nordkaukasien    147
6.2  Zur »Explosion des Ethnischen«    155

7 Die neuen Staaten zwischen sowjetischer Hinterlassenschaft und
   nationalem Neubeginn 160

   7.1 Das »Erbe« der Sowjetunion - Bedingungsfeld für die Lösung ethnisch-territorialer Konflikte 160
   7.2 Ausblick 166

8 Ergebnisse 170

9 Quellenverzeichnis 177

   9.1 Abkürzungen für häufig zitierte Zeitungen 177
   9.2 Schrifttum 177
   9.3 Statistiken 183
   9.4 Atlanten 184

# Verzeichnis der Tabellen

| | | |
|---|---|---|
| Tab. 1 | Fläche und Bevölkerung der Territorialeinheiten in Kaukasien 1989 | 30 |
| Tab. 2 | Anteile der Städte mit über 100 000 Einwohnern an der städtischen Bevölkerung in Transkaukasien 1989 | 48 |
| Tab. 3 | Produktionsumfang (1989) und Indexe des produzierten Nationaleinkommens (1989/90) nach Republiken | 51 |
| Tab. 4 | Beschäftigtenstruktur nach Wirtschaftsbereichen in den Unionsrepubliken 1987 | 52 |
| Tab. 5 | Monatseinkommen der Bevölkerung nach Republiken 1989/90 | 53 |
| Tab. 6 | Die Völker Kaukasiens. Herkunft, Religionszugehörigkeit, Sprache und Schrift, Anzahl der Angehörigen und Verteilung | 63 |
| Tab. 7 | Bevölkerungsverteilung bei Ethnien mit eigenem Territorium in Nordkaukasien 1989 | 103 |
| Tab. 8 | Geburtenraten in Armenien und Azerbajdžan 1940 bis 1989 (auf 1000 der Bevölkerung) | 122 |
| Tab. 9 | Bevölkerungsentwicklung bei Armeniern und Azeri in der Sowjetunion 1926-1989 (nach Jahren der Volkszählungen) | 123 |
| Tab. 10 | Kapitalinvestitionen in Azerbajdžan und in Nagornyj Karabach 1961 bis 1984 (in 1000 Rbl.) | 125 |
| Tab. 11 | Sprachlichkeit der Kurden in Transkaukasien 1979 und 1989 | 142 |
| Tab. 12 | Zusammenhang zwischen Siedlungsraum und Muttersprachlichkeit (bezogen auf die eigene Sprache der jeweiligen Ethnie) in Nordkaukasien 1979, 1989) | 150 |
| Tab. 13 | Einfluß der ethnischen Bevölkerungsproportionen auf die Muttersprachlichkeit der Titularnationen in binationalen Territorialeinheiten 1989 | 151 |
| Tab. 14 | Zusammenhang zwischen Siedlungsraum und sprachlicher Russifizierung in Nordkaukasien 1979, 1989 | 152 |
| Tab. 15 | Muttersprachlichkeit sekundärer Ethnien in Nordkaukasien 1979, 1989 | 153 |
| Tab. 16 | Erst- und Zweitsprache bei städtischer und ländlicher Bevölkerung in Nordkaukasien 1989 | 154 |
| Tab. 17 | Beurteilung des Investitionsrisikos in den Republiken und in den autonomen Bezirken der Rußländischen Föderation (Stand: März 1993) | 165 |

# Verzeichnis der Abbildungen

| | | |
|---|---|---|
| Abb. 1 | Kaukasien – Politische Gliederung | 28 |
| Abb. 2 | Kaukasien – Bevölkerungsdichte | 43 |
| Abb. 3 | Kaukasien – Verstädterungsgrad 1989 | 44 |
| Abb. 4 | Kaukasien – Veränderung des Verstädterungsgrades zwischen 1959 und 1989 | 44 |
| Abb. 5 | Nordkaukasien – Bevölkerungsanteil und Verstädterungsgrad bei Titularnationen und Russen 1989 | 45 |
| Abb. 6 | Kaukasien – Ethnische Gliederung | 56 |
| Abb. 7 | Kaukasien – Grundmuster der Verbreitung der wichtigsten Religionen | 59 |
| Abb. 8 | Transkaukasien – Politisch-territoriale Gliederungen | 84 |
| Abb. 8a | 1878 bis 1920/21 | 84 |
| Abb. 8b | 1920/21 bis 1990 | 86 |
| Abb. 9 | Nordkaukasien – Politisch-territoriale Gliederungen | |
| Abb. 9a | 1905 bis 1919 | 88 |
| Abb. 9b | 1921 bis 1924 | 89 |
| Abb. 9c | 1921/24 bis 1943/44 | 90 |
| Abb. 9d | 1943/44 bis 1957 | 91 |
| Abb. 9e | 1957 bis 1991 | 92 |
| Abb. 10 | Kaukasien – Ethnische Zusammensetzung der Bevölkerung nach Territorialeinheiten 1939, 1959 und 1989 | 101 |
| Abb. 11 | Dagestan – Ethnische Zusammensetzung der Bevölkerung 1989 | 105 |
| Abb. 12 | Anteile der Titularnation(en) an der Gesamt- und an der städtischen Bevölkerung | 107 |
| Abb. 13 | Der Prigorodnyj Rajon | 119 |
| Abb. 14 | Abchazien – Ethnische Zusammensetzung der Bevölkerung 1926 bis 1989 | 135 |
| Abb. 15 | Sowjetunion/Abchazien – Bevölkerungsentwicklung bei Abchazen, Georgiern und Russen 1926 bis 1989 | 136 |
| Abb. 16 | Abchazien – Bevölkerungsentwicklung bei Abchazen, Georgiern und Russen 1926 bis 1989 | 137 |
| Abb. 17 | Nordkaukasien – Erst- und Zweitsprache der Titularnationen 1989 | 149 |
| Abb. 18 | Kaukasien – Fluchtbewegungen 1988 bis 1993 | 164 |

# Verzeichnis der Abkürzungen

*Bezeichnungen der Territorialeinheiten*

| | |
|---|---|
| AG | Autonomes Gebiet |
| AK | Autonomer Kreis |
| AO | Avtonomnaja Oblast' (= AG) |
| GUS | Gemeinschaft Unabhängiger Staaten |
| Rep. | Republik |
| r.r.p. | rajony respublikanskogo podčinenija |
| SSR | Sozialistische Sowjetrepublik |
| SU | Sowjetunion |
| UdSSR | Union der Sozialistischen Sowjetrepubliken |
| | |
| Abch. | Abchazien |
| Adž. | Adžarien |
| Armen./ArSSR | Armenien/Armenische SSR |
| Azerb./AzSSR | Azerbajdžan/Azerbajdžanische SSR |
| Čeč.Ing. | Čečeno-Ingušien |
| Dag. | Dagestan |
| Erev. | Erevan |
| GSSR | Georgische SSR |
| Kab.Balk. | Kabardino-Balkarien |
| Kar.Čerk. | Karačajevo-Čerkessien |
| Nag.Karabach | Nagornyj Karabach |
| N-Kauk. | Nordkaukasien |
| NKAO | Nagorno Karabachskaja Avtonomnaja Oblast' |
| Nosset. | Nordossetien |
| Sosset. | Südossetien |
| Reg.Kras./Krasn. | Region Krasnodar |
| Reg. Stav./Stavrop. | Region Stavropol' |

# Vorwort

Die Ereignisse in der ehemaligen Sowjetunion, insbesondere die Vielzahl latenter und akuter ethnisch-politischer Konflikte, über die die Medien spätestens seit Ausbruch der Karabach-Krise im Januar 1988 berichten, ließen nach und nach den lange Zeit dominierenden Eindruck sowjetischer Einheitlichkeit schwinden und offenbarten zugleich einen relativen Mangel an regional-differenzierten Informationen. In den Vordergrund gerückt ist u.a. die Nationalitätenfrage, ein inzwischen viel strapazierter Begriff, hinter dem sich ein derart verschlungenes Problemknäuel verbirgt, das zu entwirren den Lehrenden und Lernenden verschiedener Wissensbereiche ein umfangreiches Arbeitsfeld bietet.

Die vorliegende Untersuchung, die sich auf den kaukasischen Raum bezieht und eine Variante zur Systematisierung der Nationalitätenkonflikte zeigt, soll deutlich machen, daß es nicht *den* Nationalitätenkonflikt gibt, sondern die Problematik ethnisch-territorialer Streitfälle äußerst komplex ist und immer vor dem jeweiligen regionalen kulturgeographischen Hintergrund gesehen werden muß.

Die Auseinandersetzung mit der Thematik meinerseits fiel in eine Zeit, in der die Bevölkerung in beiden Teilen Deutschlands die Öffnung der Grenze erlebte. Erst dadurch war es mir möglich, nette Kollegen aus den »Alt-Bundesländern« kennenzulernen, in verschiedenen Osteuropa-Instituten zu arbeiten und an jenes Informationsmaterial zu gelangen, das eine Erörterung der Thematik in vorliegendem Umfang gestattete.

Mein Dank gilt allen, die mir in den vergangenen dreieinhalb Jahren ihre Unterstützung zukommen ließen.

Herrn Prof. Dr. Schultze (Dresden) danke ich herzlich für die Anregung zu dieser Arbeit und die Betreuung während des Forschungsstudiums.

Besonderen Dank schulde ich Herrn Prof. Dr. Stadelbauer (Freiburg), der seit 1991 das Projekt mitbetreut hat und jederzeit zur Konsultation bereit war. Er hat mir in der konzeptionellen Phase über manche Hürden hinweggeholfen und die Ausarbeitung mit vielen kritischen Hinweisen begleitet.

An dieser Stelle sei auch die ehemalige Pädagogische Hochschule Dresden genannt, die mir durch eine Beihilfe 1992 einen Aufenthalt in Armenien ermöglichte.

Schließlich danke ich Herrn Prof. Dr. Sedlacek vom Geographischen Institut der Universität Jena für die Möglichkeit der computertechnischen Bearbeitung dieser Schrift.

Jena, im Februar 1994 B.P.

# 1. Einleitung

## 1.1 Problemstellung

Seit Ende der achtziger Jahre häufen sich die Nachrichten über Unruhen in verschiedenen Teilen der ehemaligen Sowjetunion. Dabei liegt die Substanz dieser Nationalitätenkonflikte oft weitaus tiefer, als man auf den ersten Blick meinen möchte. Das Ende der Sowjetunion und die Transformationen der früheren Unionsrepubliken in nunmehr selbständige Staaten hat das Konfliktpotential sowohl innerhalb als auch zwischen diesen Nachfolgestaaten keinesfalls entschärft. Inzwischen scheint auch der territoriale Zusammenhalt der Rußländischen Föderation unsicher, wenngleich eigenmächtige Bekundungen einer Unabhängigkeit von Rußland, wie im Falle von Čečnien und Tatarstan durch die Nichtunterzeichnung des Föderationsvertrages vom März 1992 geschehen, politisch und ökonomisch höchst fragwürdig sind.

Neben Statusansprüchen sind es vor allem die Diskussionen um den Verlauf von Grenzen und die damit verbundene verwaltungsrechtliche Zuordnung der Territorien, die die Gemüter erhitzen und zu interethnischen Differenzen führen. Die Region Kaukasien, die den Untersuchungsraum der vorliegenden Arbeit bildet, ist eines der gegenwärtigen »Krisengebiete«. Von 76 akuten Nationalitätenkonflikten, die eine Gruppe Moskauer Geographen im Frühjahr 1991 ermittelte, entfielen 27 auf Kaukasien.[1]

Man ist leicht geneigt, die Ursachen dieses konzentrierten Konfliktpotentials in der kulturellen Vielfalt des Raumes zu suchen. Immerhin leben in Kaukasien, dessen Fläche nur 2 % des Territoriums der ehemaligen Sowjetunion ausmacht, mehr als 60 verschiedene Völker – Angehörige dreier Sprachfamilien und Gläubige zweier Weltreligionen –, insgesamt etwa 28 Mill. Menschen (1989), was annähernd 10 % der Gesamtbevölkerung der früheren Sowjetunion entspricht. Kaukasien zeigt auch deutlich, daß sich die interethnischen Differenzen nicht auf die Formel »Russen – Nichtrussen« reduzieren, sondern die Frontlinie meist zwischen nichtrussischen

---

1 Weitere 23 akute Konflikte wurden in Mittelasien registriert. Zusätzlich hatten 80 Streitfälle zum angegebenen Zeitpunkt die »aktive Phase« noch nicht erreicht. Bis zum April 1992 hatte sich die Zahl der latenten und eskalierten Konflikte auf 180 erhöht (*Glezer* et al. 1991, S. 8; 1992, S. 6).

Völkern verläuft, wobei allerdings die Position der einzelnen Seiten vom jeweiligen Verhältnis zu Rußland mitbestimmt wird.
Dennoch wäre es falsch, die Wurzeln der interethnischen Streitigkeiten einzig im ethnischen Gefüge Kaukasiens zu suchen. Es ist vielmehr die Nichtübereinstimmung zwischen der politischen Aufteilung des Raumes und der ethnischen Struktur, d.h. eine ethnisch inkonsequente politisch-territoriale Gliederung, mit der sich abzufinden die betroffenen Völker auch nach Jahrzehnten nicht bereit sind, und die jetzt, da ein repressives Einschreiten Moskaus nach früherem Muster ausbleibt, zu Auseinandersetzungen führt.
Die Motive sind im einzelnen unterschiedlich. Sie reichen von Forderungen nach Revision bestehender Grenzen oder neuen Grenzziehungen, wie im Falle der früheren Čečeno-Ingušischen ASSR bereits geschehen, oder Rückgabe enteigneter Territorien (Prigorodnyj Rajon in Nordossetien) bis zu Forderungen nach territorialer und kultureller Autonomie (Nogajer, Lezgen, Talyšen) oder Veränderung des bisherigen politischen Status (Südossetien, Abchazien).
Bei aller Differenziertheit bleibt der territoriale Aspekt Dreh- und Angelpunkt. Selbst wenn es vordergründig um Souveränität oder Veränderung der verwaltungsrechtlichen Zuordnung der autonomen Gebietseinheiten geht, sind diese Ansprüche letztlich mit territorialen Konsequenzen verbunden.
Das Bewußtsein der eigenen kulturellen Identität, das die Völker nach jahrzehntelanger sowjetischer Überfremdung jetzt erleben und dem sie mehr oder weniger intensiv Ausdruck zu geben suchen, hat teilweise zu einem Streben nach Selbständigkeit um jeden Preis geführt, was die Lösung ethnisch-territorialer Widersprüche oder zumindest Kompromißfindungen zusätzlich erschwert.
Die relative wirtschaftliche Schlechterstellung einzelner Gebiete und soziale Probleme werden angesichts der verstärkten Hinwendung zum eigenen Ethnos auf die Ebene der interethnischen Beziehungen umgelagert. »Alte« ethnische Feindschaften brechen wieder auf, und Unterschiede im religiösen Bekenntnis gießen zusätzlich Öl in das Feuer der Streitigkeiten. Vor diesem Hintergrund schaukeln sich die Ansprüche und Zielvorstellungen bei der Verteilung der »territorialen Erbmasse« bzw. Forderungen nach Rückgängigmachung politischer Entscheidungen aus der Sowjetzeit gegenseitig hoch, lösen Kettenreaktionen einseitiger politischer Aktionen aus und lassen benachbarte Völker scheinbar kompromißlos aneinandergeraten.
Um den Knoten von Territorial- und Statusansprüchen zu entwirren, reicht eine typisierende Betrachtung der gegenwärtigen politischen Ereignisse nicht aus. Ebensowenig wird es genügen, bei der Analyse der Bevölkerung nach demographischen und kulturellen Merkmalen einerseits und der Erör-

terung der staatlichen und administrativen Gliederung des Raumes andererseits stehenzubleiben. Notwendig ist es, das Zusammenwirken der genannten Faktoren zu untersuchen und dabei die »tief verborgenen und weit zurückreichenden Aspekte kultureller und religiös-weltanschaulicher Konflikte und Differenzierungen« (*Ehlers* et al. 1990, S. 2) einzubeziehen und die »Territorialentwicklung im historischen Rückblick« (*Stadelbauer* 1989, S. 413) zu verfolgen. Aus der Notwendigkeit, das ganzheitliche regionale Wirkungsgefüge kulturräumlicher Strukturen zu beleuchten, resultiert das Vorhaben, die Problematik ethnisch-territorialer Zusammenhänge in Kaukasien aus geographischer Perspektive zu betrachten. Diese Sicht ermöglicht es, die politischen Prozesse in Beziehung zur kulturräumlichen Spezifik der Region zu erklären. Dabei sollen ethnisch-territoriale Inkongruenzen ausgegliedert, zu Gruppen zusammengefaßt und Entstehung, Struktur und Konfliktpotential anhand ausgewählter Fallbeispiele herausgearbeitet werden.

Angesichts der Desintegration der Sowjetunion ist neben anderen Wissensbereichen auch die Geographie zunehmend vor die Aufgabe einer regionalen, kleinräumigen Differenzierung des früheren Gesamtraumes »Sowjetunion« gestellt. Diesem Erfordernis möchte die vorliegende Arbeit gerecht werden und die politischen Ereignisse in Kaukasien als regionalspezifische (Teil-)Vorgänge der in der ehemaligen Sowjetunion insgesamt stattfindenden Systemtransformation verständlich machen.

## 1.2 Zentrale Frage und Teilfragen

Der kaukasische Raum ist durch eine äußerst heterogene kulturräumliche Struktur gekennzeichnet, was sich vor allem in der sprachlich-ethnischen Zusammensetzung und in der Religionszugehörigkeit der Bevölkerung zeigt.

Die territoriale Gliederung des Raumes ist seit Ende der achtziger Jahre Gegenstand gehäufter interethnischer Auseinandersetzungen. Angesichts dieser Entwicklung ist nach der kulturräumlichen, insbesondere ethnischen Konsequenz der territorialen Gliederung zu fragen, d.h.:
*Welche Merkmale kennzeichnen das Verhältnis zwischen ethnischen und politisch-territorialen Strukturen in Kaukasien?*
Im einzelnen soll untersucht werden:
1. Auf welche spezifischen Merkmale der naturräumlichen Ausstattung und auf welche Besonderheiten der historischen Entwicklung des Rau-

mes ist die Herausbildung der differenzierten kulturräumlichen Struktur zurückzuführen?
2. Wie ist Kaukasien
   - nach sprachlich-ethnischen Merkmalen
   - nach Merkmalen der Religionszugehörigkeit
   der Bevölkerung zu gliedern? Welche Besonderheiten kennzeichnen die politisch-territoriale Aufteilung des Raumes?
3. Welche Typen ethnisch-territorialer Inkongruenzen ergeben sich aus der Interferenz ethnischer und politisch-territorialer Strukturen?
4. Wie spiegelt sich das Verhältnis von Ethnos und Territorium in der wechselseitigen Beziehung der Kategorien »Ethnizität« und »Territorialität« wider?

1.3 *Anlage der Arbeit und Vorgehensweise*

Die Bearbeitung des Themas erfolgt in Anlehnung an das »Regionalsystematische Schema« nach *Schultze* (1990).
Die in Kapitel 2 zusammengefaßten Ausführungen sind einer allgemeingeographischen Charakteristik der Region zugedacht (Wesenskennzeichnung) und besitzen in bezug auf das Thema propädeutischen Charakter. Eine umfangreichere Darstellung der Territorialentwicklung soll das historische Bedingungsgefüge der kulturräumlichen Strukturen aufzeigen und eine Einordnung der Fallbeispiele erleichtern.
Kapitel 3 und 4 sind analytisch angelegt und arbeiten die innere Gliederung des Raumes nach ethnischen und politisch-territorialen Strukturen heraus. Sie sind inhaltlich auf den Hauptteil der Arbeit (Kapitel 5) ausgerichtet und bilden sozusagen die »stoffliche Grundlage« für die Erörterung der ethnisch-territorialen Problematik. Die Faktensammlung zu den Völkern Kaukasiens (Kapitel 3) bezieht sich auf ethnolinguistische und Merkmale der Religionszugehörigkeit. Der Einteilung der Ethnien liegt ihre Sprachzugehörigkeit zugrunde.
Die Erörterung der politisch-territorialen Strukturen (Kapitel 4) setzt bei der Neuordnung der Verwaltungsgliederung nach der Gründung der UdSSR an und verfolgt ihre Entwicklung bis in die Gegenwart, da die Analyse ethnisch-territorialer Inkongruenzen fast durchgängig einen Rückgriff auf diesen Zeitraum erforderlich macht. Das Schwergewicht der Arbeit liegt in Kapitel 5 und 6. In beiden wird das Verhältnis von Ethnos und Territorium behandelt, allerdings mit einer unterschiedlichen Herangehensweise. In Kapi-

tel 5 werden Einzelbeispiele ethnisch-territorialer Inkongruenzen analysiert und gleichzeitig in Gruppen zusammengefaßt. Während der Blickwinkel in Kapitel 2 bis 4 den Gesamtraum Kaukasien einschließt, wird die Betrachtung in Kapitel 5 auf einer niederen Dimensionsstufe fortgesetzt; der Maßstab der Betrachtung vergrößert sich entsprechend.
Die Auswahl der Beispiele folgt einem zweifachen Anliegen: Zum einen wurden relativ bekannte Beispiele gewählt, d.h. solche ethnisch-territorialen Widersprüche, die bereits zu akuten interethnischen Konflikten geführt haben. Andererseits wurden weniger bekannte Beispiele aufgegriffen, um auf das latente Konfliktpotential zu verweisen und die Vielfalt der Problematik zu verdeutlichen. Dabei stehen nicht die politischen Vorgänge an sich im Vordergrund, selbst wenn in Anbetracht der aktuellen Situation von diesen ausgegangen oder zu diesen Stellung genommen wird, sondern es werden Hintergründe der Konfliktsituationen beleuchtet. Vollständigkeit im Sinne einer Analyse aller Konfliktkonfigurationen soll und kann nicht Ziel sein.
Die Ausführungen zum Verhältnis von Ethnizität und Territorialität in Kapitel 6 gehen zunächst nicht von Einzelvorgängen aus. Sie greifen dann aber bei den Aussagen zur Ethnizität deduktiv auf Regionalbeispiele zurück. Für die Untersuchung der Sprachlichkeit ist Nordkaukasien herausgegriffen, da der Umfang des vorhandenen statistischen Materials eine gleichartige Untersuchung für Transkaukasien nicht zuläßt.
Kapitel 7 ordnet die gegenwärtigen interethnischen Auseinandersetzungen in das engere (Kaukasien) und weitere (GUS - Türkei - Iran) politische und wirtschaftliche Umfeld ein.
In den Kapiteln 4, 5 und 6 sind jeweils am Beginn kürzere theoretische Aussagen eingefügt; auf einen einführenden theoretischen Rahmen wird verzichtet.
Ist statistischen Angaben im Text keine Jahreszahl beigefügt, beziehen sich diese ausschließlich auf 1989 als Jahr der letzten Volkszählung in der Sowjetunion.
Die Ortsnamen und die Namen der Gebietseinheiten entsprechen den für den jeweiligen Zeitraum gültigen Bezeichnungen. Die aktuellen Veränderungen sind in einem gesonderten Abschnitt (4.3) zusammengefaßt.
Die Bezeichnungen »Transkaukasien« und »Südkaukasien« werden synonym gebraucht. Ersterem wird in Anlehnung an die russische Entsprechung »Zakavkaz'e« und an den internationalen Sprachgebrauch (engl. Transcaucasia, franz. Transcaucasie) der Vorrang gegeben.
Die Schreibweise der Ethnonyme und geographischen Namen richtet sich nach der wissenschaftlichen Transliteration. Da diese im Schriftbild teilweise stark von der (bekannteren) populären Transkription abweicht, ist im Register auch die populäre Umschrift (in Klammern) angegeben.

Für einige Ethnonyme sind in der Literatur verschiedene »Varianten« der Schreibweise zu finden; diese sind im Register (als Kursivdruck) ebenfalls aufgeführt.

1.4 *Quellengrundlage*

Die vorliegende Arbeit ist im wesentlichen das Ergebnis indirekter Informationsgewinnung durch Auswertung eines umfangreichen primären und sekundären Quellenmaterials.

a) *Textinformationen*

Zur Darstellung der historischen Territorialentwicklung und zur Analyse der ethnischen Gliederung der Region wurden überwiegend *Monographien* herangezogen.
Aufsätze in verschiedenen *wissenschaftlichen Zeitschriften* (»Sovetskaja ètnografija«, seit 1992 »Ètnodemografičeskij obzor«; »Soviet Geography«, seit 1992 »Post-Soviet Geography«; »Osteuropa«) sowie Instituts-*Schriftenreihen* (Berichte und Aktuelle Analysen des Bundesinstituts für ostwissenschaftliche und internationale Studien; Veröffentlichungen des amerikanischen Research Institute of Radio Free Europe/Radio Liberty [»Report on the USSR«, »RFE/RL Research Report«]) waren sowohl Grundlage für allgemeine Ausführungen zur Problematik ethnisch-territorialer Widersprüche als auch wichtigster Informationslieferant für die Analyse einzelner Fallbeispiele.
Mitteilungen der *Tagespresse* und verschiedener *Wochenschriften* (»Moskovskie Novosti«; »Novoe Vremja«, »Kommersant«) hatten vorrangig aktualisierende Funktion.
*Fachliteratur* (Geographie, Ethnologie) diente der Erörterung theoretischer Fragen.

b) *Nichttextliche Quellen*

Die zur Analyse der Bevölkerungsstruktur notwendigen statistischen Angaben wurden hauptsächlich den *Ergebnissen der Volkszählungen* 1959, 1970, 1979, 1989 entnommen. Angaben zu früheren Zählungen (1926, 1939) stammen größtenteils aus *Kozlov* (1975).
Als relativ ungünstig ist die Materiallage bei *Karten* einzuschätzen. Das gilt in besonderem Maße für die Darstellungen der unterschiedlichen Verwal-

tungsgliederungen zwischen 1920/21 und 1957. Entsprechende Karten wurden teils russischen, teils deutschen Atlanten entnommen, wobei die Aussagefähigkeit einiger russischer Karten durch fehlende Maßstabsangaben und verschiedentlich unterbrochene oder uneindeutige Grenzsignaturen eingeschränkt ist.

Für die kartographische Darstellung der ethnischen Struktur mußte auf Material älteren Datums zurückgegriffen werden (Atlas narodov mira, 1964). Unabhängig vom Aktualitätsgrad und der vorgenommenen Generalisierung sind »übernommene Ungenauigkeiten« nicht auszuschließen, da selbst von ihrer Ausgabe her etwa zeitgleiche russische Karten zur ethnischen Gliederung nicht völlig übereinstimmen.

Selbständige Untersuchungen vor Ort waren während eines Aufenthalts in Armenien im Januar 1992 nur eingeschränkt möglich. Dennoch hinterließen die unmittelbare Konfrontation mit den Ereignissen um Nagornyj Karabach, mit der wirtschaftlichen und sozialen Lage im Land und nicht zuletzt zahlreiche persönliche Begegnungen mit armenischen Bürgern Eindrücke, die zwar nicht unmittelbar in die vorliegende Arbeit eingehen, jedoch die persönliche Auseinandersetzung mit der Thematik und folglich das Entstehen der Arbeit beeinflußt haben.

## 1.5 *Literaturüberblick*

Die zur Bearbeitung geeignete Literatur ist inhaltlich in zwei große Gruppen zu gliedern: Die erste Gruppe bilden in der Mehrzahl umfangreichere Schriften unterschiedlicher Wissensbereiche (Geographie[2], Geschichte[3], Ethnologie[4], Religion[5], Politik und Recht[6]), die entweder ausschließlich Kaukasien bzw. einzelnen kaukasischen Regionen gewidmet sind oder den Gesamtraum der früheren Sowjetunion behandeln, wobei die Kaukasien betreffenden Aussagen i.d.R. einen separaten Abschnitt bilden.

Die zweite Gruppe faßt Schriften zusammen, die sich explizit mit der ethnisch-territorialen Problematik auseinandersetzen. Dazu gehören theoretische Abhandlungen und Übersichtsdarstellungen zum Verhältnis von Eth-

---

2 *Pokšiševskij* 1971; *Gerloff, Zimm* 1978; *Karger* 1978/87; *Schultze* 1985.
3 *Sarkisyanz* 1961, 1975; *Benningsen Broxup* (ed.) 1992.
4 *Geiger* et al. 1959; *Narody Kavkaza* 1960/62; *Akiner* 1983; *Wixman* 1984; *Benningsen, Wimbush* 1985/86; *Mark* 1989/92.
5 *Bräker* 1988; *Basse, Stricker* 1989.
6 *Arnold* 1973; *Uibopuu* 1975; *Meissner* 1985.

nizität und Territorialität bzw. zum Problem der Minderheiten[7] sowie Schriften, die Einzelbeispiele ethnisch-territorialer Inkongruenzen erörtern[8].

Die Anzahl der der ersten Gruppe zuzuordnenden russischsprachigen Publikationen ist relativ groß. Allerdings handelt es sich vorrangig um schematisch aufgebaute länderkundliche Darstellungen einzelner oder mehrerer Unions- oder autonomer Republiken, die sich inhaltlich auf eine Beschreibung naturräumlicher Gegebenheiten und Merkmale der Wirtschaftsstruktur konzentrieren. Informationen zur Bevölkerung erschöpfen sich meist in allgemeinen und auf die »Fortschrittlichkeit« sowjetischer Sozial- und Nationalitätenpolitik hinweisenden Angaben. Zudem liegt das Erscheinungsjahr z.T. um Jahrzehnte zurück; aktualisierte Neuauflagen fehlen meist (vgl. Referativnyj žurnal, versch. Jg.).

Ausführliche Informationen zur Ethnogenese der Völker Kaukasiens enthält die zweibändige Schrift »Narody Kavkaza« (1960/62). Einschränkend ist zu bemerken, daß die Aussagen zur Entwicklung der nationalen Kulturen und die Hinweise auf ethnische Assimilationsvorgänge ideologisch verwischt sind. Die Deportation nordkaukasischer Völker bleibt gänzlich unerwähnt und von den Mes'cheten ist lediglich im einführenden Teil zur historischen Territorialentwicklung die Rede. Die Angaben zur Verteilung der Ethnien sind aufgrund der Erscheinungsjahre kaum mehr zu verwenden.

Zur Entwicklung politisch-territorialer Strukturen in Kaukasien seit der Gründung der UdSSR liefern russische Quellen nur lückenhafte Informationen. Selbst die ausschließlich dieser Thematik zugedachte Dokumentation von *Isaev* (1979) klammert den Zeitraum zwischen 1943/44 und 1957 aus. Erst die kürzlich vom Institut für Ethnologie und Anthropologie der Russischen Akademie der Wissenschaften erarbeitete Zusammenstellung bisher geheimer Dokumente zu den Deportationen »Deportacii narodov SSSR« (1992) enthält detaillierte Angaben zur Zahl der Vertriebenen und zu Veränderungen in der administrativen Gliederung Kaukasiens.

Unter den im deutschen und im englischen Sprachraum erschienenen Schriften, die ausschließlich dem kaukasischen Raum gewidmet sind, verdient das von *Benningsen Broxup* (1992) herausgegebene Werk »The North Caucasus Barrier« besondere Beachtung. Die Autoren beschreiben den Unabhängigkeitskampf der nordkaukasischen Völker seit dem 16. Jahrhundert unter besonderer Berücksichtigung der Rolle des Islam. Die Ausarbeitung wesentlicher Unterschiede in den Sozialordnungen der Völker mündet in einer sehr differenzierenden Erörterung des Themas.

---

7  *Wixman* 1980, 1982; *Halbach* 1989, 1990, 1992; *Kolossov* 1992; *Kraas-Schneider* 1989.
8  *Simon* 1988; *Stadelbauer* 1989; *Karpov* 1990; *Paneš, Ermolov* 1990; *Auch* 1992.

*Sarkisyanz* (1961) räumt den Völkern Kaukasiens und der Entwicklung administrativer Strukturen in der Region einen relativ breiten Raum ein. Der Autor beschränkt sich dabei auf zahlenmäßig größere Völker; quantitativ weniger bedeutsame Ethnien (Karačajer, Balkaren) finden nur am Rande Erwähnung oder werden wie im Fall der dagestanischen Völker als Gruppe betrachtet.

Eine Übersicht zur ethnischen Gliederung der Bevölkerung Kaukasiens liefert *Geiger* et al. (1959). Der Einteilung liegt die Zugehörigkeit zu Sprachfamilien und -gruppen zugrunde, wobei die einzelnen Ethnien nach folgenden Kriterien beschrieben werden: Name, Number, Location, Language, Subdivisions, Traditional economy, Religion.

Ausführliche Informationen zur Herkunft, zur sprachlich-ethnischen Einordnung und zur konfessionellen Zugehörigkeit der muslimischen Völker der ehemaligen Sowjetunion vermitteln *Akiner* (1983) und *Benningsen, Wimbush* (1985/86). In beiden Werken wird die muslimische Bevölkerung Nord- und Transkaukasiens in einem separaten Abschnitt behandelt. Gute Grundlagen für eine Analyse ethnischer Strukturen sind auch das ethnographische Handbuch von *Wixman* (1984) sowie das Lexikon von *Mark* (1989/92).

In der kulturgeographischen Literatur wird Kaukasien mit unterschiedlichem Schwergewicht behandelt. Während *Gerloff* und *Zimm* (1978) sowie *Schultze* (1985) die Analyse der Wirtschaftsstruktur des Raumes in den *Vordergrund stellen, liefert Stadelbauer* außer in seinen Beiträgen zur Agrargeographie Transkaukasiens (1983) im Sowjetunion-Band der Fischer-Länderkunde (1978/87) eine knappe, in bemerkenswerter Weise die Wesensmerkmale des Raumes erfassende kulturgeographische Charakteristik Kaukasiens, wobei er die historische Bedingtheit ethnischer, wirtschaftlicher und politischer Strukturen deutlich herausstellt.

An dieser Stelle sei auch auf die zahlreichen Reisebeschreibungen verwiesen, die dem Kaukasus gewidmet sind (*Radde* 1866, 1878; *Merzbacher* 1901; *Nansen* 1933; *Linde* 1985; *Rietdorf* 1990). Sie enthalten neben Schilderungen der Naturlandschaft zahlreiche Informationen zur kulturräumlichen Eigenart Nord- und Transkaukasiens.

In bezug auf die Nationalitätenproblematik beschränkt sich die Fach- und populärwissenschaftliche sowjetische Literatur bis in die zweite Hälfte der achtziger Jahre auf eine stereotype Darstellung der sowjetischen »Vielvölkerfamilie«; die Existenz national-territorialer Widersprüche wird gänzlich tabuisiert. Es ist hier das Verdienst der westlichen Osteuropakunde, sich insbesondere seit den siebziger Jahren kritisch mit der staatlichen Organisation der UdSSR und der nationalen Problematik auseinandergesetzt zu haben. Die im deutschen Sprachraum umfassendste Analyse des Staatsaufbaus der UdSSR bietet nach *Arnold* (1973) und *Uibopuu* (1975) das von

*Fincke* (1983) redigierte »Handbuch der Sowjetverfassung«. Während der erste Teil des Handbuches eine Analyse der Verfassungsentwicklung enthält, kommentiert *Uibopuu* im zweiten Band die verfassungsrechtliche Stellung der Unionsrepubliken und autonomen Gebietseinheiten anhand der entsprechenden Artikel aus den einzelnen Verfassungen. Weitere dieser Thematik zugedachte Schriften sind von *Schröder* und *Meissner* (1974) sowie *Meissner* (1985). Zur Rechtslage der Minderheiten in der Sowjetunion äußert sich *Brunner* (1988). *Simon* (1986) verfolgt in seiner Monographie die Entwicklung der sowjetischen Nationalitätenpolitik bis in die Mitte der achtziger Jahre. Der Autor gliedert dabei verschiedene Etappen aus und beschreibt die Realität dieser Politik in verschiedenen Bereichen, u.a. im Bildungswesen, in der Wirtschaft und im Parteiapparat. Im abschließenden Kapitel geht *Simon* auf den »neuen Nationalismus« (S. 299) ein und äußert sich auch zur Spezifik des Islam in Nordkaukasien.

Das Problem der Nationalitätenkonflikte greift *Halbach* (1989, 1990, 1992) auf. Er rückt jedoch nicht die aktuellen Ereignisverläufe in den Vordergrund, sondern benutzt regionale Beispiele, vornehmlich aus Transkaukasien und Mittelasien, um das Phänomen »nationales Bewußtsein« gewissermaßen abzuheben und den Zusammenhang von Ethnizität und Territorialität deutlich herauszustellen. In seinem Beitrag »Ethno-territoriale Konflikte in der GUS« kennzeichnet *Halbach* (1992) ethnisch-territoriale Inkongruenzen in Nord- und Transkaukasien, Mittelasien sowie im Westen der ehemaligen Sowjetunion. Dabei stützt sich der Autor auf die im Frühjahr 1991 erschienene Zusammenstellung potentieller und akuter Konflikte durch *Glezer, Kolossov, Petrov, Streleckij* und *Trejviš*, geht aber über diese hinaus, da er ausgewählte Konfliktsituationen erörtert und diese in knapper Form in ihrem historischen Bedingungsgefüge analysiert.

Auf die territoriale Komponente in den interethnischen Auseinandersetzungen in Kaukasien und Mittelasien verweist auch *Novikov* (1992). Ebenfalls hier einzuordnen ist *Saizew* (1992), der Erscheinungsformen des Separatismus in Rußland untersucht und dabei Nordkaukasien in einem gesonderten Abschnitt behandelt.

Sowohl politikwissenschaftliche und historische als auch geographische Erörterungen der ethnisch-territorialen Problematik in Kaukasien richten ihr Augenmerk auf den Fall »Nagornyj Karabach«. Während *Simon* (1988) historische und demographische Hintergründe des Konflikts aufzeigt, ordnet *Stadelbauer* (1989) das Problem in überregionale, d.h. kaukasische Zusammenhänge ein und erörtert zusätzlich regionalwirtschaftliche Aspekte. *Auch* (1992) rückt den Fall historisch, politisch und ökonomisch noch stärker in das azerbajdžanische Umfeld.

Seit Ende der achtziger Jahre ist auch in der sowjetischen bzw. russischen Fach- und populärwissenschaftlichen Literatur das klischeehafte Bild der

»nationalen Eintracht« einer kritischen Auseinandersetzung mit dem Nationalitätenproblem gewichen. In der Zeitschrift »Sovetskaja ètnografija« (seit 1992 »Ètnodemografičeskij obzor«) wurden in den letzten Jahren neben allgemein-theoretischen Beiträgen zur Nationalitätenproblematik (*Arutjunov* 1990; *Krupnik* 1990; *Pain, Popov* 1990; *Artanovskij* 1992) immer wieder auch regionalspezifische, insbesondere kaukasische Probleme erörtert (*Inal-Ipa* 1990; *Kalinovskaja, Markov* 1990; *Karpov* 1990; *Paneš, Ermolov* 1990).

Sichtbar zugenommen hat schließlich der Umfang der für einen breiteren Leserkreis bestimmten populärwissenschaftlichen Publikationen. Recht ausführliche Beiträge zu Kaukasien enthalten *Stölting* (1990), *Beckherrn* (1990) und *Grotzky* (1991).

Die einzige bislang vorliegende Behandlung ethnisch-territorialer Streitfälle in der ehemaligen Sowjetunion aus politisch-geographischer Sicht, die über Fallbeispiele hinausgeht, ist der Aufsatz von *Kolossov* (1992) »Ethno-Territorial Conflicts and Boundaries in the former Soviet Union«, worin die Region Nordkaukasien schwerpunktmäßig herausgegriffen ist. In einer abschließenden Übersicht ordnet der Autor die Konflikte nach Territorial- und Statusansprüchen.

Ein politisch-geographischer Systematisierungsansatz, der sich auf den Gesamtraum Kaukasien bezieht und dabei sowohl Hintergründe der Streitfälle als auch aktuelle Forderungen berücksichtigt, primär aber von der räumlichen Struktur ethnisch-territorialer Inkongruenzen ausgeht, ist bisher nicht bekannt.

# 2 Kaukasien

## 2.1 Geographische Lage

Die sich südlich an die osteuropäische Ebene anschließende breite Landenge zwischen Schwarzem und Kaspischem Meer wird als Kaukasien bezeichnet. In dieser Bedeutung sollte auch der russische Name »Kavkaz« verstanden sein; die deutsche Übersetzung »Kaukasus« meint lediglich eines der Bauelemente des Raumes.
Das kaukasische Gebirgssystem bildet einen Teil der jungen (känozoischen) europäisch-asiatischen Faltungszone. Im Norden wird Kaukasien naturräumlich durch die Kuma-Manyč-Senke begrenzt. Im Süden setzt das Transkaukasische Hochland das Pontische Gebirge bzw. den Antitaurus fort und geht in östlicher Richtung in das Hochland von Iran über.
Die tektonischen Haupteinheiten – Großer Kaukasus, Transkaukasische Senke, Kleiner Kaukasus – verlaufen einander parallel von West-Nordwest nach Ost-Südost und bestimmen als Antiklinal- und Synklinalstrukturen die Großformen des Reliefs. Das sich südlich an den Kleinen Kaukasus anschließende Hochland von Armenien hebt sich in baulicher und in morphologischer Hinsicht vom kaukasischen Faltungssystem ab und stellt als vulkanisches Tafelland eine eigene Einheit dar. Die horizontalen Linien, an denen sich die Anatolische und die Iranische Platte gegen die Eurasische Platte nach Nordwesten schieben, treten morphologisch nicht in Erscheinung.
Klimatisch liegt Kaukasien im Bereich des Westwindgürtels. Der Große Kaukasus verhindert weitgehend ein Übergreifen der nördlich dominierenden polaren Luftmassen nach Transkaukasien, das überwiegend von tropischen Luftmassen beherrscht wird. Für den gesamten Raum gilt eine west-östlich gerichtete Zunahme der thermischen und hygrischen Kontinentalität, wobei die orographische Gliederung und der Einfluß der angrenzenden Meere zahlreiche lokalklimatische Differenzierungen bewirken. Von Norden nach Süden gliedert sich Kaukasien in folgende fünf naturräumliche Großeinheiten: das nördliche Kaukasusvorland, den Großen Kaukasus, die Transkaukasische Senke, den Kleinen Kaukasus und das Hochland von Armenien. Letztere zwei Einheiten bilden zusammen das Transkaukasische Hochland (Gliederung nach *Karger* 1978/87, S. 35).
Die natürlich vorgegebene Isthmus-Lage des Raumes und die orographische Eigenart der Gebirgsregion haben im Zusammenspiel mit einer äu-

ßerst wechselvollen Geschichte Kaukasien zu einer kulturräumlichen Nahtstelle zwischen Asien und Europa werden lassen.
Über Jahrhunderte siedelten sich verschiedene Volksgruppen in Kaukasien an. Teilweise vermischten sie sich mit der autochthonen kaukasischen Bevölkerung, teilweise bewahrte letztere in den entlegenen Teilen der Gebirgsregion eine gewisse Eigenständigkeit. Entstanden ist ein Mosaik aus zahlreichen Völkern, die sich in anthropologischer, sprachlicher und sozialstruktureller Hinsicht mehr oder weniger stark voneinander unterscheiden. Eine zusätzliche Differenzierung der Bevölkerung ergibt sich aus der unterschiedlichen Religionszugehörigkeit.
Die in mehrfacher Hinsicht periphere Lage Kaukasiens bedingte eine relative Zugänglichkeit für äußere Einflüsse: Die Lage im (östlichen) Einflußbereich des mediterranen Kulturkreises führte zur Übernahme des Christentums im westlichen Teil Transkaukasiens. Seit dem 8. Jahrhundert entwickelte sich Kaukasien, das zeitweilig zum nördlichen Herrschaftsgebiet der Araber gehörte und dessen südlicher Teil sich zwischen dem 16. und dem 18. Jahrhundert politisch und territorial im Spannungsfeld zwischen Osmanischem und Persischem Reich fand, zur nördlichen Peripherie der islamischen Welt.
Schließlich führten die Versuche Rußlands, den kaukasischen Raum politisch und ökonomisch zu beherrschen, seit dem ausgehenden 18. Jahrhundert zu einer gezielten russischen (osteuropäischen) Überprägung der orientalischen Kulturlandschaften.
Bei aller Offenheit, insbesondere Transkaukasiens, für äußere Einflüsse erleichterte die Randlage, meist zu Zeiten politischer Schwäche der benachbarten Machtprätendenten, immer wieder auch spezifisch nationale Entwicklungen, vor allem in Georgien und Armenien.
Die räumliche und z.T. zeitliche Überlagerung der verschiedenen äußeren Einflüsse und inneren Entwicklungen einerseits und die Interferenz ethnischer und konfessioneller Zugehörigkeiten andererseits bedingen den Übergangscharakter des Raumes und sind letztlich für eine kulturräumliche Struktur verantwortlich, die bezüglich ihrer Heterogenität nicht nur innerhalb der ehemaligen Sowjetunion ihresgleichen sucht.
Bis zur Auflösung der UdSSR war Kaukasien politischer und territorialer Bestandteil dieses Staates. Die jetzige staatliche Aufteilung des Raumes entspricht der früheren Gliederung in Unionsrepubliken (Abb. 1; Tab. 1).
Der Nordteil Kaukasiens gehört zur Rußländischen Föderation, dessen Südgrenze bis auf kleinere Abschnitte im Westen und im Osten dem Hauptkamm des Großen Kaukasus folgt. Das südlich daran anschließende Transkaukasien bildet keine politische Einheit, sondern gliedert sich in die drei nunmehr selbständigen Staaten Armenien, Georgien und Azerbajdžan. Letzteren sind mehrere autonome Territorien administrativ eingegliedert

Abb. 1:   Kaukasien - Politische Gliederung

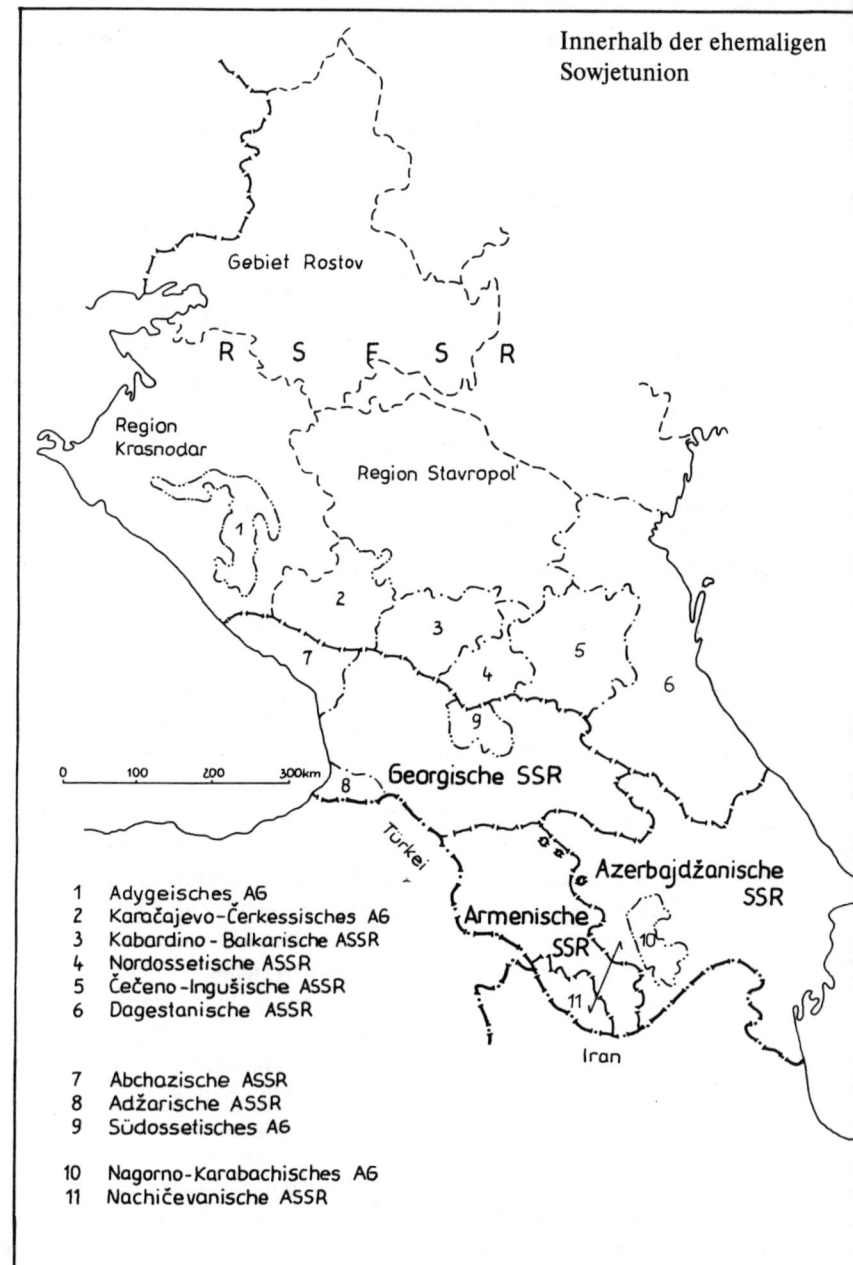

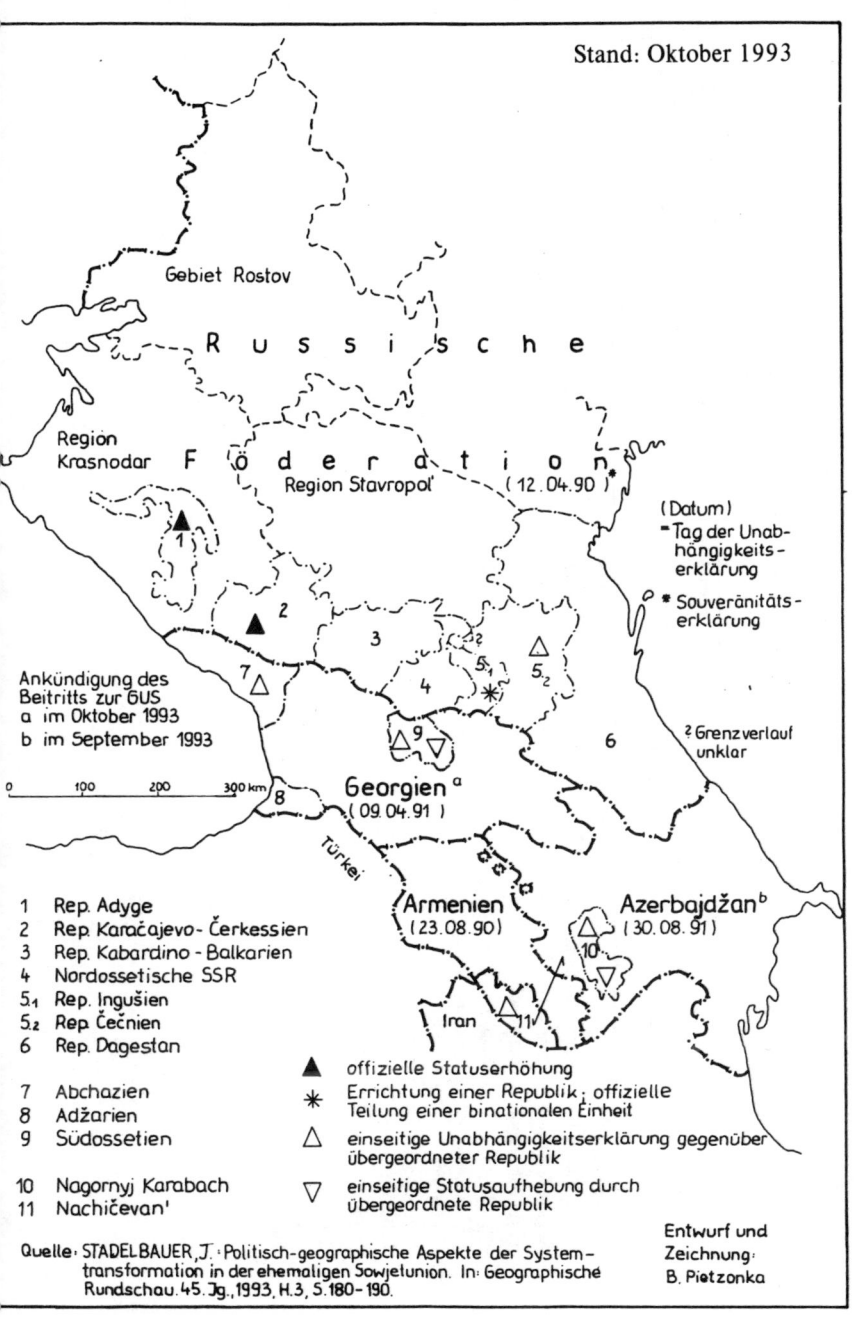

Tab. 1: Fläche und Bevölkerung der Territorialeinheiten in Kaukasien 1989

| Einheit[a] | Hauptstadt | Fläche | Bevölkerung | | Titularnation | |
|---|---|---|---|---|---|---|
| | | | gesamt | Hauptstadt | Name | Anteil an der Gesambbevölk. |
| | | [10³ qkm] | [10³] | [10³] | | [%] |
| **Nordkaukasien[b]** | | **355,1** | **16629** | | | |
| Gebiet Rostov | Rostov na Donu | 100,8 | 4293 | 1020 | Russen | 89,2 |
| Region Krasnodar[c] | Krasnodar | 83,6 | 5053 | 620 | Russen | 84,7 |
| Region Stavropol'[c] | Stavropol' | 80,6 | 2825 | 318 | Russen | 77,7 |
| Rep. Adyge | Majkop | 7,6 | 432 | 149 | Adyge | 22,1 |
| Rep. Karačajevo-Čerkessien | Čerkessk | 14,7 | 415 | 113 | Karačajer Čerkessen | 31,2 9,7 |
| Rep. Kabardino-Balkarien | Nal'čik | 12,5 | 754 | 235 | Kabardiner Balkaren | 48,2 9,4 |
| Nordossetische SSR | Vladikavkaz | 8,0 | 632 | 300 | Osseten | 53,0 |
| Rep. Ingušien[d] | Nazran' | 19,3 | 1270 | 18 | Ingušen | 12,9 |
| Rep. Čečnien[d] | Groznyj | | | 400 | Čečenen | 57,8 |
| Rep. Dagestan | Machačkala | 50,3 | 1802 | 318 | dag. Völker (Kumyken) (Nogajer) | 65,7 12,9 1,6 |

| Einheit[a] | Hauptstadt | Fläche | Bevölkerung | | | Titularnation | |
|---|---|---|---|---|---|---|---|
| | | | gesamt | Hauptstadt | Name | | Anteil an der Gesamtbevölk. |
| | | [10³ qkm] | [10³] | [10³] | | | [%] |
| **Transkaukasien** | | **186,3** | **1413** | | | | |
| Rep. Georgien[e] | Tbilisi | 69,7 | 5401 | 1247 | Georgier | | 70,1 |
| Abchazien | Suchumi | 8,6 | 525 | 121 | Abchazen | | 17,8 |
| Adžarien | Batumi | 3,0 | 392 | 136 | Georgier (Adžaren) | | |
| Südossetien | Cchinval | 3,9 | 98 | 42 | Osseten | | 66,2 |
| Rep. Armenien | Erevan | 29,8 | 3305 | 1141 | Armenier | | 93,3 |
| Azerbajdžanische Rep.[f] | Baku | 86,6 | 7021 | 1795 | Azeri | | 82,7 |
| Nachičevan' | Nachičevan' | 5,5 | 294 | 60 | Azeri | | 90,6 |
| Nagornyj Karabach | Stepanakert | 4,4 | 189 | 57 | Armenier | | 76,9 |

Quelle: Narodnoe chozjajstvo v 1989 godu. Statističeskij ežegodnik. Moskva 1990.

[a] Die angeführte politische Gliederung entspricht dem Stand vom Dezember 1993.

[b] Alle aufgeführten Territorialeinheiten Nordkaukasiens gehören zur Rußländischen Föderation (Rußland).

[c] Zum Zeitpunkt der letzten Volkszählung (Jan. 1989) waren das AG der Adyge und das AG der Karačajer und Čerkessen noch administrative Bestandteile der Regionen Krasnodar und Stavropol'. Die Angaben zu Fläche und Bevölkerung schließen die genannten AG ein.

[d] 1989 bestand noch eine gemeinsame ASSR der Čečenen und Ingušen. Separate Angaben zu Fläche und Bevölkerung Čečniens und Ingušiens sind noch nicht verfügbar.

[e] Die Angaben zu Fläche und Bevölkerung schließen die Werte für Abchazien, Adžarien und Südossetien ein.

[f] Die Angaben zu Fläche und Bevölkerung schließen die Werte für Nachičevan' und Nagornyj Karabach ein.

bzw. zugeordnet. Innerhalb Georgiens sind dies Abchazien und Adžarien (beide in sowjetischer Zeit ASSR) sowie Südossetien (AG). Unter azerbajdžanischer Verwaltung stehen Nagornyj Karabach (AG) und Nachičevan' (ASSR), das vom eigentlichen Staatsgebiet Azerbajdžans durch armenisches Territorium getrennt ist.
Nordkaukasien gehört insgesamt zur Rußländischen Föderation, zerfällt aber in einzelne Verwaltungs- und nationale Gebietseinheiten. Im eigentlichen Kaukasusvorland liegen die Regionen Krasnodar und Stavropol' sowie im Osten die Republik Dagestan, die nach Süden bis an den Samur reicht und Teile des Hochgebirges einschließt. Am Nordabhang des Großen Kaukasus reihen sich fünf Gebietseinheiten aneinander: die Republik der Karačajer und Čerkessen, die Republik der Kabardiner und Balkaren, die Nordossetische SSR, die Republik Ingušien und die Republik Čečnien. Ohne geographische Bindung an die genannten Territorien ist die Republik Adyge, die räumlich zwar innerhalb der Region Krasnodar liegt, ihr verwaltungsmäßig aber nicht mehr untersteht.
Nach der früheren Aufteilung der Sowjetunion in Wirtschaftsgroßregionen schließt Nordkaukasien auch das Gebiet Rostov ein und reicht damit über die bereits erwähnte natürliche Linie der Kuma-Manyč-Senke hinaus.
In der vorliegenden Arbeit wird das Untersuchungsgebiet Kaukasien wie folgt begrenzt: »Nordkaukasien« bezeichnet die (autonomen) Republiken Adyge, Karačajevo-Čerkessien, Kabardino-Balkarien, Nordossetien, Ingušien, Čečnien und Dagestan sowie die Regionen Krasnodar und Stavropol', klammert also das Gebiet Rostov aus. Beziehen sich die Angaben nur auf die genannten Republiken, wird ausdrücklich darauf verwiesen.
»Transkaukasien« umfaßt die drei Republiken Georgien, Armenien und Azerbajdžan (einschließlich Nachičevan').

## 2.2 Die Bedeutung der naturräumlichen Ausstattung für die Kulturlandschaftsentwicklung

Es ist nicht Gegenstand der vorliegenden Arbeit, die natürliche Ausstattung des Raumes bezüglich ihrer kulturräumlichen Wirksamkeit zu untersuchen. Dennoch sei an dieser Stelle auf einige Besonderheiten des Naturraumes verwiesen, die den kulturlandschaftlichen Bauplan beeinflußt haben.
Bereits die angeführte Gliederung Kaukasiens in naturräumliche Haupteinheiten stellt das nördliche Gebirgsvorland und die transkaukasische Senke als Gunsträume für Landnutzung und Siedlung den Hochgebirgsbereichen gegenüber, wobei die natürlichen Bedingungen auch innerhalb dieser »Vor-

zugsräume« einem Wandel unterworfen sind und entsprechende differenzierte Nutzungsformen entwickelt wurden.
Die klimatischen Bedingungen im nördlichen Kaukasusvorland sind insgesamt durch große Trockenheit und einen kontinentalen Jahresgang der Temperatur gekennzeichnet. Dennoch läßt die feuchtere Variante des sommerheißen Kontinentalklimas im westlichen Teil des Vorlandes Regenfeldbau zu. Ackerbauliche Nutzung hat in der Kuban'-Azovschen Niederung und im Bereich der Stavropoler Höhen die ursprüngliche Steppenvegetation weitgehend verdrängt. Der östliche Teil des Vorlandes ist hinsichtlich seines Klimas und seiner Vegetationsformen auf z.t. versalzten Böden bereits Halbwüste. Allerdings sind die Winter aufgrund der benachbarten Lage zum Kaspischen Meer relativ warm und gestatten eine Nutzung der ausgedehnten Flächen in der Nogajer Steppe als Winterweide.
In ähnlicher Weise verändern sich die bioklimatischen Verhältnisse innerhalb der transkaukasischen Senke, wozu noch die klimascheidende Wirkung des von Norden nach Süden verlaufenden Suram-Gebirges tritt. Während in der zum Schwarzen Meer geöffneten Rioni-Niederung das feuchtwarme Klima eine insgesamt üppige, z.T. immergrüne Vegetation bedingt und den Anbau subtropischer Kulturen zuläßt, besitzt die östlich des Suram-Gebirges zum Kaspischen Meer abfallende Kura-Araks-Niederung bereits Steppen- und Halbwüstencharakter. Eine landwirtschaftliche Nutzung ist nur dort möglich, wo die aus dem Gebirge kommenden Flüsse als Bewässerungsgrundlage genutzt werden können oder künstlich bewässert wird. Lediglich im Tiefland von Lenkoran' im äußersten Südosten des Kura-Araks-Beckens gestattet die auf die Lage im Luv des Talyš-Gebirges und den Einfluß des Kaspischen Meeres zurückzuführende feuchte Variante des subtropischen Klimas den Anbau entsprechender Kulturen auf den ursprünglich von dichten Laubwäldern bedeckten Flächen.
Mit Sicherheit ist es vor allem der Lage am Meer und der klimatischen Gunst des Raumes zuzuschreiben, daß der westliche Teil der Rioni-Niederung schon während der Antike als Kulturlandschaft bekannt war. Wissenschaftler sind am Schwarzen Meer, in der Rioni-Niederung und in der Umgebung des heutigen Tbilisi auf Höhlenwohnstätten gestoßen, was auf eine bereits paläolithische Besiedlung des Raumes schließen läßt (*Bock* 1988, S. 23). Auch das am Zusammenfluß von Kura und Aragvi gelegene Mccheta, die spätere Hauptstadt Iberiens (4. Jahrhundert v. bis 5. Jahrhundert n. Chr.) existierte bereits in der Bronzezeit als kleinere Siedlung. Etwa 20 km südlich davon hat sich seit dem 4. Jahrhundert v. Chr. die Stadt Tbilisi zur Metropole Transkaukasiens entwickelt.
Die transkaukasische Senke bot aber nicht nur günstige Voraussetzungen für die Anlage von Siedlungen – das Gebiet zwischen der Schwarzmeerküste und Tbilisi weist auch heute die höchste Siedlungsdichte auf –, sie war

gleichzeitig eine wichtige »verkehrstechnische« Verbindung zwischen Schwarzem und Kaspischem Meer und somit Durchzugsgebiet und Treffpunkt orientaler und okzidentaler Einflüsse. Unter anderem führte eine Nebenroute der Seidenstraße durch das Tal von Kura und Rioni. Während die beidseitig zum Meer geöffnete Senke Kommunikation und Handel begünstigte, schränkte der Große Kaukasus Wanderungsbewegungen zwischen dem nördlichen Vorland und der südlichen Gebirgssenke ein und wirkte in zweierlei Hinsicht »völkertrennend«: Die sich über die gesamte Breite der Landenge erstreckenden Gebirgsketten – die durchschnittliche Paßhöhe liegt bei etwa 3000 m – bildeten lange Zeit eine natürliche Barriere für Wanderungen von Norden nach Süden und umgekehrt. Zusätzlich begünstigte die auf das Fehlen von Quertälern zurückzuführende Gliederung des Gebirges in mehr oder weniger voneinander getrennte Talkammern eine selbständige, weitgehend isolierte Entwicklung zahlreicher kleinerer Bergvölker. Zeugnis dessen ist eine bis in die Gegenwart erhaltene Kleinräumigkeit der sprachlich-ethnischen Struktur im Bereich des Hochgebirges.

*2.3 Die Herausbildung kulturgeographischer Merkmale im historischen Prozeß*

Nicht ohne Grund bezeichneten bereits arabische Geographen des Mittelalters den Kaukasus als »Gebirge der Sprachen«, und noch heute werden von den Völkern Nord- und Transkaukasiens mehr als fünf Dutzend verschiedene Sprachen gesprochen (*Glezer, Kolosov, Petrov* 1991, S. 8). Die Ursachen eines solch ausgeprägten ethnisch-kulturellen Pluralismus sind vielfältig: Einerseits ist es der natürlichen Kleinkammerung der Gebirgsregion zuzuschreiben, daß sich die einzelnen Völker relativ isoliert voneinander entwickeln konnten und sprachliche Unterschiede sowie Relikte historischer Sozial- und Wirtschaftsordnungen bis in die Gegenwart erhalten sind. Andererseits hat die äußerst wechselvolle Geschichte des Raumes ihre Spuren hinterlassen. Dies gilt in besonderem Maße für Transkaukasien, das aufgrund seiner exponierten Lage zwischen Schwarzem und Kaspischem Meer, dem Vorhandensein klimatisch begünstigter und damit fruchtbarer Regionen und nicht zuletzt durch seine schon im Altertum bekannten Bodenschätze bereits frühzeitig zum »Objekt der Begierde« für die umliegenden Reiche wurde.
Für die Darstellung der historischen Entwicklung des Raumes scheint eine Teilung in Nord- und Transkaukasien aus folgenden Gründen sinnvoll:

- In Transkaukasien gelang es sowohl Georgiern und Armeniern als auch äußeren Mächten, mehr oder weniger ausgedehnte Herrschaftsgebiete zu errichten, selbst wenn ihr Bestand nie von Dauer war. Die zentralen Teile Nordkaukasiens blieben vor allem wegen der relativen Unzugänglichkeit der Gebirgsregion bis in das 16. Jahrhundert für äußere Machtprätendenten unbeherrschbar.
- Während sich in Transkaukasien im Laufe der Geschichte die verschiedenen Völker und Kulturen mehr oder weniger intensiv berührten, gingen die zahlenmäßig kleineren Völker Nordkaukasiens, durch kaum überwindbare Gebirgszüge voneinander getrennt, ihren jeweils eigenen Weg, einen Weg, der im Vergleich zur Entwicklung im transkaukasischen Raum zumindest bis zum 18. Jahrhundert das weltpolitische Interesse nur selten auf sich zog.

### 2.3.1 *Transkaukasien*

Die Tradition armenischer und georgischer Staatenbildungen reicht zurück bis in vorchristliche Zeit. Nach dem Niedergang des Reiches von Urartu (9. bis 6. Jahrhundert v. Chr.)[9] und dem Zusammenbruch des persischen Achäminidenreiches im 4. Jahrhundert v. Chr. begann mit der Bildung zweier armenischer Staaten (Groß- und Klein-Armenien) der Aufstieg Armeniens zur Großmacht in Vorderasien. Ihren Höhepunkt erreichte diese Entwicklung im ersten vorchristlichen Jahrhundert unter Tigran II. (95 bis 50 v. Chr.), der die beiden armenischen Staaten vereinigte, das nördliche Mesopotamien, Iberien und Albanien annektierte und sich das Seleukidenreich unterwarf, wodurch Armenien die größte territoriale Ausdehnung in seiner Geschichte erreichte (*Sarkisyanz* 1975, S. 4). Zu ersten georgischen Staatenbildungen (Kolchis [später Lazika] mit der Hauptstadt Äja [heute Kutaisi] und Iberia [später Kartli] mit der Hauptstadt Mccheta kam es bereits im 6. Jahrhundert v. Chr. (*Bock* 1988, S. 25). In diese Zeit fällt auch die Hellenisierung der Kolchis: An der georgischen Schwarzmeerküste entstanden mehrere griechische Kolonien, die sich zu bedeutenden Handelszentren entwickelten, darunter Suchumi, Poti und Picunda.

---

9 Archäologische Funde belegen neben einer bereits paläolithischen Besiedlung armenischer und georgischer Territorien die Existenz hochentwickelter Kulturen seit dem 3. Jahrtausend v. Chr. (Kura-Araxes-Kultur, Trialeti-Kultur).
Auf dieser Basis entstand im 9. Jahrhundert v. Chr. das mächtige Reich von Urartu. Eine Verschmelzung der urartäischen Bevölkerung und indoeuropäischer Stämme, die vermutlich seit dem 6. Jahrhundert v. Chr. in den kaukasischen Raum vordrangen, wird als Ausgang der ethnischen Herausbildung des armenischen Volkes angenommen (*Gumpert, Müller* 1972, S. 117).

Von großer Bedeutung für die gesamte weitere Entwicklung Armeniens und Georgiens war die Übernahme des Christentums. In Armenien entstand zu Beginn des 4. Jahrhunderts das erste christliche Staatswesen der Welt überhaupt. In Georgien erlangte die christliche Kirche ebenfalls im 4. Jahrhundert ihre Autokephalie; 337 wurde das Christentum zur Staatsreligion erklärt (*Basse, Stricker* 1989, S. 83).
Im Gebiet des heutigen Azerbajdžan formierte sich mit der Loslösung des nördlichen Teils von Atropatene im 3. und 2. Jahrhundert v. Chr. ein selbständiger Staat Albanien. Während Atropatene im 3. Jahrhundert von den persischen Sassaniden unterworfen wurde, gelang es Albanien, das zunächst das von Armenien aus eindringende Christentum angenommen hatte, seine politische Selbständigkeit bis zum 7. Jahrhundert zu erhalten.
Bis zur arabischen Invasion bestimmten je nach politischer Stärke der Großmächte unterschiedlich weit reichende römische bzw. byzantinische oder persische Einflüsse die politische Lage in Transkaukasien. Die arabische Herrschaft brachte zwar den Islam nach Kaukasien, zu einer vollständigen Islamisierung kam es jedoch nicht: Armenien und Georgien blieben christlich und auch in Albanien, dessen Zerfall in Kleinstaaten die arabische Herrschaft begünstigte, bestanden christliche Traditionen fort, unter anderem in Karabach.
Eine bedeutende Periode in der Geschichte Georgiens begann mit der Herrschaft der Bagratiden am Ende des 8. Jahrhunderts. König David (1089 bis 1125) besiegte die Seldschuken, die nach der Niederlage von Byzanz bei Manzikert ihre Herrschaft in Transkaukasien ausgebaut hatten und vereinigte alle georgischen Fürstentümer. Unter der Herrschaft seiner Urenkelin Tamar (1184 bis 1213) stieg Georgien zu einem christlichen Großreich auf, das sich vom Schwarzen bis zum Kaspischen Meer erstreckte und auch das nördliche Armenien einschloß.
In Armenien hatten die Überfälle der Seldschuken im 11. und 12. Jahrhundert eine Massenflucht nach Kilikien ausgelöst, wo ein Kleinarmenisches Reich entstand, das von 1080 bis 1375 existierte (*Gumpert, Müller* 1972, S. 120).
Westlich Kaukasiens begann mit dem Ende von Byzanz in der zweiten Hälfte des 15. Jahrhunderts der Aufstieg des Osmanischen Reiches zu einer Großmacht, die bis in das 20. Jahrhundert hinein die Entwicklung in Transkaukasien entscheidend beeinflußte.
Vom 16. bis zum 18. Jahrhundert bestimmte ein Tauziehen zwischen Osmanen und Persern um die Vorherrschaft in der Region die politische Lage südlich des Großen Kaukasus. Nachdem die Osmanen zu Beginn des 16. Jahrhunderts den Hauptteil Armeniens für sich gewinnen konnten, gerieten bis zum Ende desselben Jahrhunderts auch die von der persischen Safawiden-Dynastie beherrschten Azerbajdžaner unter osmanischen Einfluß.

Doch schon Anfang des 17. Jahrhunderts fielen Karabach und Teile der Ararat-Ebene erneut an Persien. Schließlich wurde 1639 in einem Friedensschluß die Grenze zwischen Osmanischem und Persischem Reich neu festgelegt. 1724 mußte Persien erneut Teile Azerbajdžans, darunter auch Karabach, an die Osmanen abtreten, konnte diese Gebiete aber elf Jahre später zurückgewinnen.

Karabach, dessen nördlicher Teil sich inzwischen als Chanat Gjandža abgespalten hatte und unter die Lehnshoheit von Kartli-Kachetien geraten war, blieb bis zur russischen Eroberung weitgehend unabhängig. In seinem gebirgigen Teil konnten armenische Traditionen die persisch-osmanischen Kriegswirren überdauern (*Stadelbauer* 1989, S. 414).

Seit dem 18. Jahrhundert mischte sich Rußland zunehmend in die persisch-osmanischen Auseinandersetzungen um Transkaukasien ein. 1796 besetzten russische Truppen die Küstenstädte Derbent, Baku und Šemacha. Anfang des 19. Jahrhunderts folgte die Eroberung der Chanate Gjandža (1804), Karabach, Šeka und Širvan (1805). Im Friedensdiktat von Gulistan 1813 mußte Persien das russisch besetzte Azerbajdžan an das Zarenreich abtreten. Zur endgültigen Annexion Širvans und Karabachs kam es allerdings erst 1820 bzw. 1822 (*Sarkisyanz* 1961, S. 154).

Auch in der Westhälfte Transkaukasiens expandierte das Russische Reich. In Georgien war es nach osmanischer und persischer Herrschaft 1762 nochmals gelungen, ein Königreich zu errichten. Ungeachtet des Schutzvertrages mit Katharina II., der die Unabhängigkeit Georgiens gegenüber Rußland garantierte, annektierte Zar Alexander I. 1801 Kartli und Kachetien. Bereits 1799 war die Georgische Heerstraße zwischen Vladikavkaz und Tiflis als offizieller Verkehrsweg eröffnet worden. In der Folgezeit unterwarf sich Rußland das gesamte georgische Territorium (Imeretien - 1801, Mingrelien - 1857, Svanetien - 1858, Abchazien - 1864, Batumi - 1878) (*Stölting* 1990, S. 225). Damit verbunden war die Aufhebung der Autokephalie der Georgischen Kirche; Tiflis wurde Exarchat der Russischen Kirche.

Nach der russischen Eroberung Azerbajdžans und Georgiens begann eine Abwanderung eines großen Teils der armenischen Bevölkerung aus den persisch besetzten Territorien nach Nord-Armenien, Süd-Georgien sowie in die ehemaligen Chanate Gjandža und Karabach. Der Vertrag von Turkmančaj besiegelte 1828 das Ende des russisch-persischen Krieges. Azerbajdžan wurde entlang des Araks in einen südlichen, persischen, und einen nördlichen, russischen, Teil geteilt. Die Chanate Erevan und Nachičevan' fielen an Rußland und wurden zu einer »Armjanskaja Oblast'« vereinigt. Daraufhin erfolgte eine erneute Zuwanderungswelle von Armeniern aus Persien. Sie wurden in den Gebieten Erevan, Nachičevan' und Karabach angesiedelt. Der Frieden von San Stefano 1878 regelte schließlich auch die nominelle Angliederung der drei ostanatolischen Gebiete Artvin, Kars und

Ardahan an Rußland. Kaukasien erhielt innerhalb des Russischen Reiches den Status eines Generalgouvernements (von *Seidlitz* 1878, S. 321). Das wirtschaftliche Interesse Rußlands galt in erster Linie dem sich rasch zu einem weltbedeutenden Erdöl-Förderzentrum entwickelnden Baku. Allerdings waren die Raffinerien fast ausschließlich Eigentum schwedischer, britischer, französischer und deutscher Kapitalanleger, insbesondere der Nobel und der Rothschild (*Sarkisyanz* 1961, S. 157).
Die politische Lage in Transkaukasien blieb auch nach den Friedensverträgen mit Persien und der Türkei gespannt. Dies betraf sowohl die Beziehungen Armeniens, Georgiens und Azerbajdžans untereinander als auch ihr Verhältnis zu Rußland. Die türkischen Massaker an der armenischen Bevölkerung Ostanatoliens zwischen 1864 und 1915 haben ein Haßgefühl der Armenier gegenüber dem türkischen Volk entstehen lassen, das auch auf die turksprachigen Azeri übertragen wird. Die 1918 gegründete »Transkaukasische Föderative Republik« zerbrach schon nach wenigen Wochen (22. April bis 28. Mai 1918) aufgrund unterschiedlicher Interessen der drei beteiligten Völker (Handbuch ..., Bd. II, 1983, S. 712). Noch im gleichen Jahr erklärten sich Georgien, Armenien und Azerbajdžan zu unabhängigen Republiken. In Georgien, das zunächst deutsches Protektorat wurde und sich dann unter britischer Besetzung befand, etablierte sich eine menschewistische Regierung. 1920 wurde Georgien von Rußland ausdrücklich als unabhängiger Staat anerkannt. In Armenien hatte die nationale Partei der Dašnaken die Führung übernommen. In Azerbajdžan wurde nach dem Ende der Kommune von Baku (April bis Sommer 1918) mit türkischer und englischer Unterstützung die Mussavat-Regierung eingesetzt. Die kurze Periode der staatlichen Selbständigkeit fand mit der bolschewistischen Machtübernahme 1920 in Armenien und Azerbajdžan und 1921 in Georgien ihr Ende.

2.3.2 *Nordkaukasien*

Innerkaukasische Wanderungen autochthoner Gebirgsvölker, meist unter dem Zwang mächtigerer Nachbarn oder dem Druck äußerer Feinde, haben im Zusammenhang mit der Zuwanderung iranischer und turksprachiger Volksgruppen die gegenwärtige ethnische Struktur in Nordkaukasien entstehen lassen. Häufig werden Skythen und Sarmaten als Vorfahren der Kaukasusvölker genannt. Zuzutreffen scheint dies zumindest für die Osseten, denn ihre Sprache ist vom Sarmatischen abgeleitet. Möglicherweise hat es aber auch schon im 10. Jahrhundert v. Chr. iranische Siedlungen im nördlichen Kaukasus gegeben (*Sarkisyanz* 1961, S. 87). Auch von den Čerkessen weiß man, daß sie sich schon gegen Kimmerier und Skythen behaupten konnten. Über die Herkunft der Čečenen und Ingušen ist bislang wenig bekannt. Sicher ist lediglich, daß sie zu den ältesten Kaukasusbewohnern zählen. Die meisten dagestanischen Völker sind Nachkommen der Kaspier und Albaner. Balkaren, Karačajer und Kumyken sind Nachfahren turksprachiger Nomadenstämme, die erst seit dem 14. Jahrhundert den Kaukasus besiedelten.

Die Christianisierung der Völker Nordkaukasiens zwischen dem 6. und dem 13. Jahrhundert ist auf den Einfluß Georgiens und Abchaziens zurückzuführen.

Mit der arabischen Eroberung begann im 9. Jahrhundert die Ausbreitung des Islam an der dagestanischen Ostküste; die Bevölkerung im westlichen Teil Dagestans blieb allerdings bis in das 16. Jahrhundert hinein christlich (*Sarkisyanz* 1961, S. 124). Erst zwischen dem 12. und 16. Jahrhundert traten Čerkessen und Kabardiner zum Islam über, seit dem 17. Jahrhundert folgten Balkaren, Čečenen und Ingušen. Nicht vollständig durchsetzen konnte sich die muslimische Glaubenslehre bei den Osseten; sie blieben zu einem Teil orthodoxe Christen.

Staatliche Zusammenschlüsse mehrerer nordkaukasischer Völker blieben die Ausnahme. Nordkaukasische Territorien waren zumeist Teil größerer Staatenbildungen. Zwischen dem 7. und 9. Jahrhundert gehörte Nordkaukasien zum Chazarischen Chanat, infolge der mongolisch-tatarischen Eroberungen zum Reich der Goldenen Horde (13. bis 15. Jahrhundert) und schließlich zum Krim-Chanat (15. bis 18. Jahrhundert).

Auseinandersetzungen der kaukasischen Völker untereinander sowie Interventionen von außen haben im Laufe der Geschichte immer wieder zu Wanderungsbewegungen geführt. Im Zusammenhang mit den mongolischen Eroberungen wurden die Osseten seit dem 12. Jahrhundert südwärts gedrängt. Unter dem Druck der Kabardiner, die sich etwa im 15. Jahrhundert von den eigentlichen Čerkessen abgespalten hatten und vom unteren Teil des Kuban' in das Terekbecken gewandert waren, kam es zwischen dem 15. und 18. Jahrhundert zu einer zweiten ossetischen Besiedlungswelle südlich des Großen Kaukasus. Die ossetischen Südgebiete gelangten unter georgische Herrschaft; im Norden konnten sich die Kabardiner als Hegemonialmacht gegenüber ihren nicht-čerkessischen Nachbarstämmen behaupten, gerieten aber zu Beginn des 16. Jahrhunderts selbst unter krimtatarische Tributherrschaft.

Seit Mitte des 18. Jahrhunderts entwickelte sich Nordkaukasien zum »object of major international conflict and the centre of a ›great game‹ played by several powerful contestants« (*Benningsen Broxup* [ed.] 1992, S. 1). Neben dem Osmanischen Reich und der Safawiden-Dynastie bekundete auch Moskau wachsendes Interesse an der nordkaukasischen Region, zumal Rußland nach der Zerstörung der Chanate Kazan' und Astrachan' 1556 die Chance

für eine weitere Expansion nach Süden gekommen sah. Doch die Unterwerfung der für ihren Freiheitswillen bekannten Čerkessen, Čečenen und dagestanischen Völker erwies sich als schwierig. Nach einigen erfolglosen Versuchen durch Boris Godunov Anfang des 17. Jahrhunderts, endeten auch die Unternehmungen Peters I. (1672 bis 1725) mit einer Niederlage. Erst 1774 war es Katharina II. (1729 bis 1796) gelungen, die zwischen Russischem und Osmanischem Reich liegende Kabardei zu annektieren.
Moskau war bei der Eroberung, Erschließung und Sicherung der Gebiete jenseits der Südgrenze des Russischen Reiches auf das Kosakentum angewiesen, eine Institution, die mit dem System der Leibeigenschaft entstanden war, und die Moskau nun für sein Interesse zu nutzen wußte.[10]
Das Vorgehen der Kosaken war darauf gerichtet, Gebirge und Ebenen durch die Anlage sogenannter Kosakenlinien voneinander zu trennen. Diese Taktik mußte den nordkaukasischen Völkern zum Verhängnis werden, da sie aufgrund ihrer viehwirtschaftlich bestimmten Landwirtschaft auf Sommerweiden im Gebirge und auf Winterweiden in der Steppe gleichermaßen angewiesen waren. In der ersten Hälfte des 18. Jahrhunderts wurde am Unterlauf des Terek die erste kurze Linie durch die Terek-Kosaken errichtet. In der Folge bis zur Festung Mozdok verlängert, verlief diese Linie Ende des 18. Jahrhunderts über das 1777 gegründete Stavropol' bis zum Azovschen Meer. Die ukrainischen Kosaken schoben ihre Linien bis an den Kuban' nach Süden vor und gründeten 1792 die Stadt Ekaterinodar (seit 1920 Krasnodar) (*Karger* 1978/87, S. 229).
Die seit Beginn des 19. Jahrhunderts voranschreitenden russischen Eroberungen versetzten die kleineren Völker auf der Nordseite des Kaukasus in

---

10 Das aus dem Turktatarischen stammende Wort »Kosak« (russ., poln., ukr. kazak) ist in seiner ursprünglichen Bedeutung etwa mit »Wache, Wachposten« zu übersetzen. Ab dem 15. Jahrhundert bezeichnete man die tatarischen Steppenbeuter als Kosaken. Die vor der Leibeigenschaft in die südlichen Steppengebiete geflohenen Bauern oder niedere Bedienstete, meist Russen oder Ukrainer, übernahmen diese Bezeichnung. Die »ljudi polevye« (= »Menschen des Wilden Feldes«), wie sie sich selbst nannten, eigneten sich die durch Jagd und Fischfang geprägte Lebensweise der Steppenvölker an. Seit dem 17. Jahrhundert gehörten zum Kosakengewerbe auch im Dienste des Zaren ausgeführte Kundschafter-, Kurier- und Grenzwachdienste sowie Freibeuterfahrten an der Küste des Kaspischen Meeres und Überfälle auf Handelskarawanen (*Karger* 1978/87, S. 79).
Neben diesen »selbständig gewachsenen Heeren« wurden seit Mitte des 18. Jahrhunderts auf Veranlassung der russischen Regierung »administrativ ausgesetzte Heere« mit der militärischen Sicherung der Grenze des russischen Reiches, vorrangig in Südsibirien, Nordkaukasien und im Fernen Osten beauftragt (*Rostankowski* 1969, S. 14 ff.). Die ackerbauliche Erschließung und Nutzung war hierbei sekundär.
Das Vordringen der Kosaken in die Steppengebiete erfolgte hauptsächlich entlang der Flüsse. Reste einstiger Kosakensiedlungen sind noch heute an den Flüssen Nal'čik, Malka und Baksan zu finden. Ebenso lassen die Namen einiger Städte Nordkaukasiens auf ehemalige Kosakensiedlungen schließen. So das 1818 an der Sunža gegründete Groznyj (dt. »die Schreckliche«) und die am Terek liegende Stadt Vladikavkaz (dt. »Beherrsche den Kaukasus!«).

eine strategisch ungünstige Lage. Nach den Kabardinern mußten sich Anfang des 19. Jahrhunderts die dagestanischen Völker und die Ingušen der russischen Obermacht beugen. Die Čečenen folgten 1860. Die nordkaukasischen Völker setzten der russischen Eroberung einen erbitterten Widerstand entgegen, doch auch die Muridenbewegung, die im Namen des Islam die Völker im nördlichen Kaukasus gegen Rußland zu verbinden suchte und mit dem Aufstand Šamils gegen die russischen Truppen 1834 ihren Höhepunkt fand, blieb schließlich erfolglos.[11] Als letztes Kaukasusvolk wurden 1864 die Čerkessen unterworfen; die Mehrheit der Čerkessen emigrierte in das Osmanische Reich.

Die durch den Eisenbahnbau seit der zweiten Hälfte des 19. Jahrhunderts angeregte Agrarkolonisation und die bereits vor dem ersten Weltkrieg einsetzende Industrialisierung sowie eine damit verbundene Ansiedlung russischer und ukrainischer Bevölkerung bildeten die wichtigsten Stützen der Anbindung Nordkaukasiens an Rußland. Beispielsweise wuchs die Bevölkerung der Stadt Rostov von 17 500 Einwohnern im Jahr 1860 auf 80 000 Einwohner im Jahr 1886 (Severnyj Kavkaz 1957, S. 65).

Die Oktoberrevolution 1917 brachte keineswegs Ruhe in die politische Lage Nordkaukasiens. Die Bol'ševiki wurden weder von den um ihre Unabhängigkeit kämpfenden Völkern und schon gar nicht von den Kosaken als die vielgepriesenen Befreier empfangen. Letzte Versuche, sich der russischen Eroberung zu widersetzen, waren 1917 die Bildung des »Bundes der Völker Nordkaukasiens und Dagestans« in Vladikavkaz und 1919 die Proklamation des unabhängigen »Nordkaukasischen Emirats«, das die Territorien Dagestan, Čečnien, Ingušien, Nordossetien und die Kabardei zusammenfaßte (Handbuch..., Bd. II, 1983, S. 807). Dennoch gelang es den Bol'ševiki drei Jahre später, ihre Herrschaft im gesamten Nordkaukasus durchzusetzen.

---

11 Die Eroberung der Kabardei 1774 während der Amtszeit Katharinas II. führte erstmals zu einem relativ geschlossenen Handeln der nordkaukasischen Bergvölker unter dem zum Imam ernannten Čečenen Mansur Ušurma, der 1785 bis 1791 den ersten Chazavat (= »Heiliger Krieg«) anführte. Der Widerstand der Čečenen fand schließlich im Šamil-Imamat seinen Höhepunkt, das nach seiner Errichtung 1834 immerhin 25 Jahre bestehen blieb.
Das Territorium des Šamil-Staates umfaßte die Gebiete an den Oberläufen der Flüsse Kara-Kojsu, Avar-Kojsu und Andi-Kojsu im südwestlichen Teil Dagestans sowie die südöstliche Gebirgsregion Čečniens (*Benningsen Broxup* [ed.] 1992, S. 114).

## 2.4 Räumliche Strukturen von Bevölkerung und Wirtschaft

Kaukasien gehörte neben dem Zentralen Industriegebiet, St. Petersburg sowie der südlichen Ukraine zu den »Zellen« der industriellen Entwicklung im Russischen Reich. Nach der in der Sowjetunion üblichen wirtschaftsgeographischen Gliederung des Landes in Wirtschaftsgroßregionen[12] bildeten Nord- und Transkaukasien je eine eigenständige Region.
In *Nordkaukasien* lebten zum Zeitpunkt der letzten Volkszählung 1989 16,3 Mill. Menschen. Drei Viertel davon entfielen auf die westliche Hälfte Nordkaukasiens (Region Krasnodar - 5,0 Mill., Region Stavropol' - 2,8 Mill., Gebiet Rostov - 4,3 Mill.). Die eigentliche Gebirgsregion ist nur schwach besiedelt. Parallel zum Großen Kaukasus erstreckt sich in seinem nördlichen Vorland ein Streifen dichterer Besiedlung (Abb. 2). Hier reihen sich die größeren Städte Nordkaukasiens, i.d.R. sind es die Hauptstädte der kleinen Kaukasusrepubliken, zu einer Kette von Industriestandorten aneinander. Die einzige Millionenstadt in der Region ist Rostov (1989: 1,02 Mill. Ew.). Unter den Hauptstädten der Republiken sind Groznyj (400 000 Ew.), Machačkala (318 000 Ew.) und Vladikavkaz (300 000 Ew.) die bevölkerungsreichsten.
Mit 57 % liegt der Verstädterungsgrad in Nordkaukasien (einschließlich des Gebietes Rostov) unter dem Durchschnittswert der Rußländischen Föderation (1989: 74 %). Geht man nur von den Republiken des nördlichen Kaukasusvorlandes aus, fällt der entsprechende Wert mit knapp 50 % noch niedriger aus. Nur in Kabardino-Balkarien und Nordossetien übersteigt der Anteil der Stadtbevölkerung den der ländlichen Population. In den übrigen Republiken ist das Verhältnis zwischen beiden Bevölkerungsteilen annähernd gleich (Adygeja, Karačajevo-Čerkessien), oder die ländliche Population überwiegt (Dagestan, Čečeno-Ingušien) (Abb. 3 u. 4). Ein direkter Rückschluß auf das Verstädterungsverhalten der jeweiligen Titularnation ist wegen des hohen russischen Bevölkerungsanteils und der Tatsache, daß der Verstädterungsgrad bei Russen im allgemeinen deutlich über dem der eponymen Ethnien liegt, nicht möglich (Abb. 5).
In Adygeja, Karačajevo-Čerkessien, Kabardino-Balkarien und Čečeno-Ingušien[13] ist der russische Anteil an der Stadtbevölkerung größer als der der

---

12 Die Hauptprinzipien einer Wirtschaftsgroßregion bestanden in der »Spezialisierung entsprechend den natürlichen und historisch-gesellschaftlichen Bedingungen« sowie in der »Komplexität der Wirtschaft« (*Schultze* 1985, S. 69). Die »ökonomischen Rajons« fungierten in diesem Sinne als regionale Planungseinheiten.
13 Zur Zeit der letzten Volkszählung 1989 bestand noch eine gemeinsame ASSR der Čečenen und Ingušen.

Abb. 2: Kaukasien - Bevölkerungsdichte

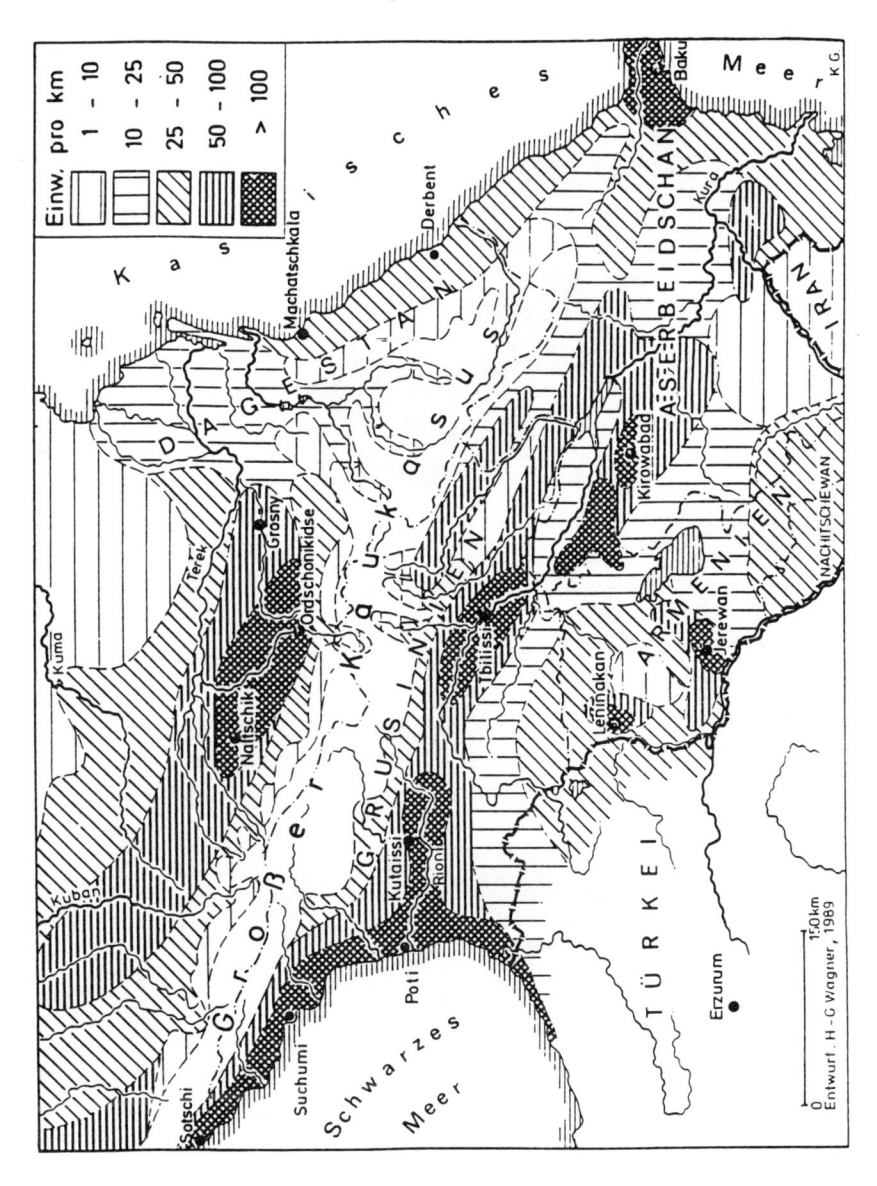

*Quelle:* BÖHN, D.; CHEAURÉ, E.; WAGNER, H.-G. (Hrsg.): Südliche Sowjetunion. Exkursion 1988. (= Würzburger Geographische Manuskripte, Heft 24) Würzburg 1989.

Abb. 3: *Kaukasien - Verstädterungsgrad 1989*

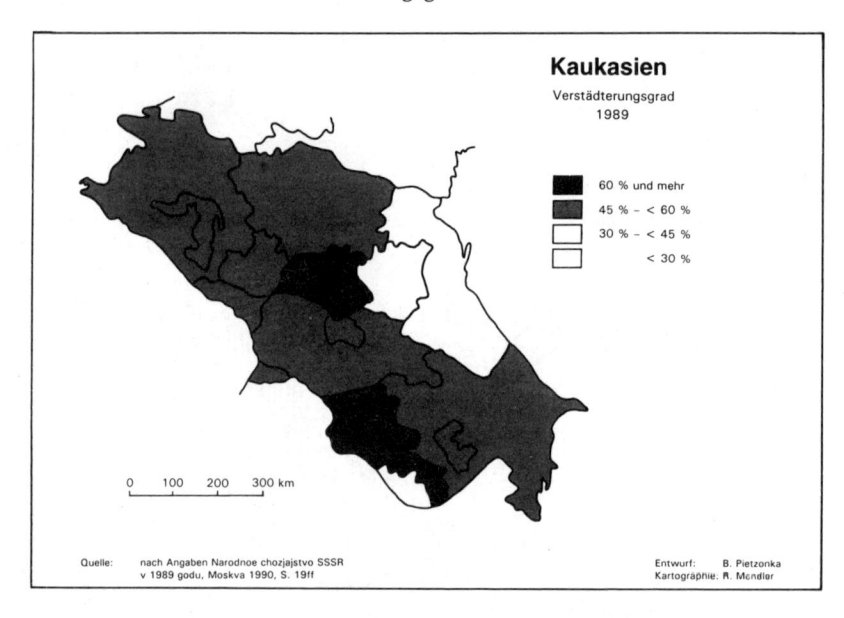

Abb. 4: *Kaukasien - Veränderung des Verstädterungsgrades zwischen 1959 und 1989*

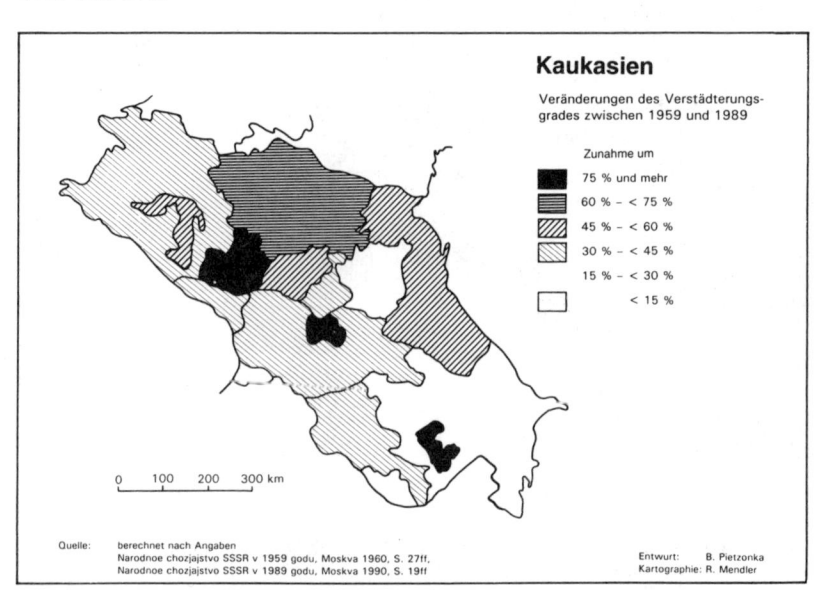

*Abb. 5:* Nordkaukasien - Bevölkerungsanteil und Verstädterungsgrad bei Titularnationen und Russen 1989

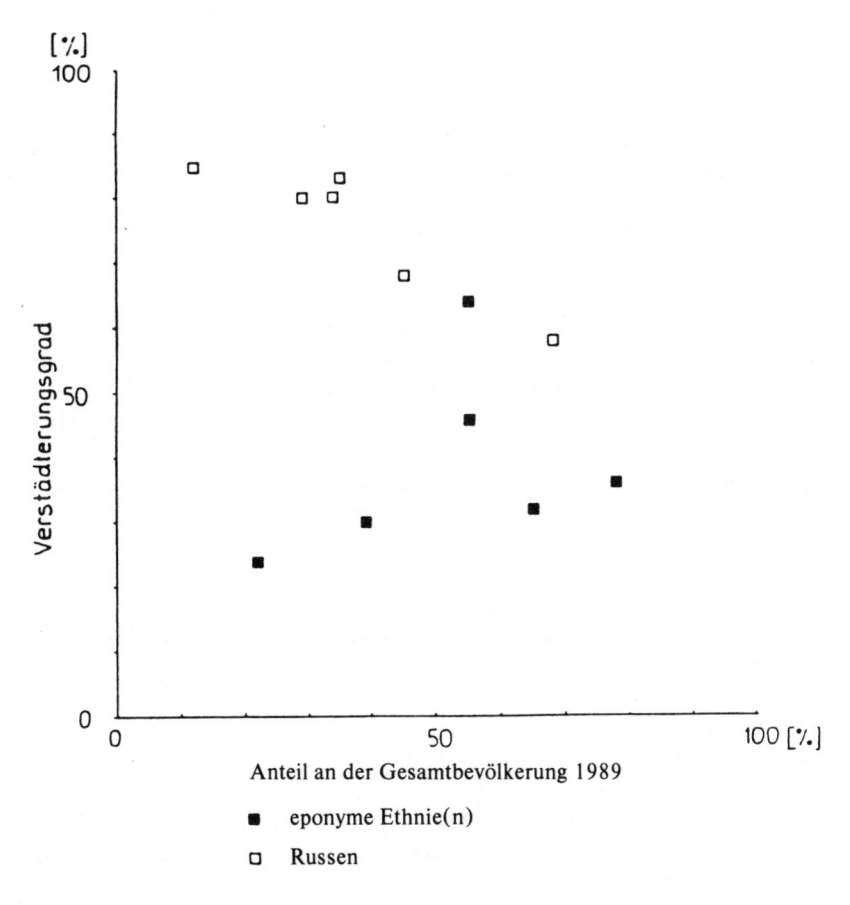

[%]

Verstädterungsgrad

Anteil an der Gesamtbevölkerung 1989

■ eponyme Ethnie(n)
□ Russen

*Quelle:* Berechnet nach Angaben Nacional'nyj sostav naselenija RSFSR. Moskva 1990.

jeweiligen Titularnation. Entsprechend ist die Bevölkerungskonzentration in den Städten wesentlich auf das russische Bevökerungselement zurückzuführen.
In der Wirtschaftsstruktur Nordkaukasiens dominiert die Landwirtschaft. Überregionale Bedeutung besitzt der Getreideanbau.
Im klimatisch begünstigten westlichen Teil des Kaukasusvorlandes hat der Ackerbau auf Schwarzerde die ursprüngliche Steppenvegetation zurückgedrängt. In der Anbaustruktur dominieren Winterweizen und Mais. Aufgrund

günstiger natürlicher Bedingungen kann im westlichen und mittleren Teil des Vorlandes ein großes Spektrum verschiedener technischer Kulturen angebaut werden (Sonnenblumen, Zuckerrüben, Tabak, Wein).
Die Viehzucht wird im westlichen und mittleren Teil des Vorlandes hauptsächlich intensiv betrieben. In Verbindung mit dem Futterbau steht die Haltung von Rindern und Schweinen an erster Stelle. Im Hinterland des Kaspischen Meeres ist Ackerbau nur an den Flußmündungen und bei Bewässerung möglich. In der Viehzucht (Schafe) zwingen sommerliche Hitze und winterliche Kälte zu extensiven Nutzungsformen.
Durch die vielseitige Landwirtschaft hat sich die Nahrungsmittelproduktion zu einem führenden Industriezweig in Nordkaukasien entwickelt.
Im Norden hat die Wirtschaftsgroßregion noch Anteil an den reichen Kohlelagern des Donecbeckens (Šachty, Novošachtinsk). Die darauf basierende, im Gebiet um Rostov konzentrierte Eisenmetallurgie bildet die Grundlage für einen entwickelten Landmaschinen- und Schienenfahrzeugbau mit Standorten in Rostov, Taganrog und Novočerkassk (*Karger* 1987, S. 234).
Im nördlichen Vorland des Kaukasus hat sich auf der Basis der Erdöl- und Erdgasgewinnung die chemische Industrie entwickelt. Die bedeutendsten Standorte sind Groznyj, Krasnodar und Rostov.
Aufgrund der Gas-, Öl- und Kohlevorkommen kann sich die nordkaukasische Region selbst mit Energie versorgen.
In der Warenstruktur des Exports dominieren Getreide und Gemüse sowie Kohle und Produkte der Eisenmetallurgie.
Nicht ohne Grund wird die Stadt Rostov an der Mündung des Don in das Asovsche Meer als »Tor zum Kaukasus« bezeichnet. Über den Wolga-Don-Kanal ist die Stadt mit dem Wolga-System verbunden, über das Azovsche Meer besitzt sie Zugang zur See. Straßen und Eisenbahnlinien umgehen das Kaukasusgebirge im Osten und Westen. Die bedeutendste Eisenbahnlinie führt von Rostov über Tichoreck, Armavir, Mineral'nye Vody, Groznyj und Machačkala nach Baku. Lediglich die Georgische Heerstraße verläuft als Autostraße über das Gebirge. Sie beginnt in Vladikavkaz und führt terekaufwärts am Fuß des Kazbek vorbei über den 2388 m hohen Kreuzpaß nach Tbilisi. Die insgesamt 207 km lange Paßstraße ist allerdings nur im Sommer passierbar. In den Wintermonaten ermöglicht die seit einigen Jahren fertiggestellte Tunnelstrecke am Roki-Paß eine direkte Nord-Süd-Verbindung.
Die landschaftliche Schönheit hat den Kaukasus zu einem der Hauptgebiete des Tourismus in der ehemaligen Sowjetunion werden lassen. Entlang der Schwarzmeerküste erstreckt sich bis in das transkaukasische Abchazien eine ganze Kette von Erholungsorten, deren bedeutendster die Stadt Soči ist. Kurorte wie Pjatigorsk, Kislovodsk, Železnovodsk und Mineral'nye Vody

nutzen die zahlreichen Mineralquellen am Nordfuß des Großen Kaukasus.

*Transkaukasien* zählt zu den am dichtesten besiedelten Regionen in der ehemaligen Sowjetunion; auf nur einem Prozent des einstigen UdSSR-Territoriums konzentrieren sich mit 15,7 Mill. Menschen (1989) fast 11 % der früheren Gesamtbevölkerung.

Relativ geschlossene Gebiete einer hohen Bevölkerungsdichte (> 50 EW/qkm) bilden die Küstenregion des Schwarzen Meeres und der Senkungsraum von Rioni und Kura mit lokalen Konzentrationen um Kutaisi und Tbilisi in Georgien sowie um Gjandša (Kirovabad) in Azerbajdžan. Hinzu kommen relativ isolierte Ballungen um Kumajri (Leninakan) und Erevan sowie um Baku auf der Halbinsel Apšeron. Die Gebirgsregion des Kleinen Kaukasus und des Hochlands von Armenien und die ausgedehnten Steppengebiete im südlichen Azerbajdžan sind nur dünn besiedelt (Abb. 2). Armenien ist nach Fläche und Bevölkerung die kleinste der transkaukasischen Republiken. Bezüglich des Verstädterungsgrades und der Bevölkerungsdichte steht sie jedoch an erster Stelle.

Ein deutliches siedlungsgeographisches Gefälle besteht »zwischen den jeweiligen Republikhauptstädten sowie wenigen großstädtischen Zentren einerseits und den übrigen Siedlungen andererseits« (*Karger* ed. 1987, S. 352) (Tab. 2).

Die drei südkaukasischen Hauptstädte Tbilisi, Erevan und Baku sind Millionenstädte. Ihr überdurchschnittliches Wachstum resultiert aus der Bedeutung als Industriestandort und Konzentrationspunkt aller übrigen Funktionen (Verwaltung, Handel, Bildung, Kultur). Weitere Städte mit mehr als 100 000 Einwohnern sind Rustavi, Kutaisi, Batumi und Suchumi in Georgien, Kumajri (Leninakan) und Vanadzor (Kirovakan) in Armenien sowie Gjandža (Kirovabad) und Sumgait in Azerbajdžan.

Die Wirtschaft Transkaukasiens ist durch die politischen Konflikte in der Region und durch Probleme, die sich aus dem Zusammenbruch des zentralistischen Wirtschaftssystems einerseits und dem Fehlen neuer Strukturen bei einem fortbestehenden Abhängigkeitsverhältnis bezüglich Rohstofflieferungen und Absatzmöglichkeiten andererseits ergeben, insgesamt stark in Mitleidenschaft gezogen (Tab. 3).

Nach dem Anteil am produzierten Nationaleinkommen war die Industrie in allen drei transkaukasischen Republiken der führende Wirtschaftsbereich. Sie basierte hauptsächlich auf der Nutzung mineralischer Ressourcen sowie auf der Verarbeitung landwirtschaftlicher Produkte. Geht man von der Anzahl der Beschäftigten in den Wirtschaftsbereichen aus, rangierte allerdings nur in Georgien und Armenien die Industrie vor der Landwirtschaft. In Azerbajdžan liegt die Agrarerwerbsquote über dem entsprechenden Wert für den Industriesektor (Tab. 4).

Tab. 2: *Anteile der Städte mit über 100 000 Einwohnern an der städtischen Bevölkerung in Transkaukasien 1989*

| Republik | städtische Bevölk. insgesamt | Bevölkerung | | | | |
|---|---|---|---|---|---|---|
| | | Hauptstadt | | | übrige Großstädte (über 100000 Ew.) | |
| | | absolut | Anteil an d. städt. Bevölk. | | absolut | Anteil an d. städt. Bevölk. |
| | [10³] | [10³] | [%] | | [10³] | [%] |
| Georgien | 3073 | 1247 | 40,6 | Kutaisi | 235 | 7,6 |
| | | | | Rustavi | 159 | 5,2 |
| | | | | Batumi | 136 | 4,4 |
| | | | | Suchumi | 121 | 3,9 |
| | | | | | | 21,1 |
| Armenien | 2301 | 1141 | 49,6 | Kirovakan | 159 | 6,9 |
| | | | | Leninakan | 120 | 5,2 |
| | | | | | | 12,1 |
| Azerbajdžan | 3815 | 1795 | 47,0 | Kirovabad | 278 | 7,3 |
| | | | | Sumgait | 231 | 6,1 |
| | | | | | | 13,4 |

Quelle: Zusammengestellt und berechnet nach: O predvaritel'nych itogach Vsesojuznoj perepisi naselenija 1989 goda. In: Ėkonomičeskaja gazeta, 19. 5. 1989, S. 17; Nacional'nyj sostav naselenija SSSR po dannym Vsesojuznoj perepisi naselenija 1989 goda. Moskva 1990, S. 110, 114, 130; Narodnoe chozjajstvo v 1989 godu. Moskva 1990, S. 72 f.

Das wirtschaftliche Potential Georgiens basiert in erster Linie auf einer entwickelten Schwerindustrie. Überregionale Bedeutung besitzt der Abbau von Manganerzen bei Čiatura. Die in Rustavi konzentrierte Eisenmetallurgie kann sich zum Teil auf einheimische Kohlevorkommen (Tkibuli, Tkvarčeli) stützen. Eisenerz muß importiert werden.
Zu den Hauptprodukten des Maschinen- und Fahrzeugbaus (Tbilisi, Kutasi) gehören u.a. Spezialtraktoren und Landmaschinen für die Arbeit im Gebirge, Teepflückmaschinen, Schiffsmaschinen und Tragflügelschiffe.
Überregional bedeutend war die Nahrungs- und Genußmittelproduktion, wofür der Anbau von Agrumen (1989: 86 % des sowjetischen Gesamtaufkommens), Wein (12 %), Tee (93 %) und Tabak in den bevölkerungsreichen Gebieten der Kolchis und Kachetiens die Grundlage bildete. Große Importabhängigkeit besteht bei Getreide, insbesondere bei Weizen (94 %). Ebenso müssen Erdgas in vollem Umfang und Erdöl zu 90 % importiert werden (*Tikanadse* 1992, S. 4).

Die wichtigsten Zweige der diversifizierten Industrie Armeniens sind die auf dem Abbau von Nichteisenerzen (Kupfer, Molybdän-, Zinkerze) basierende Metallurgie, weiterhin der Maschinenbau und die chemische Industrie (Vanadzor, Erevan) sowie die Textil- und Nahrungsmittelproduktion (Kumajri, Erevan, Vanadzor). Da Armenien auf den Import von Energieträgern angewiesen ist, hat die seit 1988 anhaltende azerbajdžanische Blokkade von Öl- und Gaslieferungen die Industrieproduktion des Landes weitgehend lahmgelegt. Nach einem Bericht der Moscow News waren im Frühjahr 1992 40 % der Betriebe des Landes geschlossen. Eine über georgisches Territorium führende Ersatzleitung kann den Bedarf bei weitem nicht decken.[14] Hinzu kommen die selbst nach fünf Jahren noch nicht beseitigten Schäden des verheerenden Erdbebens vom Dezember 1988. Ein Großteil der Bevölkerung in Spitak, Kumajri (Leninakan) und Vanadzor (Kirovakan) lebt in selbst konstruierten Häusern aus Blech und Holz, die weder an Trink- noch Abwasserleitungen angeschlossen sind.[15] Angesichts der unzureichenden Energieversorgung mehren sich die Stimmen, die eine erneute Inbetriebnahme des 1988 stillgelegten Kernkraftwerks Mecamor befürworten...[16]

In immer stärkerem Maße greift die Bevölkerung auf Holz als Heizmaterial zurück. Allein im ersten Vierteljahr 1993 sind über eine Million Bäume gefällt worden; die Folgen eines solchen Eingriffs in die natürliche Umwelt sind noch nicht absehbar und werden von der Bevölkerung vorerst als zweitrangig angesehen.

Weitere ökologische Probleme bilden die hohe Schadstoffemission in der chemischen Industrie sowie der durch die extensive Wasserentnahme hervorgerufene Schwund des Sevan-Sees[17].

Die landwirtschaftliche Nutzfläche ist auf Grund der orographischen Gege-

---

14 Im Spätjahr 1992 und im Frühjahr 1993 wurden auf diese Gasleitung im überwiegend azerbajdžanisch besiedelten Kreis Marneuli im Südosten Georgiens insgesamt fünf Anschläge verübt, die jeweils eine vorübergehende Einstellung der Gaslieferungen nach Armenien zur Folge hatten.
15 Zu Beginn des Jahres 1991 besaßen 5000 von 6000 Familien in Spitak, wo sich das Epizentrum des Erdbebens befand, keine feste Wohnung. In den vom Erdbeben betroffenen Gebieten waren nach zwei Jahren erst 20 % des Wohnraums wiederhergestellt, obwohl der damalige Ministerpräsident Ryškov die Beseitigung der Schäden innerhalb von zwei Jahren versprochen hatte (Moscow News 1/1991, S. 3).
16 Das Kernkraftwerk Mecamor ist auf einem dreifachen tektonischen Bruch gebaut. Die Entfernung bis zur Millionenstadt Erevan beträgt nur 18 Kilometer. Zu Beginn des Jahres 1993 drohte eine Havarie, da die zusätzliche Kühlung des noch vorhandenen Uranbrennstoffes wegen mangelnder Stromversorgung nicht mehr gewährleistet war.
17 Der Sevan-See bildet das größte Trinkwasserreservoir Armeniens. Infolge der extensiven Wasserentnahme ist das Niveau des Sees seit den dreißiger Jahren um 19 Meter gefallen. Die Wasseroberfläche verkleinerte sich von 1916 auf 1244 Quadratkilometer, die Wassermenge verringerte sich von 58 auf 34 Mrd. Kubikmeter. Der See versumpft. Der Forellenfang wurde 1979 eingestellt (*Weissenburger* 1993, S. 98).

benheiten begrenzt. In der klimatisch begünstigten Ararat-Ebene wird
Obst- und Gemüsebau intensiv betrieben. Bei Getreide und Futter lassen
die Erträge keine Eigenversorgung zu; 84 % des benötigten Getreides müssen importiert werden (*Götz, Halbach* 1992, S. 5).
Statistisch gesehen war Azerbajdžan 1991 das ärmste der Transkaukasusländer. Fast drei Viertel der Bevölkerung lebten unterhalb der Armutsgrenze (Tab. 5) (*Götz, Halbach* 1992, S. 10).
Die Grundlage der azerbajdžanischen Wirtschaft bildet nach wie vor die
Erdölförderung. Allerdings sind die Fördermengen seit Jahren rückläufig
(1970: 20 Mill. t, 1980: 15 Mill. t, 1989: 13 Mill. t), und Azerbajdžan ist
allein nicht in der Lage, die finanziellen Mittel für eine weitere Erkundung
der Schelfgebiete des Kaspischen Meeres aufzubringen. Fast die gesamte
Fördermenge des qualitativ hochwertigen Erdöls (hoher Anteil leichter
Fraktionen, Schwefelfreiheit) wird innerhalb der Region aufbereitet und
verarbeitet. Das Hauptzentrum der erdölverarbeitenden Industrie ist Sumgait; vor der azerbajdžanischen Blockade wurde Erdöl auch in Erevan und
Kirovakan verarbeitet. Die technisch veralteten und ökologischen Erfordernissen nicht entsprechenden Produktionsanlagen in der chemischen Industrie haben die Region Sumgait - Baku zu einem ökologischen Notstandsgebiet werden lassen.[18]
Der wichtigste Zweig der Anschlußindustrie an die Erdölförderung ist ein
hochspezialisierter Maschinenbau (Förderausrüstungen).
In der Leichtindustrie dominieren die Stoff- und Textilindustrie sowie die
Nahrungsmittelproduktion.
Obwohl die klimatischen Verhältnisse den Anbau verschiedener Kulturen
gestatten, wurde die Baumwolle zur staatlich verordneten Hauptanbaukultur
in der azerbajdžanischen Landwirtschaft. Der überdurchschnittlich hohe
Pestizideinsatz hat diese Flächen für den Anbau anderer Kulturen auf längere Zeit unbrauchbar gemacht. Neben der Schafzucht besitzt die Seidenraupenzucht überregionale Bedeutung. Der Fischfang ist wegen der starken
Verschmutzung des Kaspischen Meeres stark zurückgegangen.
Probleme bereitet dem gesamten transkaukasischen Raum die unzureichende Anbindung an das Verkehrsnetz Rußlands.
Die Nutzung der Eisenbahntrasse und der Straße entlang der Schwarzmeerküste war im Zusammenhang mit den georgisch-abchazischen Auseinandersetzungen 1992 und 1993 zeitweise eingeschränkt.

---

18 Hinsichtlich des Schadstoffauswurfs lag Baku 1989 mit 667 000 Tonnen auf dem fünften
Platz unter den sowjetischen Städten.

Tab. 3:  Produktionsumfang (1989) und Indexe des produzierten Nationaleinkommens (1989/1990) nach Republiken

| Republik | Umfang[1] | | Index des produzierten Nationaleinkommens[2] | | | |
|---|---|---|---|---|---|---|
| | Industrieproduktion | Agrarproduktion | insgesamt | | pro Kopf | |
| | 1989 [%] 1985 = 100% | 1989 [%] | 1989 | 1990 1985 = 100 | 1989 | 1990 |
| UdSSR | 115 | 108 | 111,2 | 106,8 | 107,2 | 102,3 |
| RSFSR | 114 | 111 | 109,9 | 104,4 | 106,7 | 100,9 |
| Ukraine | 116 | 108 | 114,2 | 112,4 | 112,3 | 110,5 |
| Belorußland | 127 | 108 | 119,3 | 117,6 | 116,6 | 114,4 |
| Litauen | 121 | 109 | 125,3 | 109,0 | 120,2 | 103,9 |
| Lettland | 115 | 106 | 121,1 | 117,3 | 117,1 | 113,2 |
| Estland | 111 | 108 | 116,8 | 118,1 | 112,8 | 113,7 |
| Moldova | 118 | 112 | 120,9 | 112,9 | 117,1 | 108,9 |
| *Georgien* | *109* | *85* | *100,2* | *95,5* | *97,2* | *92,8* |
| *Armenien* | *99* | *79* | *106,2* | *95,8* | *104,0* | *92,8* |
| *Azerbajdžan* | *106* | *86* | *99,8* | *91,9* | *94,1* | *85,7* |
| Uzbekistan | 116 | 102 | 112,4 | 114,0 | 101,6 | 100,9 |
| Tadžikistan | 115 | 94 | 105,6 | 96,2 | 93,2 | 82,8 |
| Turkmenistan | 116 | 112 | 111,3 | 11,8 | 100,5 | 98,4 |
| Kyrgyzstan | 119 | 117 | 121,7 | 120,6 | 112,9 | 110,2 |
| Kazachstan | 117 | 106 | 106,9 | 105,1 | 101,9 | 99,4 |

Quelle: [1] Narodnoe chozjajstvo v 1989 godu. Moskva 1990, S.337, 419.
[2] Narodnoe chozjajstvo v 1990 godu. Moskva 1991, S.12.

51

Tab. 4: Beschäftigtenstruktur nach Wirtschaftsbereichen in den Unionsrepubliken 1987

| Republik | Beschäftigte | | | |
|---|---|---|---|---|
| | Industrie und Baugewerbe | Land- und Forstwirtschaft | Handel und Verkehr | Dienstleistungen |
| | [%] | [%] | [%] | [%] |
| RSFSR | 42 | 14 | 23 | 21 |
| Ukraine | 40 | 20 | 21 | 19 |
| Belorußland | 40 | 22 | 20 | 18 |
| Litauen | 41 | 18 | 22 | 19 |
| Lettland | 40 | 15 | 25 | 20 |
| Estland | 42 | 13 | 24 | 21 |
| Moldova | 28 | 35 | 18 | 19 |
| Georgien | 29 | 27 | 22 | 22 |
| Armenien | 39 | 19 | 19 | 23 |
| Azerbajdžan | 26 | 34 | 20 | 20 |
| Uzbekistan | 24 | 38 | 17 | 21 |
| Tadžikistan | 21 | 41 | 18 | 20 |
| Turkmenistan | 21 | 42 | 17 | 20 |
| Kyrgyzstan | 27 | 34 | 18 | 21 |
| Kazachstan | 31 | 23 | 24 | 22 |

Quelle: Zusammengestellt nach: *Götz, R.; Halbach, U.*: Daten zur Geographie, Bevölkerung, Politik und Wirtschaft der Republiken der ehemaligen UdSSR (= Sonderveröffentlichung des Bundesinstituts für ostwissenschaftliche und internationale Studien, Februar 1992), Köln.

Tab. 5: Monatseinkommen der Bevölkerung nach Republiken 1989/91

| Republik | durchschnittliches Monatseinkommen | | | | Anteil d. Bevölk. mit Monatseink. unter 200 Rbl.[2] |
|---|---|---|---|---|---|
| | Arbeiter u. Angestellte[1] | Bauern in Sovchozen[1] | Bauern in Kolchozen[1] | pro Familienmitglied[2] | |
| | 1989 | | | 1991 | |
| | [Rbl.] | [Rbl.] | [Rbl.] | [Rbl.] | [%] |
| UdSSR | 240 | 236 | 201 | 250 | 42 |
| RSFSR | 259 | 262 | 221 | 277 | 31 |
| Ukraine | 218 | 216 | 184 | 246 | 40 |
| Belorußland | 228 | 224 | 212 | 297 | 23 |
| Litauen | 244 | 243 | 257 | | |
| Lettland | 250 | 261 | 264 | | |
| Estland | 270 | 300 | 318 | | |
| Moldova | 201 | 196 | 197 | 228 | 50 |
| *Georgien* | *198* | *158* | *170* | *198* | *66* |
| *Armenien* | *220* | *166* | *205* | *186* | *67* |
| *Azerbajdžan* | *179* | *137* | *182* | *175* | *71* |
| Uzbekistan | 194 | 202 | 165 | 143 | 82 |
| Tadžikistan | 188 | 159 | 166 | 123 | 87 |
| Turkmenistan | 221 | 247 | 204 | 156 | 78 |
| Kyrgyzstan | 198 | 180 | 198 | 157 | 75 |
| Kazachstan | 234 | 247 | 210 | 206 | 57 |

Quelle: [1]Gerundet nach Narodnoe chozjajstvo v 1989 godu. Moskva 1990, S. 78 f.
[2]Zusammengestellt nach *Götz, R.; Halbach, U.:* Daten zur Geographie, Bevölkerung, Politik und Wirtschaft der Republiken der ehemaligen UdSSR. (= Sonderveröffentlichung des Bundesinstituts für ostwissenschaftliche und internationale Studien, Februar 1992) Köln.

# 3 Die Völker Kaukasiens

## 3.1 Die ethnolinguistische Gliederung der Bevölkerung

Nach Angaben des Geographischen Instituts der Akademie der Wissenschaften der ehemaligen UdSSR (*Glezer* et al. 1991) leben in Kaukasien mehr als 60 verschiedene Völker auf einem Territorium, dessen Größe etwa der Deutschlands und Österreichs zusammengenommen entspricht.

Die Anzahl der bei den Volkszählungen[19] registrierten Ethnien für die Republiken und autonomen Territorialeinheiten schwankt je nach Quelle.[20] Eine einheitliche untere Grenze für die quantitative Stärke einer Ethnie je Territorialeinheit, bis zu der ethnische Gruppen einzeln aufgelistet sind, ist nicht zu erkennen. Zudem ist anhand der verfügbaren Statistiken nicht differenzierbar, welche Ethnien jeweils in der Kategorie »sonstige Nationalitäten« (russ. »drugie nacional'nosti«) zusammengefaßt sind.

In diesem Zusammenhang sei auf das Problem der »Reduktion des ethnischen Pluralismus« (*Halbach* 1989, S. 7) verwiesen. Zwischen 1926 und 1979 sind in der ehemaligen Sowjetunion 95 Völker aus der Statistik »verschwunden« (*Mark* 1992, S. 10). Zum einen sind dies Subethnien, die in früheren Statistiken noch als eigenständige Ethnien registriert wurden, zum anderen haben sprachlich-kulturelle Assimilationsprozesse einen Rückgang der Anzahl der Ethnien verursacht. Letztlich ist das »statistische Verschwinden« bestimmter Völker (Krim-Tataren, Mes'cheten, Talyšen) auch auf politische Absichten Moskaus zurückzuführen.

---

19 1926 fand die erste Volkszählung in der Sowjetunion statt. Weitere Volkszählungen folgten 1939, 1959, 1970, 1979 und 1989.

20 Im verfügbaren statistischen Material der Volkszählung 1979 (Itogi Vsesojuznoj perepisi naselenija 1979 goda. Moskva 1989) sind für die autonomen Territorialeinheiten (AG, ASSR) und Republiken Kaukasiens 42 verschiedene Ethnien genannt. Die vergleichbare Statistik von 1989 (Nacional'nyj sostav naselenija SSSR po dannym Vsesojuznoj perepisi naselenija 1989 goda. Moskva 1990) weist 38 Ethnien für Kaukasien aus. Hinzu kommt in beiden Fällen die Gruppe »sonstige Nationalitäten«.
Deutlich nachvollziehbar ist die unterschiedliche Detailliertheit der statistischen Quellen am Beispiel Dagestans. Bezüglich der Volkszählung 1989 sind in der Statistik für die gesamte UdSSR (Nacional'nyj sostav naselenija SSSR po dannym Vsesojuznoj perepisi naselenija 1989 goda. Moskva 1990) für Dagestan 15 verschiedene Ethnien sowie die Gruppe »sonstige Nationalitäten« angegeben. Im Statistischen Jahrbuch der RSFSR (Nacional'nyj sostav naselenija RSFSR po dannym Vsesojuznoj perepisi naselenija 1989 goda. Moskva 1990) enthält die Spalte »Dagestan« 17 eigenständige Ethnien. Das vom Statistischen Amt Dagestans herausgegebene Material zur Volkszählung (Nacional'nyj sostav naselenija Dagestanskoj ASSR. Machačkala 1990) nennt 38 Ethnien für die ASSR.

Entsprechend der üblichen - allerdings nicht in jedem Falle hinreichenden - Einteilung der Ethnien nach ihrer Sprachzugehörigkeit leben in Kaukasien hauptsächlich Vertreter dreier Sprachfamilien, der indoeuropäischen, der altajischen und der kaukasischen (Abb. 6).
Unter den Indoeuropäern sind die Armenier, die eine eigenständige Sprachgruppe bilden, zahlenmäßig am stärksten vertreten. Osseten, Kurden, Talyšen und Taten gehören zur iranischen Sprachgruppe. Der slawische Bevölkerungsanteil setzt sich überwiegend aus zugewanderten bzw. angesiedelten Russen und Ukrainern zusammen. Kleinere, ebenfalls zugewanderte Gruppen bilden Griechen und Deutsche.
Die altajische Sprachfamilie ist durch Angehörige verschiedener Turkvölker vertreten, die der oguzischen (Azeri) bzw. kipčakischen Untergruppe (Karačajer, Balkaren, Kumyken, Nogajer, Tataren) zugerechnet werden (Klassifikation nach *Geiger* et al. 1959).
Der überwiegende Teil der wahrscheinlich autochthonen Völker Kaukasiens gehört zur kaukasischen Sprachfamilie, die ihrerseits drei voneinander abgegrenzte Gruppen zusammenfaßt.
Hauptvertreter der südkaukasischen Gruppe und zugleich größtes Volk der kaukasischen Sprachfamilie sind die Georgier. Ihnen werden inzwischen auch Svanen, Mingrelen und Lazen zugeordnet, wobei letztere nach sprachlichen Gesichtspunkten eine eigene Untergruppe (sanische Gruppe) bilden.
Die Gesamtgruppe der Adyge (Adyge i.e.S., Čerkessen, Kabardiner) sowie Abchazen und Abazinen bilden gemeinsam die westliche Gruppe der Kaukasusvölker. Die ebenfalls hier einzuordnenden Ubychen sind inzwischen fast vollständig aus Kaukasien verschwunden.[21]
Ein relativ kompliziertes Bild bieten die wiederum in Untergruppen aufgeteilten ostkaukasischen Ethnien. *Deeters* (1963) gliedert fünf (sprachliche) Teilgruppen aus (vejnachische Gruppe, avaro-andische Gruppe, lakisch-darginische Gruppe, Samurgruppe, Südgruppe), wobei in der russischen ethnographischen Literatur (u.a. in Narody Kavkaza 1960/62) letztere vier als dagestanische Gruppe zusammengefaßt sind.
Einige der über zwei Dutzend ostkaukasischen Sprachen, die wiederum in eine Vielzahl von Mundarten und Dialekte zerfallen, werden nur von einer geringen Anzahl von Sprechern - mitunter nur von den Bewohnern einzelner Dörfer - benutzt, d.h. ihr Verbreitungsgebiet ist relativ klein. Dieser Umstand läßt sich in erster Linie auf die durch die Kammerung der Gebirgsregion bedingte relative Isoliertheit einzelner Siedlungsräume zurückführen. In gewissem Maße mag hierbei auch die bei vielen dagestanischen

---

21 Bis in die sechziger Jahre des 19. Jahrhunderts lebten die Ubychen im Nordwesten Abchaziens. Nach der russischen Eroberung ihrer Siedlungsgebiete wanderten sie fast vollständig in die Türkei aus.

**Kaukasische Sprachfamilie**

**Kartveli-Gruppe**
(Südkaukasische Sprachen)
1 Georgier
  (a) Thušen  (b) Račen  (c) Pšaven
  (d) Imerer  (e) Adžaren  (f) Mthiulen
  (g) Gurier  (h) Chevs'uren
2 Mingrelier
3 Lazen               (i) Ingilonen
4 Svanen          (islam. Georgier)

**Adygo-abchazische Gruppe**
(Westkaukasische Sprachen)
5 Abchazen
6 Abazinen
7 Kabardiner
8 Čerkessen
9 Adyge
  (k) Abadzechen  (l) Šapsugen

**Daghestanische Gruppe**
(Ostkaukasische Sprachen)

  Nachi-Gruppe
  ("Wejnachische" Sprachen)
  10 Čečenen
  11 Ingušen
  12 Kisten
  13 Bacbi

  Daghestanische Gruppe i. e. S.
  (Avaro-Andische Sprachen)
  14 Avaren      15 Anden
  16 Laken (Ghazi-Kumyken)
  17 Daruga
  18 Tabasaranen
  19 Lesghier ("Kürinisch")
  20 Aghuler
  21 Rutuler
  22 Cachuren
  23 Budugen
  24 Kryz
  25 Chynalug
  26 Uden

**Indoeuropäische Sprachfamilie**

27 Slaven
28 Rumänen (Moldavier)
29 Griechen
30 Armenier

Iranische Gruppe
31 Osseten
32 Kurden
33 Talyši
34 Taten
35 Bergjuden

**Altaiische Sprachfamilie**
Turkgruppe
36 Azerbajdžaner
37 Karačaiier
38 Balkaren
39 Kumyken
40 Nogajer
41 Turkmenen
42 Tataren

Mongolische
43 Kalmyken

Uralische Sp
44 Esten

Die ethnische G
erfolgt nach Sp

*Abb. 6: Kaukasien - Ethnische Gliederung*

*Quelle:* STADELBAUER, J.: Die Konflikte im Süden der ehemaligen Sowjetunion: Der Kaukasus. In: Spillmann, K.R. (Hrsg.): Zeitgeschichtliche Hintergründe aktueller Konflikte III. Vorlesung für Hörer aller Abteilungen. Sommersemester 1993. (= Züricher Beiträge zur Sicherheitspolitik und Konfliktforschung, Heft Nr. 31, Zürich 1994). Nach: Hauptsiedlungs- und Wirtschaftsgebiete vereinfacht nach Atlas narodov mira, 1964, S. 18 f., Benennungen nach G. DEETERS 1963 u.a.

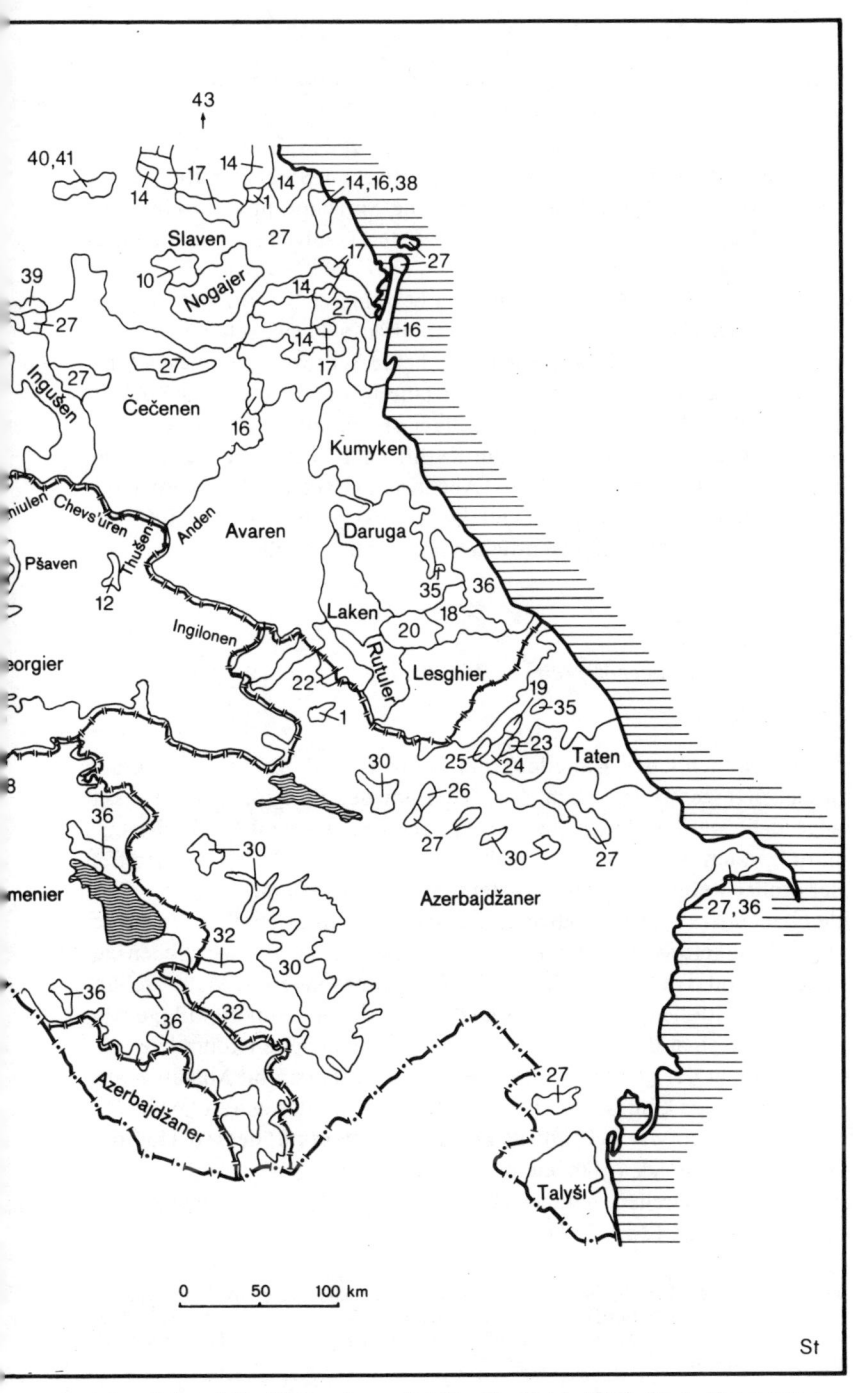

Bergvölkern bis heute verbreitete Tradition der Endogamie eine Rolle gespielt haben.
Darüber hinaus leben in Kaukasien etwa 45 000 Juden (1989) und 12 000 Assyrier als Angehörige der semitisch-hamitischen Sprachfamilie. Hinzu kommen etwa 10 000 Moldauer (romanische Sprachgruppe) in Georgien und in der Region Krasnodar sowie 1500 Esten (uralische Sprachfamilie) in der Republik Abchazien.
Die Schrift der Völker Kaukasiens ist von besonderer Brisanz, ist sie doch ein wesentliches Indiz der Russifizierungspolitik in sowjetischer Zeit.
Die islamischen Völker Kaukasiens haben beide Schriftformen dieses Jahrhunderts durchgemacht, in den zwanziger Jahren von der arabischen Schrift zum lateinischen Alphabet, in den dreißiger bis fünfziger Jahren der Übergang von der latinisierten Schrift zum Kyrillischen. Teilweise hat es einen mehrfachen Wechsel gegeben (Azeri, Abchazen, Osseten). Ausnahmen bilden diesbezüglich die armenische und die georgische Buchstabenschrift, die seit dem 4. Jahrhundert im wesentlichen unverändert blieben.

## 3.2 Die Religionszugehörigkeit der Bevölkerung

Neben der sprachlichen Einteilung der Ethnien muß zur Differenzierung des »Vielvölkergemischs« auch das Kriterium der Religionszugehörigkeit herangezogen werden. Denn eine wesentliche Besonderheit Kaukasiens als Berührungsraum verschiedener Kulturen besteht im Aufeinandertreffen zweier großer Religionen, des Christentums und des Islam.
Beide Glaubensrichtungen haben eine starke Anhängerschaft unter der jeweiligen Bevölkerung. Sie finden Ausdruck in unterschiedlichen Lebensgewohnheiten und Traditionen. Sie bestimmen in besonderem Maße weltanschauliche Positionen, deren Gegensätzlichkeit die ohnehin konfliktgeladenen interethnischen Beziehungen in der Region nicht selten kompliziert.
Die Zweiteilung der gläubigen Bevölkerung in Christen und Muslime wird durch die jeweilige konfessionelle Gliederung noch differenziert (Abb. 7).
Armenier und Georgier bekennen sich zum Christentum, dessen Tradition im Kaukasus bis in das 4. Jahrhundert zurückreicht.
Die armenische Kirche[22] nennt sich nach Gregor (dem Erleuchter), der König Tiridates III. (287-332) zum Christentum bekehrt haben soll, »gre-

---

[22] Zum Zeitpunkt der Einführung des Christentums als offizielle Staatsreligion in Armenien finden sich in der Literatur unterschiedliche Angaben (vgl. *Gumpert, Müller* 1972, *Brentjes* 1976, *Istorija Armjanskogo naroda* 1980). Sicher scheint in jedem Fall die erste Hälfte des 4. Jahrhunderts.

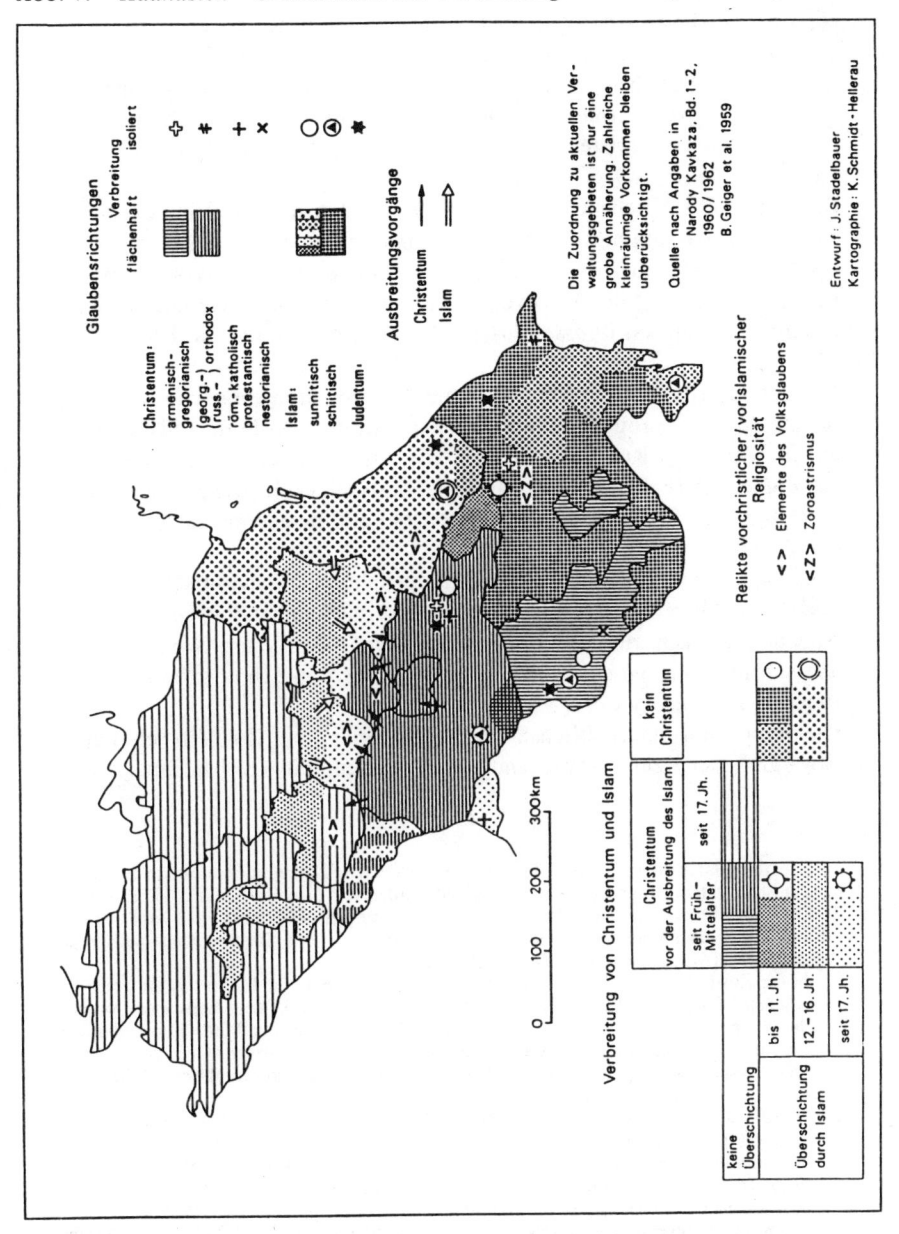

Abb. 7: Kaukasien - Grundmuster der Verbreitung der wichtigsten Religionen

Quelle: *Stadelbauer, J.*: Arzach - Völker und Verwaltungsgrenzen in Sowjet-Kaukasien. In: Ostmittel- und Osteuropa. Beiträge zur Landeskunde. Festschrift für A. Karger, T. 1. Tübingen 1989 (= Tübinger Geographische Studien 102, Sonderbd. 18).

gorianisch«. Ihr gehört der überwiegende Teil der armenischen Christen an. Oberhaupt der armenisch-gregorianischen Kirche ist der Katholikos von Ečmiadzin.[23] Daneben gibt es einige evangelische Christen sowie eine kleinere Gruppe von Armeniern, deren kirchliche Gemeinschaft mit Rom uniert ist (Mechitharisten) und ihre Zentren in Wien und Venedig besitzt (*Basse, Stricker* 1989, S. 98).

Die christliche Kirche Georgiens gehört zu den östlich-orthodoxen Kirchen. Sie hatte sich mit der Anerkennung der Beschlüsse des Konzils von Chalkedon (451) bereits Ende des 6. Jahrhunderts von der armenischen Kirche distanziert, die der (dyophysitischen) Lehrentscheidung des Konzils nicht gefolgt war (*Basse, Stricker* 1989, S. 84; *Nyssen* u.a. 1984, S. 31, 41).[24]

Mit der russischen Eroberung Georgiens verlor die georgische Kirche zu Beginn des 19. Jahrhunderts ihre Autokephalie und wurde ein Teil der orthodoxen Kirche im Russischen Reich. Bis zur Wiedererlangung ihrer Selbständigkeit 1917 besaß sie zwar den Status eines Exarchats, blieb aber praktisch ohne Sonderrechte. Erst seit 1943 gilt die georgische Kirche wieder als autokephal.

Der Islam kommt in seinen beiden Hauptrichtungen, sunnitisch und schiitisch, vor. Mehr als 10 % aller Muslime der ehemaligen Sowjetunion - ihre Anzahl hat nach russischen Angaben die 50-Millionen-Grenze bereits überschritten - leben in Azerbajdžan, weitere 8 % in den nordkaukasischen Republiken (*Sheehy* 1991, S. 26).[25]

Die Azeri sind mehrheitlich Schiiten (Siebener- und Zwölfer-Schiiten).[26] Etwa 25 % der Azeri, vorwiegend im nördlichen Teil Azerbajdžans, beken-

---

23 Kloster Ečmiadzin ist seit 1441 Sitz des Katholikos. Die Kathedrale soll schon um 300 an der Stelle einer heidnischen Kultstätte erbaut worden sein (*Gumpert, Müller* 1972, S. 118). Die Bezeichnung Ečmiadzin (= sinngemäß: Erscheinung des Sohnes) galt zunächst ausschließlich dem Komplex aus Kathedrale und Kloster. 1945 ging der Name auf die gesamte Stadt Wagaršapat über (*Bock* 1988, S. 282).
In der Klosterkirche von Ečmiadzin waren von 1929 bis 1939 die Handschriften der armenischen Klosterbibliotheken aufbewahrt. 1959 wurde eigens dafür in Erevan das Matenadaran eingerichtet. In dem Gebäude sind über 14 000 armenische Manuskripte, darunter bedeutende Werke der armenischen Geschichtsschreibung wie die »Geschichte Armeniens« von Moses von Chorene aus dem 5. Jahrhundert und geographische Arbeiten ab dem 7. Jahrhundert gesammelt (*Gumpert, Müller* 1972, S. 118).
24 Obwohl die Glaubenslehre der armenischen Kirche auf einem Denkansatz beruht, nach dem »das Göttliche« und »das Menschliche« in Christus eine nicht teilbare Einheit darstellen (was nicht automatisch dazu berechtigt, die Armenier als Monophysiten zu bezeichnen), sind hinter der antichalkedonischen Haltung auch politische Gründe, etwa der Wunsch nach Unabhängigkeit von Byzanz, zu vermuten (*Basse, Stricker* 1989, S. 96).
25 Die Religionszugehörigkeit wurde in der Sowjetunion nicht offiziell erfaßt. Den angegebenen Werten liegt deshalb die ethnische Gliederung zugrunde.
26 Daneben gibt es verschiedene Untergruppierungen wie die Bahais und die Ali-Ilahis (*Auch* 1992, S. 35).

nen sich zum sunnitischen Islam hanafitischer Rechtssprechung (*Benningsen, Wimbush* 1985/86, S. 139). Zu den Muslimen Transkaukasiens gehören schließlich kleinere ethnische Gruppen: Ingilonen, Chemšilen, Talyšen und Teile der Taten sowie Adžaren, Lazen und Teile der Abchazen. Bis auf die Iron-Osseten dominiert unter den Völkern Nordkaukasiens der sunnitische Islam. Dabei handelt es sich überwiegend um Hanafiten; die dagestanischen Völker und die Kumyken bekennen sich zur schafiitischen Rechtsschule. In Baku und Machačkala befinden sich die Islamischen Religiösen Verwaltungen für Trans- bzw. Nordkaukasien. (Bis 1974 hatte die Verwaltung für Nordkaukasien ihren Sitz in Bujnaksk.) In Čečnien und Ingušien bestehen seit der Teilung der früheren gemeinsamen ASSR eigene Islamische Direktorate (FR v. 9. 8. 93, S. 6).

Neben diesem offiziellen Islam spielt der »parallele Islam« eine bedeutende Rolle in Kaukasien, nicht zuletzt deshalb, weil die halbillegalen Organisationen sich der Aufsicht durch die religiösen Verwaltungen entzogen und damit für die Moskauer Parteizentrale relativ unkontrollierbar blieben. Sein Zentrum besitzt der inoffizielle Islam traditionell im östlichen Nordkaukasien, wo er durch zwei Sufi-Bruderschaften (Naqšbandiya, Qadiriya)[27] vertreten ist. Bezogen auf die männliche erwachsene Bevölkerung ist der Grad der Organisation in Bruderschaften am höchsten bei den Čečenen. Westliche Fachleute schätzen die Anzahl der nordkaukasischen Muriden auf 250 000 bis 500 000 (*Simon* 1986, S. 416). Zu den Anhängern der Naqšbandiya-Bruderschaft gehören auch die sunnitischen Azeri in Nordazerbajdžan.

Vergleicht man die ethnolinguistische und die religiöse Zugehörigkeit der Völker Kaukasiens, wobei die konfessionelle Gliederung innerhalb der Religionsgemeinschaften unberücksichtigt bleibt, ist folgendes festzustellen: Völlige Kongruenz besteht nur bei den Vertretern der altajischen Sprachfamilie: alle Turkvölker Kaukasiens bekennen sich zum Islam. Anders verhält

---

27 Die Sufi-Bruderschaften (tariqa, = »Weg zu Gott«) vertreten einen konservativen Islam und sind traditionell antirussisch ausgerichtet. Die Mitglieder der hierarchisch streng gegliederten Bruderschaften nennen sich Muriden.
Die im 14. Jahrhundert gegründete Naqšbandiya-Bruderschaft breitete sich seit dem ausgehenden 18. Jahrhundert in Čečnien und Dagestan aus. Sie leitete den Widerstand der Bergvölker gegen die russische Eroberung. Ihre religiösen Führer (Scheich Mansur, Šamil) werden bis heute geehrt.
Seit der Mitte des 18. Jahrhunderts fand die Quadiriya-Bruderschaft aus Bagdad unter der Bezeichnung Kunta-Haji Anhänger im östlichen Nordkaukasien.
Die Bruderschaften unterscheiden sich bezüglich der sozialen Struktur ihrer Mitglieder und in der Art und Weise der Religionsausübung (Gebet etc.). In der Organisation der Bruderschaften spielt die bis in die Gegenwart bestehende Clan-Struktur eine wesentliche Rolle (vgl. *Benningsen, Wimbush* 1985/86, S. 159).

es sich bei den kaukasischen und indoeuropäischen Völkern, die ungeachtet ihrer Zugehörigkeit zu jeweils einer Sprachfamilie entweder Christen oder Muslime sind. Einige Beispiele: Die im Südosten Georgiens lebenden Adžaren gelten nach sprachlichem Kriterium als Georgier. Im Gegensatz zu den christlichen Georgiern bekennen sie sich jedoch zum Islam, ein Erbe der mehr als drei Jahrhunderte währenden türkischen Herrschaft in diesem Raum. Muslime sind auch die im nördlichen Azerbajdžan lebenden Georgier (Ingilonen).

Die zur iranischen Gruppe der indoeuropäischen Sprachfamilie gehörenden Osseten sind ebenso wie die kaukasischen Abchazen z.t. orthodoxe Christen, z.t. sunnitische Muslime. Die Uden im nördlichen Azerbajdžan bilden wiederum das einzige christliche unter den Völkern der dagestanischen Sprachgruppe.

Während Christentum und Islam in Kaukasien überwiegend flächenhaft verbreitet sind, tritt eine dritte Region, das Judentum, nur isoliert in Transkaukasien und Dagestan auf.

Daneben haben sich in den schwer zugänglichen Gebirgsabschnitten des zentralen Kaukasus vorchristliche Glaubenselemente gehalten.

Tab. 6: *Die Völker Kaukasiens. Herkunft, Religionszugehörigkeit, Sprache und Schrift, Anzahl der Angehörigen und ihre Verteilung in Kaukasien*

| Ethnie (Eigenbezeichnung) | Herkunft | Religionszugehörigkeit | Sprache Schrift | Angehörige in Kaukasien^ | | Verteilung | |
|---|---|---|---|---|---|---|---|
| | | | | insgesamt | Anteil an der Gesamtzahl d. Angehörigen in der SU [%] | Einheit | Anteil an d. Gesamtzahl in Kaukasien [%] |
| **Kaukasische Ethnien** | | | | | | | |
| **Kartveli-Gruppe (Südkaukasische Ethnien)** | | | | | | | |
| Georgier (Kartveli) | Gesamtgruppe autochthoner kaukasischer Stämme (Kartlier, Kachetier, Ingilonen, Tušen, Pšaven, Mocheven, Mtiulen, Imeretier, Račen, Lečchumen, Gurier, Adžaren) | Christen (georg.-orthodox) Ingilonen: Muslime (Schiiten) Adžaren: Muslime (Sunniten: Hanafiten) | Georgisch (LS, 4. Jh.)[a] S-Georgisch (Mchedruli-Alphabet) | 3813874 ca. 130000-160000 | 95,8 | Georgien Tbilisi r.r.p.[c] Abch. Adž. Sosset. | 99,3 21,6 62,2 6,2 8,5 0,8 |
| Mingrelier* (Margali) | | Christen (georg.-orthodox) | LS: Georgisch | 1926: 242990[D] | | Georgien | |
| Lazen* (Lazi) | | Muslime (Sunniten: Schafiiten) | LS: Georgisch | 1926: 634 | | Georgien/Adžarien | |
| Svanen* (Svan) | | Christen (georg.-orthodox) | LS: Georgisch | 1958: ca.23000 | | Georgien | |

| Ethnie (Eigenbezeichnung) | Herkunft | Religionszugehörigkeit | Sprache Schrift | Angehörige in Kaukasien[A] insgesamt | Anteil an der Gesamtzahl d. Angehörigen in der SU [%] | Verteilung Einheit | Anteil an d. Gesamtzahl in Kaukasien [%] |
|---|---|---|---|---|---|---|---|
| Georg. Juden | Herkunft nicht eindeutig geklärt; zwei Hypothesen: - Einwanderung aus dem Vorderen Orient im 7.Jh.v.Chr. - Georgier, die den jüdischen Glauben angenommen haben | Juden | LS: Georgisch S: Georgisch (Hebräisch nur im sakralen Bereich) | 14314 | 89,5 | Georgien | |
| **Adygo-Abchazische Gruppe (Westkaukasische Ethnien)** | | | | | | | |
| Adyge | Nachfahren nordwestkaukasischer Stämme, aus deren Verschmelzung um das 10.Jh. die Adyge hervorgegangen sind | Muslime (Sunniten: Hanafiten) | Adygeisch (LS, 1918) S: 1918-1927 Arab. 1927-1938 Lat. 1938 Kyrill. | 116234 | 93 | Adygeia übrige Reg.Kras. | 82,1 17,9 |
| Čerkessen (Ačyge) | | Muslime (Sunniten: Hanafiten) | Čerkessisch Kabardinisch | 42295 | 81,3 | Kar.Čerk. übrige Reg.Stav. | 95,1 4,9 |
| Kabardiner (Keberdi) | ab 13./14.Jh. Wanderung adygeischer Stämme aus dem Kuban'-Gebiet nach W in das Terek-Becken - Vermischung mit Alanen - Kabardiner | | LS: Čerkesso-Kabardinisch S: 1923-1924 Lat.(1)[E] 1924-1936 Lat.(2) 1936 Kyrill. | 363494 | 93,0 | Kab.Balk. | |

| Ethnie (Eigenbezeichnung) | Herkunft | Religionszugehörgkeit | Sprache Schrift | Angehörige in Kaukasien[A] ||| Verteilung ||
|---|---|---|---|---|---|---|---|---|
| | | | | insgesamt | Anteil an der Gesamtzahl d. Angehörigen in der SU [%] | | Einheit | Anteil an d. Gesamtzahl in Kaukasien [%] |
| Abchazen (Apsua) | | 50-70% Christen (georg.-orthodox) 30-50% Muslime (Sunniten: Hanafiten) | Abchazisch (LS, Mitte 19.Jh.) S: 1862-1928 Kyrill. 1928-1938 Lat. 1938-1954 Georg. 1954 Kyrill. | 95853 | 91,3 | | Abch. übr. Georgien | 97,3 2,7 |
| Abazinen (Abazan) | Nachkommen der Abchazen, die zwischen 14. und 16.Jh. von der transkauk. Schwarzmeerküste über den Großen Kaukasus nach N gewandert sind | Muslime (Sunniten: Hanafiten) | Abazinisch (LS, 1932) S: 1932-1938 Lat. 1938 Kyrill. | 30380 | 89,4 | | Kar.Čerk. | 90,4 |

| Ethnie (Eigenbezeichnung) | Herkunft | Religionszugehörigkeit | Sprache Schrift | Angehörige in Kaukasien[A] | | Verteilung | |
|---|---|---|---|---|---|---|---|
| | | | | insgesamt | Anteil an der Gesamtzahl d. Angehörigen in der SU [%] | Einheit | Anteil an d. Gesamtzahl in Kaukasien [%] |
| **Dagestanische Gruppe (Ostkaukasische Ethnien)** | | | | | | | |
| **Nachi-Gruppe** | | | | | | | |
| Čečenen (Nochčo) | | Muslime (Sunniten: Hanafiten) | Čečenisch (LS, Ende 19.Jh.) S: Arab. 1928-1938 Lat. 1938 Kyrill. | 792378 | 82,8 | Čeč.Ing. Dagestan | 92,7 7,3 |
| Ingušen (Galgai) | | Muslime (Sunniten: Hanafiten) | Ingušisch (LS, 1934) S: 1934-1938 Lat. 1938 Kyrill. | 196545 | 82,9 | Čeč.Ing. Nosset. | 83,3 16,7 |
| **Dagestanische Gruppe i.e.S.** | | | | | | | |
| Avaren (Maarulal) | Gesamtgruppe aus mehr als zwei Dutzend Völkerschaften, die verschiedenen Dialektgruppen angehören | Muslime (Sunniten: Schafiiten; wenige Schiiten) | Avarisch (LS, 17.Jh.) S: Arab. 1928-1938 Lat. 1938 Kyrill. | 550655 | 91,6 | Dagestan Čeč.Ing. Azerb. Georgien | 90,1 1,1 8,0 0,8 |
| Darginer | | Muslime (Sunniten: Schafiiten; wenige Schiiten) | Darginisch (LS, Ende 19.Jh.) S: Arab. 1928-1938 Lat. 1938 Kyrill. | 313171 | 85,8 | Dagestan Region Stav. | 89,5 10,5 |

| Ethnie (Eigenbezeichnung) | Herkunft | Religionszugehörigkeit | Sprache Schrift | Angehörige in Kaukasien[A] insgesamt | Anteil an der Gesamtzahl d. Angehörigen in der SU [%] | Verteilung Einheit | Anteil an d. Gesamtzahl in Kaukasien [%] |
|---|---|---|---|---|---|---|---|
| Laken (Lak) | | Muslime (Sunniten: Schafiiten) | Lakisch (LS, Mitte 19.Jh.) S: Arab. 1928-1938 Lat. 1938 Kyrill. | 91682 | 77,7 | Dagestan | |
| Lezgen[b] (Lezgi) | | Muslime (Sunniten: Schafiiten; wenige Schiiten | Lezgisch (LS, Ende 19.Jh.) S: Arab. 1928-1938 Lat. 1938 Kyrill. | 375765 | 80,6 | Dagestan Azerb. | 54,4 45,6 |
| Tabassaranen (Tabasaran) | | Muslime (Sunniten: Schafiiten) | Tabasaranisch (LS, 1932) S: 1932-1938 Lat. 1938 Kyrill. | 78196 | 79,8 | Dagestan | |
| Agulen (Agul) | | Muslime (Sunniten: Schafiiten) | LS: Lezgisch | 13791 | 72,6 | Dagestan | |
| Rutulen (Rutul) | | Muslime (Sunniten: Schafiiten) | LS: Azerbajdžanisch, Russisch, Lezgisch | 14955 | 74,8 | Dagestan | |
| Cachuren (Juchi) | | Muslime (Sunniten: Schafiiten) | LS: Azerbajdžanisch, Russisch | 18512 | 92,6 | Azerb. Dagestan | 71,9 28,1 |
| Budugen (Budug) | | Muslime (Sunniten) | LS: Azerbajdžanisch | 1960: ca.1000 | | Azerbajdžan | |

| Ethnie (Eigenbezeichnung) | Herkunft | Religionszugehörigkeit | Sprache Schrift | Angehörige in Kaukasien[A] | | Verteilung | |
|---|---|---|---|---|---|---|---|
| | | | | insgesamt | Anteil an der Gesamtzahl d. Angehörigen in der SU [%] | Einheit | Anteil an d. Gesamtzahl in Kaukasien [%] |
| Kryzen (Kryz) | Sachdagen? | Muslime (Sunniten) | LS: Azerbajdžanisch | 1926: ca. 2600 | | Azerbajdžan | |
| Chinalugen (Kec) | | Muslime (Sunniten) | LS: Azerbajdžanisch | 1967: ca. 1000 | | Azerbajdžan | |
| Uden | | Christen (armen.-gregor.; z.T. georg.-orthodox) | LS: Russisch | 8000 | 76,6 | Dagestan | |

| Ethnie (Eigenbezeichnung) | Herkunft | Religionszugehörigkeit | Sprache Schrift | Angehörige in Kaukasien[A] insgesamt | Anteil an der Gesamtzahl d. Angehörigen in der SU [%] | Verteilung Einheit | Anteil an d. Gesamtzahl in Kaukasien [%] |
|---|---|---|---|---|---|---|---|
| **Indoeuropäische Ethnien** | | | | | | | |
| **Slawische Gruppe** | | | | | | | |
| Russen | slaw. Besiedlung Nordkauk. seit Mitte 16.Jh.; migrationsbedingte Zunahme des slaw. Bevölk.anteils im Zusammenhang mit Agrarkolonisation, Eisenbahnbau und Industrialisierung; gezielte Ansiedlung in sowj. Zeit | Christen (russ.-orthodox) | Russisch (LS) S: Kyrill. | 8175101 | 7,2 | Reg.Kras. Reg.Stav. übriges N-Kauk.[F] Georgien Armen. Azerb. | 52,6 26,9 10,9 4,2 0,6 4,8 |
| Ukrainer | | Christen (russ.-orthodox; z.T. griech.-orthod.) | Ukrainisch (LS) S: Kyrill. | 393752 | 0,9 | Reg.Kras. Reg.Stav. übriges N-Kauk. Georgien Armen. Azerb. | 49,8 17,6 9,0 13,3 2,1 8,2 |
| Belorussen | | Christen (russ.-orthodox) | Belorussisch (LS) S: Kyrill. | 45984 | 0,5 | Reg.Kras. Georgien | 81,3 18,7 |

| Ethnie (Eigenbezeichnung) | Herkunft | Religionszugehörigkeit | Sprache Schrift | Angehörige in Kaukasien[A] insgesamt | Anteil an der Gesamtzahl d. Angehörigen in der SU [%] | Verteilung Einheit | Anteil an d. Gesamtzahl in Kaukasien [%] |
|---|---|---|---|---|---|---|---|
| **(Eigenständige Gruppen)** | | | | | | | |
| Armenier (Haik) | Ansiedlung in Ostanatolien und Transkaukasien seit 7.Jh.v.Chr.; Vermischung mit der urartäischen Bevölk. | Christen (armen.-gregor.) Chemšilen: Muslime | Armenisch (LS, 4./5.Jh.) S: Armenisch | 4194522 1979:ca. 1000-2000 | 90,7 | Armen. Erev. r.r.p. Georgien Azerb. Čeč.Ing. Nosset. Reg.Kras. Reg.Stav. | 73,5 26,2 47,3 10,4 9,3* 0,4 0,3 4,3 1,7 |
| Griechen | mehrere Einwanderungswellen nach Kaukasien (4.Jh., 18.-20.Jh), hauptsächlich nach Georgien gerichtet | Christen (griech.-orthodox) | Griechisch (LS; wird nur von ca. 50% der Griechen in Kaukasien als Muttersprache benutzt) | 163330 | 45,6 | Georgien Armen. Reg.Kras. Reg.Stav. | 61,4 2,8 18,3 17,4 |

| Ethnie (Eigenbezeichnung) | Herkunft | Religionszugehörigkeit | Sprache Schrift | Angehörige in Kaukasien^ | | Verteilung | |
|---|---|---|---|---|---|---|---|
| | | | | insgesamt | Anteil an der Gesamtzahl d. Angehörigen in der SU [%] | Einheit | Anteil an d. Gesamtzahl in Kaukasien [%] |
| **Iranische Gruppe** | | | | | | | |
| Osseten (Iron, Digor) | wahrscheinliche Vorfahren: Alanen; im Zusammenhang mit mongol. Eroberung n und unter Druck der Kabardiner südwärts gedrängt; seit 16.Jh. drei ossetische Territorialgruppen: östl. Gruppe - Iron westl. Gruppe - Tualläg südl. Gruppe - Digor | z.T. Christen (Sosset. georg.-orth.; Nosset. russ.-orth.) z.T. Muslime (Sunniten) | Ossetisch (LS, Mitte 19.Jh.) S: bis 1923 Kyrill. 1923-1938 Lat. 1938 Kyrill. (Nordossetien) 1938-1954 Georg. 1954 Kyrill. (Südossetien) | 508927 | 85,1 | Nosset. Sosset. übr. Georgien Kab.Balk. | 65,8 12,8 19,4 2,0 |
| Kurden (Kurmauš) | Nachfahren der Kurden, die aus der Türkei und dem Iran in den Kaukasus eingewandert sind; mehrere Emigrationswellen: 10./12.Jh., 1853-1918, während des 2. Weltkrieges | Muslime (Sunniten: Hanafiten u.Schafiiten; Schiiten: "Zwölfer") Jesiden | Kurdisch (nur in Armenien als LS anerkannt) S: Arab. 1921-1929 Armen. 1929-1946 Lat. 1946 Kyrill. | 101684 | 66,4 | Armen. Georgien Azerb. | 55,2 32,8 12,0 |

| Ethnie (Eigenbezeichnung) | Herkunft | Religionszugehörigkeit | Sprache Schrift | Angehörige in Kaukasien[A] insgesamt | Anteil an der Gesamtzahl d. Angehörigen in der SU [%] | Verteilung Einheit | Anteil an d. Gesamtzahl in Kaukasien [%] |
|---|---|---|---|---|---|---|---|
| Talyšen (Talus) | Nachkommen iranischsprachiger Stämme, die sich mit kaukasischen Gruppen vermischt haben | Muslime (Schiiten: "Zwölfer") | LS: Azerbajdžanisch (Talyšisch zwischen 1930 und 1939 mit Status einer LS; S: Lat.) | 21'169* | 96,2 | Azerbajdžan | |
| Taten (Tat) | Nachfahren iranischsprachiger Gruppen im nördl. Azerbajdžan; Einteilung nach der Assimilationsrichtung bzw. der Religionszugehörigkeit: musl. T. (Azerb.) christl. T. (Armen.) jüd. T. (Dagestan) | Muslime (Schiiten) Christen (arm.-greg.) | Tatisch (LS, 1935) S: 1935 Lat? 1940 Kyrill. | 23178 | 74,8 | Dagestan Azerb. | 55,8 44,2 |
| Bergjuden | | Anhänger der jüd. Glaubenslehre (gehören weder sprachl. noch ethn. zu den osteuropäischen Juden | vor 1929 Hebräisch | 5484 | 28,9 | Azerb. | |
| Deutsche | Nachfahren der seit den 18.Jh. auf Aufruf Katharinas II. in das Russische Reich eingewanderten deutschen Siedler | überwiegend Christen | | 40320 | 2,0 | Kab.Balk. Reg.Kras. | 78,7 21,3 |

| Ethnie (Eigenbezeichnung) | Herkunft | Religionszugehörigkeit | Sprache Schrift | Angehörige in Kaukasien insgesamt | Angehörige in Kaukasien^ Anteil an der Gesamtzahl d. Angehörigen in der SU [%] | Verteilung Einheit | Anteil an d. Gesamtzahl in Kaukasien [%] |
|---|---|---|---|---|---|---|---|
| **Altajische Ethnien** | | | | | | | |
| **Turkgruppe** | | | | | | | |
| Azeri (Azerbajdžan) | aus der Vermischung einer ursprünglich iranischsprachigen Bevökerung mit turksprachigen und kaukasischen Völkerschaften hervorgegangen | Muslime (70-75% Schiiten; 25-30% Sunniten: Hanafiten) | Azerbajdžanisch (LS, 14.Jh.) S: Arab. 1922-1933 Lat.(1) 1933-1938 Lat.(2) 1938-1939 Lat.(3) 1939 Kyrill.(1) 1939-1940 K.(2) 1940-1951 K.(3) 1951-1958 K.(4) 1958 Kyrill.(5) | 6272959 | 92,7 | Azerb. Baku r.r.p. Nach. Nag. Karab. Armen. Georg. Dagestan | 92,5 18,9 68,5 4,5 0,6 1,4^4 4,9 1,2 |
| Karapapachen | in Azerbajdžan weitgehende Assimilation an Azeri | Muslime (Sunniten u. Schiiten) | | | | Azerbajdžan | |

73

| Ethnie (Eigenbezeichnung) | Herkunft | Religionszugehörigkeit | Sprache Schrift | Angehörige in Kaukasien^A insgesamt | Anteil an der Gesamtzahl d. Angehörigen in der SU [%] | Verteilung Einheit | Anteil an d. Gesamtzahl in Kaukasien [%] |
|---|---|---|---|---|---|---|---|
| Karačajer (Karačaj) | wahrscheinlich Nachkommen kipčakischer Turkstämme, die bis zum 15.Jh. nach Nordkaukasien eingewandert sind (Vielzahl von Hypothesen, vgl. AKINER 1983, S.226f.) | Muslime (Sunniten:Hanafiten) | LS: Karačaj-Balkarisch (1924) S: Arab. 1920-1924 Arab. (modifiziert) 1924-1926 Lat.(1) 1926-1936 Lat.(2) 1936-1961 K.(1) 1961-1964 K.(2) 1964 Kyrill.(3) | 142659 | 91,4 | Kar.Čerk. übrige Reg.Stav. | 90,7 9,3 |
| Balkaren (Taulu) | | | | 70793 | 83,3 | Kab.Balk. | |
| Kumyken (Kumuk) | aus der Vermischung kaukasischer und zugewanderter Turkstämme hervorgegangen | Muslime (Sunniten: Schafiiten) | Kumykisch (LS, Ende 19.Jh.) S: Arab. 1921-1928 Arab. (modifiziert) 1928-1938 Lat. 1938 Kyrill. | 251136 | 89,1 | Dagestan Čeč.Ing. Nosset. | 92,3 3,0 3,8 |

| Ethnie (Eigenbezeichnung) | Herkunft | Religionszugehörigkeit | Sprache Schrift | Angehörige in Kaukasien[A] | | Verteilung | |
|---|---|---|---|---|---|---|---|
| | | | | insgesamt | Anteil an der Gesamtzahl d. Angehörigen in der SU [%] | Einheit | Anteil an d. Gesamtzahl in Kaukasien [%] |
| Nogajer (Nogaj) | wahrscheinlich aus der Vermischung mongolischer und turksprachiger Gruppen hervorgegangen; Nachkommen der Goldenen bzw. Nogaj-Horde, die seit Mitte des 17.Jh. südwärts gedrängt wurden; Gliederung in drei Stammes- bzw. Territorialgruppen: Ačikulak-N, Kara-N., Ak-N. | Muslime (Sunniten: Hanafiten) | Nogajisch (LS, 1828 Ak. u. Kara-N., ab 1938 nur Kara-N.) S: 1928-1931 Lat.(1) 1931-1935 Lat.(2) 1935-1936 Lat.(3) 1936-1938 Lat.(4) 1938-1944 K.(1) 1944-1950 K.(2) 1950 Kyrill.(3) | 63740 | 85,0 | Dagestan Čec.Ing. Reg.Stav. | 44,4 10,8 44,8 |
| Mes'cheten | ethnisch heterogene Gruppe aus sprachlich turkisierten Georgiern, Armeniern, Kurden, Karapachen und Chemšilen | Muslime (Sunniten) | Türkisch | statistisch nicht als eigenständige Gruppe nachgewiesen[f] | | Azerbajdžan Reg. Krasnodar Reg. Stavropol' Nordossetien Kabardino-Balkarien | |

| Ethnie (Eigenbezeichnung) | Herkunft | Religionszugehörigkeit | Sprache Schrift | Angehörige in Kaukasien[A] insgesamt | Anteil an der Gesamtzahl d. Angehörigen in der SU [%] | Verteilung Einheit | Anteil an d. Gesamtzahl in Kaukasien [%] |
|---|---|---|---|---|---|---|---|
| Tataren (Tatar) | Nachkommen turksprachiger Stämme die seit dem 10.Jh. aus Sibirien nach W vorgedrungen sind und sich mit verschiedenen, hauptsächlich finno-ugrischen Gruppen vermischt haben | Muslime (Sunniten:Hanafiten) | Tatarisch (LS, 16.Jh.) S: Arab. 1906-1920 Arab. (modifiziert) 1921-1929 Arab. 1927 Lat.(1) 1927-1939 Lat.(2) 1939 Kyrill. | 21312 | 0,3 | Reg. Kras. Georgien | 80,8 19,2 |
| Krim-Tataren | Nachfahren von Angehörigen des Krim-Chanats, das 1443 neben einer Reihe anderer Chanate nach Auflösung der Goldenen Horde entstand | | | 17217 | | Reg. Krasnodar | 6,3 |
| **Semitisch-hamitische Ethnien** | | | | | | | |
| Semitische Gruppe | | | | | | | |
| Juden | | | Hebräisch/ Jiddisch (in der SU als LS nicht anerkannt) | 44892 | 3,3 | Azerb. Georgien Dagestan | 56,1 23,0 20,9 |
| Assyrier (Suraj) | Einwanderung aus dem Iran seit dem 19.Jh. | Christen (nestorianisch u. jakobitisch) | Neusyrisch (in der SU als LS nicht anerkannt S: estrangelisch, nestorianisch | 12169 | 46,8 | Georgien Armen. | 51,0 49,0 |

Quellen: *Akiner, S.*: Islamic Peoples of the Soviet Union (with an Appendix on the non Muslim Turkic Peoples of the Soviet Union). London, Boston, Melbourne, Henley 1983.
*Benningsen, A. A.; Wimbush, S. E.*: Muslims of the Soviet Empire. A Guide. London 1985/86.
*Deeters, G.*: Die kaukasischen Sprachen. In: Armenisch und kaukasische Sprachen. (= Handbuch der Orientalistik, I. Abt., 7. Bd.) Köln, Leiden 1963, S. 1-79.
*Mark R.*: Die Völker der ehemaligen Sowjetunion. Die Nationalitäten der GUS, Georgiens und der baltischen Staaten. Ein Lexikon. Opladen 1992.
Nacional'nyj sostav naselenija SSSR po dannym Vsesojuznoj perepisi naselenija 1989 goda. Moskva 1990.
Narody Kavkaza. T. 1-2. Moskva 1960/62.
*Sarkisyanz, E.*: Geschichte der orientalischen Völker Rußlands bis 1917. Eine Ergänzung zur ostslawischen Geschichte Rußlands. München 1961.
*Wixman, R.*: The Peoples of the USSR. An Ethographic Handbook. London 1984.

A  Die angegebenen Werte berücksichtigen die drei transkaukasischen Republiken Georgien, Armenien, Azerbajdžan sowie die autonomen Republiken Nordkaukasiens und die Regionen Krasnodar und Stavropol'.
B  LS = Literatursprache; die in Klammern stehende Zahl gibt an, seit wann die jeweilige Sprache Literatursprache ist.
   S = Schrift (Alphabet).
C  r.r.p. = rajony respublikanskogo podčinenija (der Republik administrativ untergeordnete Kreise; die autonomen Gebietseinheiten sowie die Hauptstadt bleiben unberücksichtigt).
D  Zahlenangaben zu früheren Jahren (vor 1989) nennen die Gesamtzahl der Angehörigen der jeweiligen Ethnie in der Sowjetunion.
E  Teilweise hat es Veränderungen innerhalb eines Alphabets gegeben. Die in Klammern stehenden Ziffern bezeichnen die Varianten des jeweiligen Alphabets, d.h. (1) = 1. Variante, (2) = 2. Variante usw.
F  Kabardino-Balkarien, Nordossetien, Čečeno-Inguŝien, Dagestan.

a  Mingrelier, Lazen und Svanen werden seit der Volkszählung 1939 nicht mehr als eigenständige Ethnien erfaßt, sondern zur Gesamtgruppe der Georgier gerechnet.
b  Inoffiziellen Quellen zufolge leben in Azerbajdžan zwischen 600 000-700 000 Lezgen (vgl. Abschn. 5.2.2).
c  Budugen, Kryzen und Chinalugen werden statistisch nicht mehr als eigenständige Ethnien erfaßt.
d  Zur Entwicklung der Anzahl der Armenier in Azerbajdžan sowie der Azeri in Armenien seit 1989 vgl. Abschn. 5.2.1.
e  Inoffizielle Angaben nennen für Azerbajdžan eine Zahl von mindestens 1 Mill. Talyšen.
f  Vgl. Abschn. 5.3.2.1.

# 4 Die politisch-territorialen Strukturen des Raumes

Mit dem Austritt der 14 nichtrussischen Republiken aus der »Sowjet-Union« zerbrach die zumindest verfassungsmäßig vorgesehene föderale Struktur dieses Staates. Erhalten geblieben ist eine Vielzahl autonomer Gebietseinheiten innerhalb der früheren Unionsrepubliken und heutigen Staaten. Diese Reste sowjetischer Territorialgliederung streben heute zu einem beträchtlichen Teil ebenfalls nach nationaler Unabhängigkeit oder zumindest nach veränderter verwaltungsrechtlicher Zuordnung. Das provoziert nicht selten den Unwillen der jeweils übergeordneten Administration, denn der Austritt bisheriger autonomer Gebietseinheiten würde für die entsprechenden Republiken z.T. erhebliche territoriale Einbußen bedeuten. Wo immer diese Ansprüche nach nationaler Unabhängigkeit einerseits und territorialer Integrität andererseits aufeinandertreffen, schlummern interethnische Konflikte, die vielfach bereits zu gewaltsamen Auseinandersetzungen eskaliert sind. Eine regelrechte Konzentration derartiger Brennpunkte findet sich in Kaukasien. Das ist kaum verwunderlich, wenn man bedenkt, daß von den 28 ehemaligen autonomen Republiken und Gebieten allein 11 auf Kaukasien entfallen. Deshalb seien an dieser Stelle einige allgemeine Bemerkungen zur politisch-rechtlichen Stellung der früheren Unionsrepubliken sowie zur Spezifik der Autonomiestruktur gestattet.

## 4.1 Zur politisch-rechtlichen Stellung der Territorialeinheiten bis 1991

Nach Artikel 70 ihrer Verfassung (1977)[28] galt die UdSSR als ein nach dem »Prinzip des sozialistischen Föderalismus« aufgebauter »einheitlicher multinationaler Bundesstaat« (Handbuch..., Bd. II, 1983, S. 687). Die Glieder dieses Staates waren 15 Unionsrepubliken, die nach sowjetischem Rechtsanspruch souveräne Staaten darstellten (Art. 76). Unterhalb der Ebene der Unionsrepubliken bestand ein abgestuftes System ethnisch bestimmter autonomer Territorialeinheiten, das von der Autonomen Sozialistischen Sowjetrepublik (ASSR) auf der oberen Ebene über das Autonome

---

28 Alle Angaben zu Verfassungsartikeln beziehen sich auf die zuletzt gültige Verfassung der UdSSR von 1977 bzw. auf die Verfassungen der Unionsrepubliken von 1978.

Gebiet (AG) bis zum Autonomen Kreis (AK) auf der untersten Stufe reichte.
Auf den ersten Blick scheinen Indizien für eine Staatlichkeit der Unionsrepubliken (Staatsvolk, Staatsterritorium, Staatsgewalt) durchaus vorhanden. Umfangreichere Analysen, vorwiegend westlicher Rechtswissenschaftler, widerlegen allerdings eine Staatlichkeit der Unionsrepubliken im Sinne des Völkerrechts teilweise oder ganz. *Arnold* (1973) bezeichnet die Unionsrepubliken als »labile Staaten« (S. 131). *Uibopuu* (1975, 1983), der die Elemente »Staatsvolk« und »Staatsgewalt« als juristisch nicht bestimmbar beurteilt und die Frage nach dem »Staatsterritorium« nur unter Vorbehalt positiv beantwortet, verneint eine Staatlichkeit der Unionsrepubliken überhaupt (S. 303; Handbuch..., Bd. II, 1983, S. 778).
Der Nachweis des Elementes »Staatsvolk« fällt nach *Uibopuu* (1975) negativ aus, da es keine juristischen Kriterien gibt, anhand derer eine Staatsbevölkerung, d.h. eine Personengruppe, die sich durch eine »enge und dauerhafte Bindung zu einem Territorium und seiner Organisation« von Personen, denen diese Bindung fehlt, abhebt, ausgrenzbar ist (S. 62). Das Unionsrecht regelt lediglich die Staatsangehörigkeit der UdSSR, wonach jeder Bürger einer Unionsrepublik auch Bürger der UdSSR ist (Art. 33). Direkte und differenzierte Aussagen zur Staatsangehörigkeit einer Unionsrepublik fehlen sowohl in der Unionsverfassung als auch in den Verfassungen der einzelnen Republiken (*Feldbrugge* 1979, S. 261, 280). Es gibt daher keine juristischen Kriterien, die zur Abgrenzung einzelner Republikbürgerschaften und damit zur Bestimmung einer Staats- bzw. Republikbevölkerung herangezogen werden könnten.
Ein eigenes Gebiet im Sinne eines »Staatsterritoriums« kann zumindest nach dem »Abgrenzungskriterium« (*Uibopuu* 1975, S. 92) als gegeben betrachtet werden. In der Ausübung der Gebietshoheit waren die Unionsrepubliken durch das übergeordnete Unionsrecht jedoch weitgehend eingeschränkt. Zwar bedurfte jede Änderung des Territoriums einer Unionsrepublik deren Zustimmung (Art. 78), gleichzeitig fielen aber alle Veränderungen von Grenzen und territorialen Zuständigkeiten bzw. die Bestätigung solcher Veränderungen (Art. 73) bis auf die administrativ-territoriale Gliederung innerhalb der Unionsrepubliken sowie die Veränderung dieser Gliederung (Art. 79 der Unionsverfassung; Art. 73 der Verfassung der RSFSR; Art. 77 in den Verfassungen der GSSR, ArSSR und AzSSR) in den Kompetenzbereich der Unionsgewalt.
Eine ausschließlich den Unionsrepubliken zugeordnete »Staatsgewalt« existierte praktisch nicht, da die traditionellen Staatsaufgaben (Bestimmung von Staats- und Regierungsform, Regelung der Staatsangehörigkeit, Regelung von Fragen der Einwanderung, Entscheidung von Fragen der Verteidigung, Regelung von Fragen der Rechtspflege und der Finanzhoheit, Bestim-

mung der Wirtschafts- und Sozialordnung) bis auf »Restkompetenzen« durch die Unionsverfassung geregelt wurden (*Uibopuu* 1975, S. 221-225).
Ebenso umstritten ist der Souveränitätsstatus der ehemaligen Unionsrepubliken. Während nach sowjetischem Staatsrecht jede Unionsrepublik als souverän galt (Art. 70), vertritt die westeuropäische Lehre die Ansicht, daß Souveränität nicht teilbar ist und im Fall eines Bundesstaates – als solcher war die UdSSR in der Verfassung ausgeschrieben – ausschließlich der Gesamtstaat als souverän gelten kann (Handbuch..., Bd. II, 1983, S. 775). Kompetenzen, die eine Souveränität dokumentieren sollten (Territorialhoheit [Art. 78], Verfassungsautonomie [Art. 76], Austrittsrecht [Art. 72], Recht auf auswärtige Beziehungen [Art. 80]) blieben schon aufgrund der zentralistischen Organisation des politischen Systems formal bzw. auf ein Minimum beschränkt. So war das Austrittsrecht in der Unionsverfassung prinzipiell zwar vorgesehen, aber Bestimmungen über die Zuständigkeiten und die Verfahrensweise im Falle der Austrittsabsicht einer Unionsrepublik fehlten. Der in Art. 75 festgeschriebene Bestandsschutz des UdSSR-Territoriums degradierte das Austrittsrecht ohnehin zur Formalität.
Auch das System autonomer Gebietseinheiten war von Beginn an mit Mängeln behaftet.
Erstens erfolgte die »Zuteilung« von Autonomiestufen auf der Grundlage der Stalinschen Auffassung von »Nation«, wonach vier Voraussetzungen erfüllt sein müssen, um von einer Nation sprechen zu können: die »Gemeinschaft der Sprache, des Territoriums, des wirtschaftlichen Lebens und der psychischen Wesensart, die sich in der Gemeinschaft der spezifischen Besonderheiten der nationalen Kultur offenbart« (*Stalin,* Bd. II, 1951, S. 298). Entsprechend diesen Kriterien kam nur für Nationen eine Eigenstaatlichkeit in Frage. Folglich ist davon auszugehen, daß nur die eponymen Ethnien der Unions- und autonomen Republiken als Nationen galten. Fehlte eines der o.g. Merkmale, handelte es sich laut Stalin lediglich um eine Völkerschaft, für deren Territorium nur der Status eines autonomen Gebietes oder Kreises vergeben werden konnte. Die Anwendung dieses Autonomieschemas in der Praxis ließ allerdings keine klaren Konsequenzen erkennen. Daß die Territorialgliederung der Willkür Moskaus unterlag und eher dazu diente, nationale Entwicklungen in gewünschte Bahnen zu lenken, beweisen die Vorgänge im Zusammenhang mit den Deportationen ebenso deutlich wie die Existenz binationaler Einheiten oder die gänzliche Vorenthaltung autonomer Rechte.
Zweitens blieb Autonomie auf die territoriale Komponente beschränkt, d.h. sie war »ausschließlich den Gebietseinheiten als solchen, nicht hingegen den ihre Benennungen bestimmenden Nationalitäten zugeordnet« (*Arnold* 1973, S. 95; vgl. auch *Brunner* 1988, S. 24 f.).
Tatsächlich war bei der Einrichtung autonomer Republiken und Gebiete nie

eine national-kulturelle Autonomie vorgesehen. Lenin bezeichnete sie bereits 1913 in seinem Aufsatz »Über die national-kulturelle Autonomie« als »reaktionäre, schädliche, kleinbürgerliche, nationalistische Idee«, die bekämpft werden müsse (Lenin 1913, S. 122). Auf Kaukasien bezugnehmend, vertrat Stalin die Ansicht, »daß die überhaupt untaugliche national-kulturelle Autonomie unter den Verhältnissen des Kaukasus auch noch unsinnig und töricht ist« (Stalin, Bd. II, 1951, S. 318 f.).
Die in den zwanziger Jahren besonders in Transkaukasien sehr intensiv betriebene Politik einer ethnischen Konsolidierung schien auf den ersten Blick eine national-kulturelle Autonomie zu befürworten. Tatsächlich erbrachte die »Korenizacija-Politik« unbestreitbare Erfolge in der kulturellen Entwicklung insbesondere kleinerer Völker (Alphabetisierung). Allerdings verfolgte man mit dieser Politik letztlich das Ziel, die nichtrussischen Völker für das Sowjetsystem zu gewinnen und Tendenzen nationaler Sezession entgegenzuwirken. Letzteres traf für den Kaukasus in besonderer Weise zu, denn »(d)ie große Bedeutung des Kaukasus für die Revolution (ist) nicht nur dadurch bedingt, daß er eine Quelle von Roh- und Brennstoffen sowie Lebensmitteln ist, sondern auch durch seine Lage zwischen Europa und Asien, insbesondere zwischen Rußland und der Türkei, sowie durch das Vorhandensein ökonomisch und strategisch höchst wichtiger Straßen (Batum-Baku, Batum-Täbris-Erserum)« (Stalin, Bd. IV, 1952, S. 360).
Die Nationalitätenpolitik Stalins in den dreißiger und vierziger Jahren bestätigte unzweifelhaft das Festhalten an einer ausschließlich territorialen Autonomie.
Drittens blieben die mit dem Autonomiestatus verbundenen Rechte überwiegend formal. Alle in der Verfassung ausgewiesenen Rechte einer autonomen Republik – für die autonomen Gebiete waren solche nicht aufgeführt – fielen in den Zuständigkeitsbereich der übergeordneten Unionsrepublik, d.h. die Kompetenz der autonomen Einheiten erschöpfte sich im Nachvollzug übergeordneter Gesetze (Handbuch..., Bd. II, 1983, S. 798). Gleichermaßen bedurften faktisch alle Entscheidungen einer autonomen Republik und erst recht eines autonomen Gebietes der Bestätigung durch die übergeordnete Administration (vgl. Verfassung der RSFSR, Art. 78-83). Im »Bedarfsfalle« konnte der Autonomiestatus durch die Zentralgewalt gänzlich entzogen werden.
Mißt man schließlich die praktisch entstandene territoriale Struktur autonomer Verwaltungseinheiten an dem vielfach propagierten Anspruch der weitgehenden Konformität ethnischer und politischer Grenzen, werden jene »Unzulänglichkeiten« offenbar, die bereits zu politischen Unruhen geführt haben oder zumindest ein latentes Konfliktpotential darstellen.

## 4.2 Die Herausbildung der gegenwärtigen Territorialgliederung

### 4.2.1 Vom Beginn bis zum Zerfall der sowjetischen Administration

Nachdem es bereits 1918/19 zwischen Armenien und Georgien zu einem Streit um das mehrheitlich armenisch besiedelte Gebiet von Achalkalaki und Achalciche (Džavachetien) gekommen war, bestimmten territoriale Fragen auch nach der sowjetischen Machtübernahme die Beziehungen zwischen den drei transkaukasischen Republiken.
Streitpunkte in den armenisch-azerbajdžanischen Auseinandersetzungen waren die Territorien Nagornyj Karabach, Nachičevan' und Zangezur. In allen drei Gebieten lebten sowohl Armenier als auch Azerbajdžaner. Aus Zangezur – dort gab es 1918 noch 101 000 Armenier und 120 000 Azerbajdžaner – wurde die azerbajdžanische Bevölkerung vertrieben (*Stölting* 1990, S. 251). Nachičevan' blieb in azerbajdžanischer Hand; von hier floh ein großer Teil der Armenier. Um Nagornyj Karabach rangen Armenien und Azerbajdžan gleichermaßen. Auch die Entscheidung des britischen Oberbefehlshabers in Baku, Thompson, die für Zangezur und Nachičevan' eine armenische Verwaltung vorsah, während Nagornyj Karabach bei Azerbajdžan verbleiben sollte, brachte keine Lösung. Schließlich wurden in einem russisch-türkischen Vertrag 1921 jene Grenzen und politischen Zuständigkeiten festgeschrieben, die bis heute Bestand haben. Zuvor hatte Armenien auf russischen Druck im Vertrag von Alexandropol' 1920 auf alle ostanatolischen Territorien verzichten müssen. Rußland trat Kars und Ardahan an die Türkei ab, Batumi wurde Georgien zugeordnet (Abb. 8a). Nagornyj Karabach und Nachičevan' kamen auf türkischen Wunsch an Azerbajdžan und erhielten 1923 und 1924 den Status eines AG bzw. einer ASSR.
Innerhalb Georgiens wurden zunächst zwei autonome Gebietseinheiten geschaffen. Der nördliche Teil des ehemaligen Batum-Gebietes (Adžarien) bekam 1921 den Status einer ASSR[29], das südliche Ossetien wurde 1922 AG. Abchazien, das 1922 als selbständige SSR proklamiert worden war, kam erst 1930 als ASSR an Georgien. 1922 folgte der Zusammenschluß Armeniens, Georgiens und Azerbajdžans zur Transkaukasischen Sozialistischen Föderativen Sowjetrepublik, eine Maßnahme, die wohl mehr die Etablierung zentralistischer Machtstrukturen als die gegenseitige Annähe-

---

29 Das seit dem 15. Jahrhundert unter osmanischer Herrschaft stehende Adžarien fiel erst im Ergebnis des russisch-türkischen Vertrages 1878 an Rußland. Die ursprünglich christliche georgische Bevölkerung war zum Islam übergetreten, weshalb den Adžaren 1921 ein eigener Autonomiestatus zugebilligt wurde.

rung der drei Völker zum Ziel hatte. Nach der Auflösung der Föderation 1936 bestanden Armenien, Georgien und Azerbajdžan wieder als selbständige Unionsrepubliken innerhalb der 1920/21 festgelegten Grenzen (Abb. 8b).

Die »sowjetische Neuordnung« der Verwaltungsgrenzen in Nordkaukasien begann 1920 mit der Errichtung zweier autonomer Republiken, der Dagestanischen ASSR und der Gorskaja ASSR (Bergrepublik) (Dekrety..., Bd. XII, 1986, S. 193 ff.). Erstere umfaßte das ehemalige Dagestan-Gebiet sowie den größten Teil des vormals zum Terek-Gebiet gehörenden Kreises Chasavjurt. Die Bergrepublik – ihr Territorium entsprach etwa der südlichen Hälfte des Terek-Gebietes – vereinigte die ethnischen Territorien der Ingušen, Čečenen, Osseten, Kabardiner, Balkaren und Karačajer sowie der Kosaken von Sunža (Abb. 9a u. 9b). Dem entsprach eine innere Gliederung der ASSR in sechs nationale Kreise; das Gebiet der Kosaken von Sunža gehörte zum Nordossetischen Kreis (*Isaev* 1979, T. 1, S. 190). Ob die Bergrepublik an ihrer polyethnischen Zusammensetzung scheiterte oder ihre schrittweise Aufgliederung in Anlehnung an das Prinzip »divide et impera!« von Moskau bewußt gesteuert war, sei dahingestellt. Fest steht, daß die Bergrepublik in ihrem vollen Bestand nur 10 Monate existierte (November 1920 bis September 1921). Bereits im September 1921 erfolgte die Ausgliederung des AG der Kabardiner, das vier Monate später um den Nationalen Kreis der Balkaren zum AG der Kabardiner und Balkaren erweitert wurde. Weitere Verkleinerungen des Territorialbestandes der Bergrepublik folgten 1922 mit der Errichtung des AG der Čečenen und des AG der Karačajer und Čerkessen. Letzteres wurde 1926 in ein AG der Karačajer und einen Nationalen Kreis der Čerkessen, der 1928 zum AG aufgestuft wurde, geteilt. Die Nationalen Kreise der Osseten und Ingušen erhielten 1924 den Status »AG«. Ein Teil der adygeisch besiedelten Gebiete im westlichen Nordkaukasien wurde 1922 zum Adygeisch-Čerkessischen AG proklamiert und 1928 in Adygeisches AG umbenannt (*Isaev* 1979, T. 1, S. 237; *Mark* 1989, S. 35). 1936 wurde das Territorium des Gebietes in südlicher Richtung um die Kreise Giaginsk und Majkop erweitert. Die Gebietshauptstadt wechselte im gleichen Jahr von Krasnodar nach Majkop (*Akiner* 1983, S. 216).

1936 erhielten die AG der Kabardiner und Balkaren, der Čečenen und Ingušen sowie das Nordossetische AG den Status »ASSR« innerhalb der RSFSR; die Gebiete der Čečenen und Ingušen waren bereits 1934 zu einem AG zusammengelegt worden (Abb. 9c).

Zu erheblichen Veränderungen in der politischen Gliederung Nordkaukasiens kam es 1943/44 im Zusammenhang mit der von Stalin verfügten Deportation der Balkaren, Karačajer, Čečenen und Ingušen. Die zwangsweise umgesiedelten Völker verloren jegliche Gebietsansprüche, ihre nationalen

Abb. 8: *Transkaukasien – Politisch-territoriale Gliederungen*

Abb. 8a: *1878 bis 1920/21*

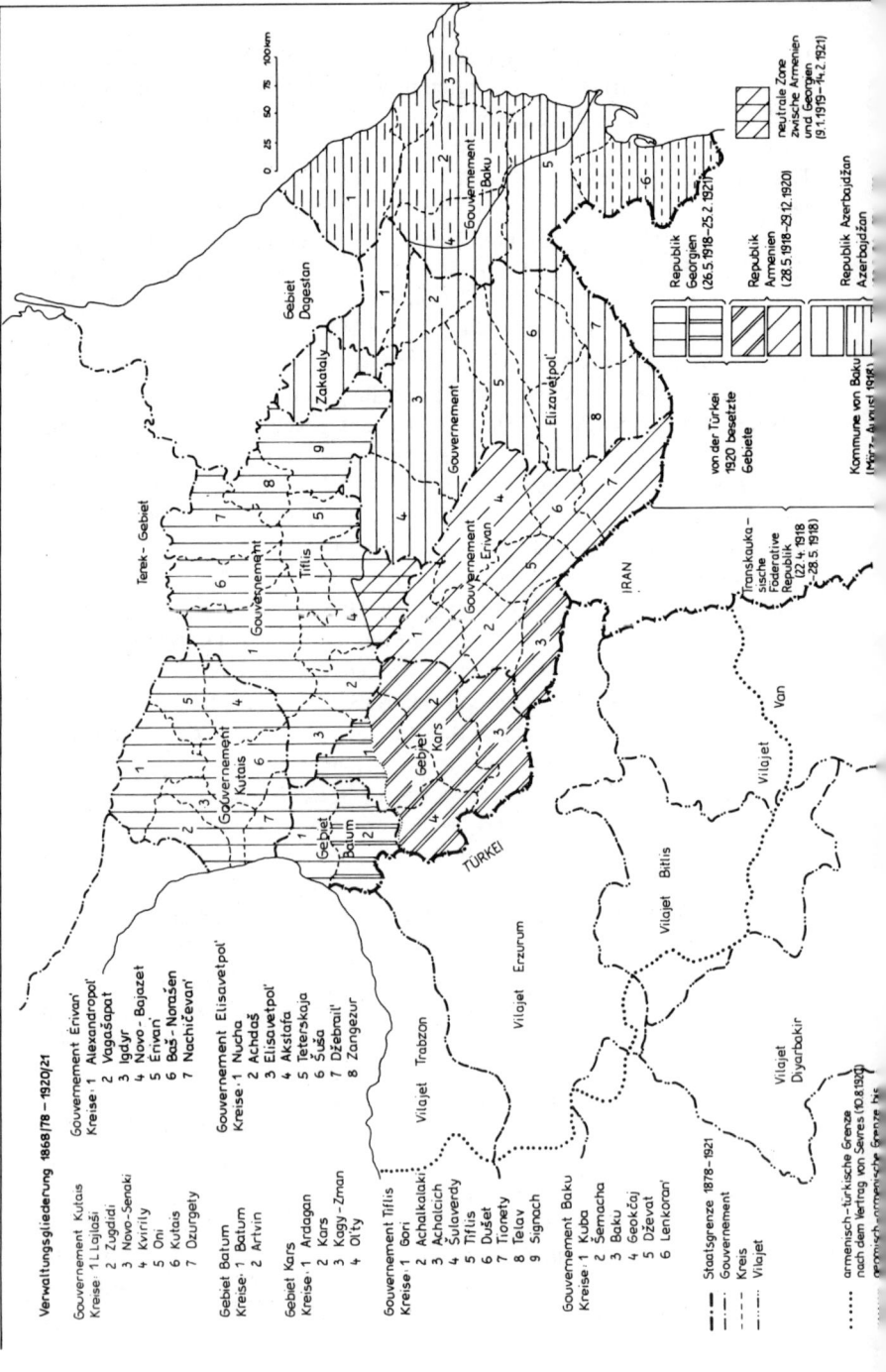

**Verwaltungsgliederung 1868/78 – 1920/21**

Gouvernement Kutais
Kreise: 1 Lojaši
2 Zugdidi
3 Novo-Senaki
4 Kvirily
5 Oni
6 Kutais
7 Dzurgety

Gouvernement Erivan'
Kreise: 1 Alexandropol'
2 Vagašapat
3 Igdyr
4 Novo-Bajazet
5 Erivan'
6 Bač-Norašen
7 Nachičevan'

Gouvernement Elisavetpol'
Kreise: 1 Nucha
2 Achdaš
3 Elisavetpol'
4 Akstafa
5 Teterskaja
6 Suša
7 Džebrail'
8 Zangezur

Gebiet Batum
Kreise: 1 Batum
2 Artvin

Gebiet Kars
Kreise: 1 Ardagan
2 Kars
3 Kagy-Zman
4 Olty

Gouvernement Tiflis
Kreise: 1 Gori
2 Achalkalaki
3 Achalcich
4 Šulaverdy
5 Tiflis
6 Dušet
7 Tionety
8 Telav
9 Signach

Gouvernement Baku
Kreise: 1 Kuba
2 Šemacha
3 Baku
4 Geokčaj
5 Dževat
6 Lenkoran'

—··— Staatsgrenze 1878 – 1921
—·— Gouvernement
---- Kreis
······ Vilajet

·-·-· armenisch-türkische Grenze
nach dem Vertrag von Sèvres (10.8.1920)
····· georgisch-armenische Grenze bis

Republik Georgien (26.5.1918 – 25.2.1921)

Republik Armenien (28.5.1918 – 2.12.1920)

Republik Azerbajdžan

von der Türkei 1920 besetzte Gebiete

neutrale Zone zwischen Armenien und Georgien (9.1.1919 – 14.2.1921)

Kommune von Baku (März – August 1918)

Transkaukasische Föderative Republik (22.4.1918 – 28.5.1918)

84

Territorien wurden aufgeteilt, und ihr Name verschwand aus den Bezeichnungen der entsprechenden Einheiten. In vielen Fällen ersetzte man auch die alten Ortsnamen durch neue, russische, ossetische oder georgische (*Kolossov* 1992, S. 28). Der nördliche Teil des AG der Karačajer wurde auf die Region Stavropol' und das verbliebene Čerkessische AG aufgeteilt. Der südliche Teil ging an Georgien, dem auch das vor der Deportation balkarisch besiedelte Baksan-Tal zugeschlagen wurde. Damit reichte Georgien zum ersten Mal in seiner Geschichte über den Hauptkamm des Großen Kaukasus hinaus. Die ASSR der Kabardiner und Balkaren bestand als Kabardinische Republik weiter. Die ASSR der Čečenen und Ingušen verschwand völlig von der politischen Karte Nordkaukasiens. Die vormals hauptsächlich čečenisch besiedelten Gebiete gingen in der neu gebildeten Region Groznyj auf, ein Stück im Osten kam zur Dagestanischen ASSR, während der ingušische Teil im Westen an Nordossetien ging und die Gebirgsregion im Süden Georgien angeschlossen wurde (*Conquest* 1974, S. 74) (Abb. 9d).

Nach ihrer offiziellen Rehabilitierung 1956 und dem Beschluß über die Wiedererrichtung der nationalen Gebietseinheiten erhielten die ausgesiedelten nordkaukasischen Völker das Recht, in ihre Heimatgebiete zurückzukehren. Allerdings kam es bei der Reorganisation der Territorialeinheiten zu einigen Veränderungen gegenüber dem Stand vor der Deportation: Die nationalen Territorien der Karačajer und Čerkessen wurden zu einem AG zusammengefaßt. Die Grenze zwischen der wiedererrichteten ASSR der Čečenen und Ingušen und der Nordossetischen ASSR war bis auf einen Abschnitt im Süden nach Osten verlegt, wodurch der ursprünglich ingušische Landkreis Prigorodnyj bei Nordossetien verblieb. Im Norden wurde der ASSR der Čečenen und Ingušen ein etwa 3800 qkm großes Territorium, das vorher zur Region Stavropol' gehört hatte, angegliedert. Im Süden verblieben »einige Bergtäler« bei Georgien (*Conquest* 1974, S. 161). Kleinräumigere Verschiebungen gegenüber dem Stand vor der Deportation sind im nördlichen Abschnitt der Grenze zwischen Kabardino-Balkarien und Nordossetien sowie an der Grenze zwischen Čečnien und Dagestan (Kreis Auchovskij [Novolakskij]) erkennbar (Abb. 9e).

### 4.2.2 *Politischer Status und Grenzen seit 1990/91*

Die territoriale Aufteilung Kaukasiens ist bis zum gegenwärtigen Zeitpunkt (Dezember 1993) im wesentlichen unverändert. Statusänderungen sind in Abhängigkeit vom bisherigen politischen Status in unterschiedlichem Umfang erfolgt. 1990/91 erklärten sich Armenien (23. August 1990), Georgien (9. April 1991) und Azerbajdžan (30. August 1991) zu unabhängi-

*Abb. 8b:   1920/21 bis 1990*

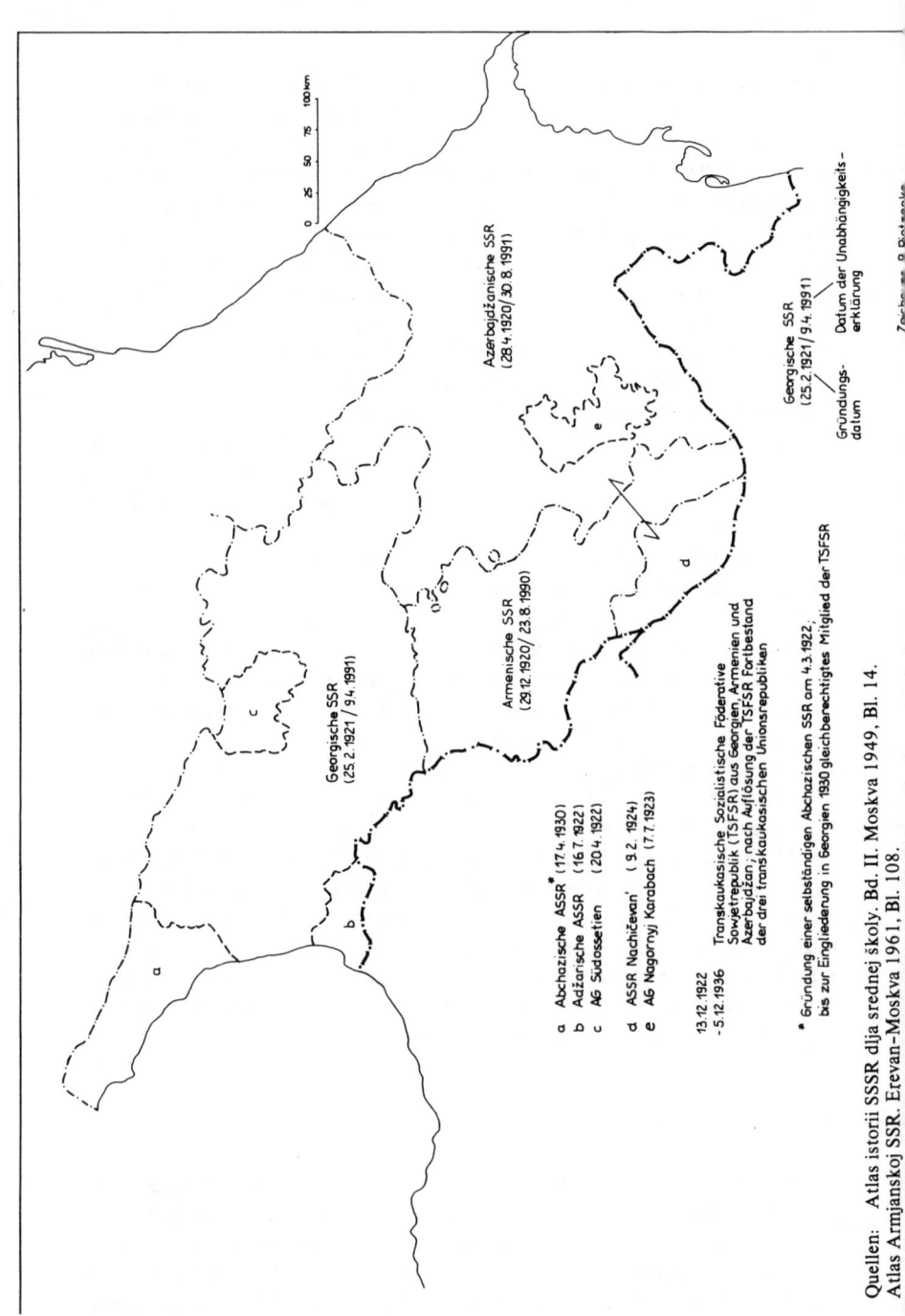

86

Quellen:   Atlas istorii SSSR dlja srednej školy. Bd. II. Moskva 1949, Bl. 14.
Atlas Armjanskoj SSR. Erevan-Moskva 1961, Bl. 108.

gen Republiken. Zuvor hatten Azerbajdžan (23. September 1989) und Georgien (9. März 1990) nach baltischem Vorbild Souveränitätserklärungen verabschiedet; eine entsprechende Erklärung Armeniens gab es nicht. Armenien ist Mitglied der am 21. Dezember 1991 gegründeten »Gemeinschaft Unabhängiger Staaten« (GUS, russ. Sodružestvo Nezavisimych Gosudarstv). Azerbajdžan gehörte ebenfalls zu den Gründungsmitgliedern, allerdings verweigerte das azerbajdžanische Parlament im Oktober 1992 die Ratifikation des Gründungsabkommens. Erst nach der Entmachtung von Präsident Elčibej im Juni 1993 hatte Aliev Ende September 1993, eine Woche vor seiner Wahl zum Präsidenten, Azerbajdžan als Vollmitglied der GUS angemeldet (FR v. 5. 10. 93, S. 7). Georgien, das wie die baltischen Staaten der Gemeinschaft zunächst nicht beigetreten war, kündigte Anfang Oktober 1993 vor dem Hintergrund der abchazisch-georgischen Auseinandersetzungen und der Aktionen von Anhängern des Ex-Präsidenten Gamsachurdia den Beitritt zur GUS an (FR v. 9. 10. 93, S. 1).

Mit der Transformation der früheren Unionsrepubliken in selbständige Staaten hat sich auch der Status der Grenzen verändert. Die ehemals innerstaatlichen Grenzen zwischen den Republiken sind nunmehr Staatsgrenzen, ein Umstand, der den Auseinandersetzungen um die Rechtmäßigkeit einzelner Grenzabschnitte eine neue Dimension verleiht.

Den einseitigen Forderungen der autonomen Territorialeinheiten innerhalb der transkaukasischen Republiken nach Statuserhöhung ist von den übergeordneten Instanzen bislang nicht entsprochen worden. Nachdem Südossetien im September 1990 seine Souveränität deklariert und sich im Alleingang zur Republik innerhalb der UdSSR ernannt hatte, hob die georgische Führung die Autonomie des Gebietes auf. Ebenso vehement abgelehnt wird das Vorhaben Abchaziens, sich von Georgien zu lösen und als selbständige Republik eventuell der Rußländischen Föderation beizutreten. Was die adžarische Autonomie betrifft, ist die gegenwärtige Entwicklung unklar. (Der im Januar 1992 gestürzte Präsident Gamsachurdia hatte angekündigt, den autonomen Status der Republik aufzuheben und das Gebiet direkt der georgischen Verwaltung zu unterstellen.)

Der Status des mehrheitlich armenisch bewohnten, aber durch Azerbajdžan verwalteten AG Nagornyj Karabach ist im Verlauf des fünfjährigen Konflikts mehrmals (einseitig) verändert worden. Im Juli 1988 hatte Nagornyj Karabach erstmals seinen Austritt aus Azerbajdžan erklärt. Im November 1991 hob Baku ohne Zustimmung Moskaus (derer ein solcher Schritt nach der zu diesem Zeitpunkt noch gültigen Unionsverfassung bedurft hätte) den autonomen Status Nagornyj Karabachs auf. Daraufhin erklärte sich das Gebiet am 10. Dezember 1991 zur unabhängigen Republik, die wiederum weder Baku noch Moskau anerkannte. Anfang 1992 unterstellte der azerbaj-

*Abb. 9: Nordkaukasien – Politisch-territoriale Gliederungen 1905 bis 1919*

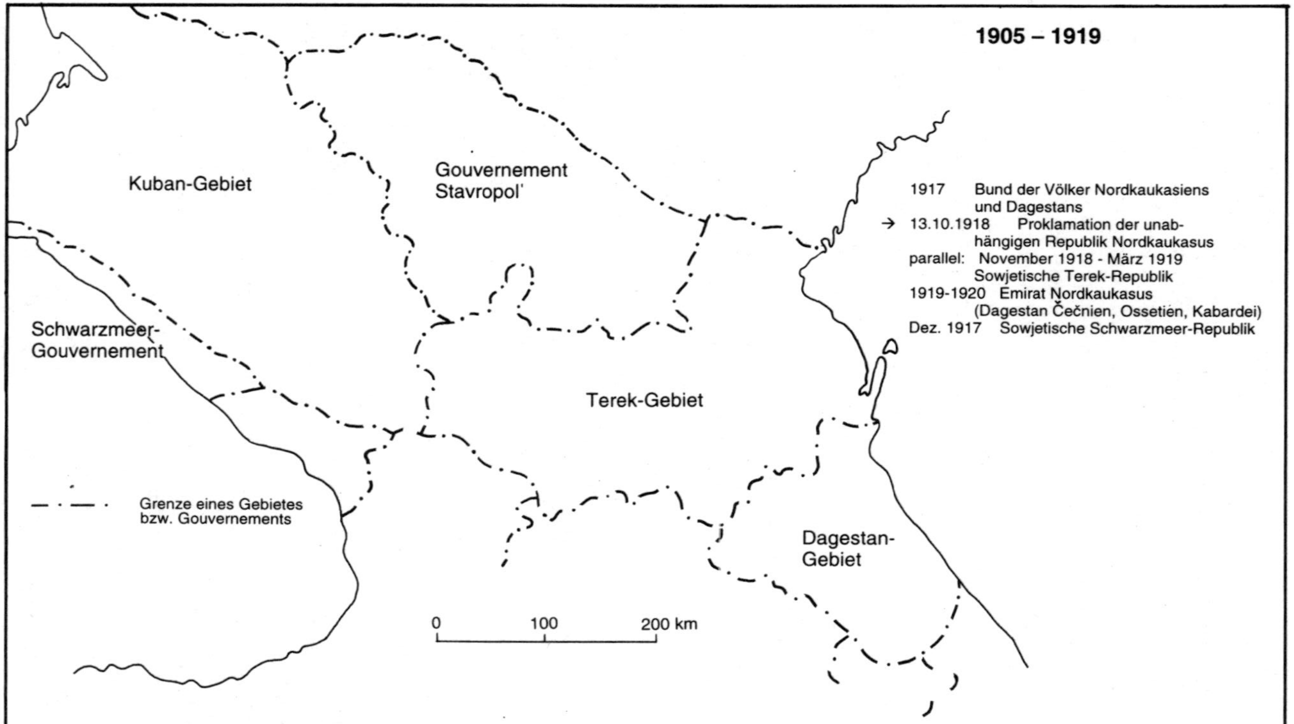

**1905 – 1919**

1917    Bund der Völker Nordkaukasiens und Dagestans
→ 13.10.1918    Proklamation der unabhängigen Republik Nordkaukasus
parallel: November 1918 - März 1919 Sowjetische Terek-Republik
1919-1920    Emirat Nordkaukasus
(Dagestan Čečnien, Ossetien, Kabardei)
Dez. 1917    Sowjetische Schwarzmeer-Republik

Kuban-Gebiet

Schwarzmeer-Gouvernement

Gouvernement Stavropol'

Terek-Gebiet

Dagestan-Gebiet

—·—·— Grenze eines Gebietes bzw. Gouvernements

0   100   200 km

Quellen: Atlas storii SSSR dlja srednej školy. Bd. III. Moskva 1959.
Narody Kavkaza (Kartenbeilage). Bd. I. Moskva 1969.
BENNINGSEN BROXUP, M. (ed.): The North Caucasus Barrier. London 1992.

88

*Abb. 9b: 1921 bis 1924*

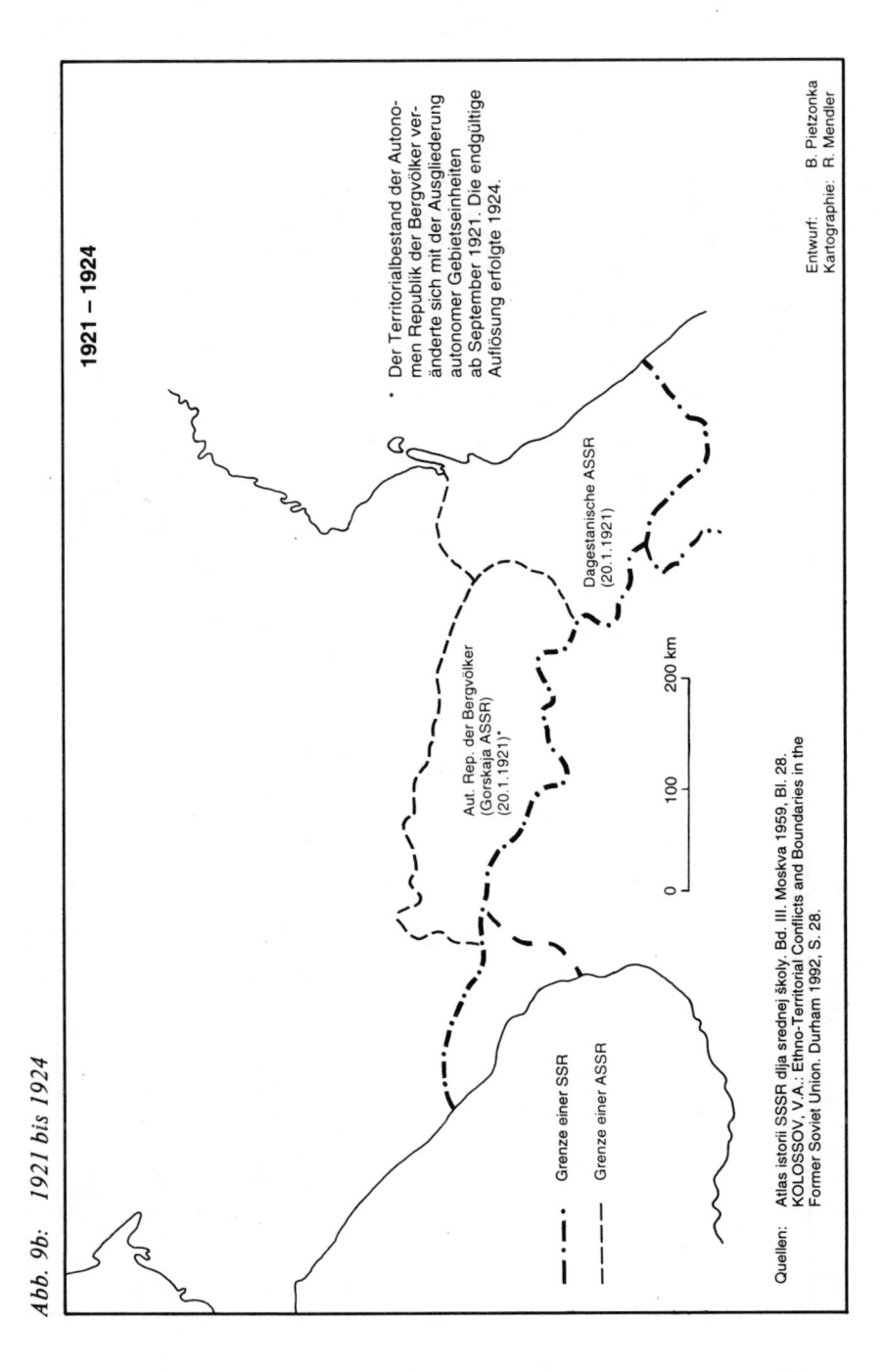

**1921 – 1924**

* Der Territorialbestand der Autonomen Republik der Bergvölker veränderte sich mit der Ausgliederung autonomer Gebietseinheiten ab September 1921. Die endgültige Auflösung erfolgte 1924.

Aut. Rep. der Bergvölker
(Gorskaja ASSR)
(20.1.1921)*

Dagestanische ASSR
(20.1.1921)

0   100   200 km

—·—  Grenze einer SSR
----  Grenze einer ASSR

Quellen: Atlas istorii SSSR dlja srednej školy, Bd. III, Moskva 1959, Bl. 28.
KOLOSSOV, V.A.: Ethno-Territorial Conflicts and Boundaries in the Former Soviet Union. Durham 1992, S. 28.

Entwurf:      B. Pietzonka
Kartographie: R. Mendler

*Abb. 9c:* *1921/24 bis 1943/44*

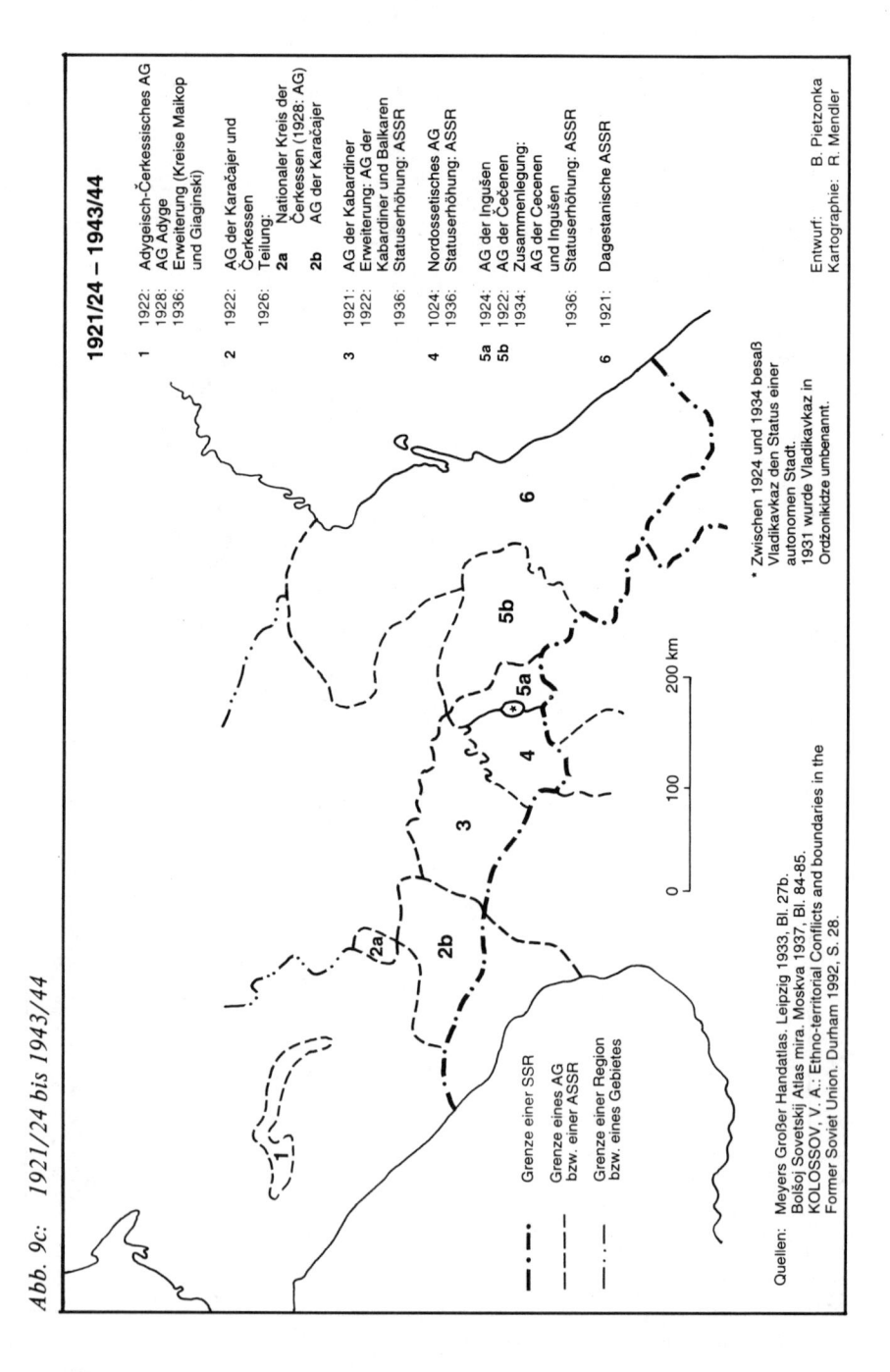

## 1921/24 – 1943/44

| 1 | 1922: | Adygeisch-Čerkessisches AG |
|---|---|---|
|   | 1928: | AG Adyge |
|   | 1936: | Erweiterung (Kreise Maikop und Giaginski) |
| 2 | 1922: | AG der Karačajer und Čerkessen |
|   | 1926: | Teilung: |
|   | **2a** | Nationaler Kreis der Čerkessen (1928: AG) |
|   | **2b** | AG der Karačajer |
| 3 | 1921: | AG der Kabardiner |
|   | 1922: | Erweiterung: AG der Kabardiner und Balkaren |
|   | 1936: | Statuserhöhung: ASSR |
| 4 | 1024: | Nordossetisches AG |
|   | 1936: | Statuserhöhung: ASSR |
| 5a | 1924: | AG der Ingušen |
| 5b | 1922: | AG der Čečenen |
|   | 1934: | Zusammenlegung: AG der Cečenen und Ingušen |
|   | 1936: | Statuserhöhung: ASSR |
| 6 | 1921: | Dagestanische ASSR |

Entwurf: B. Pietzonka
Kartographie: R. Mendler

* Zwischen 1924 und 1934 besaß Vladikavkaz den Status einer autonomen Stadt. 1931 wurde Vladikavkaz in Ordžonikidze umbenannt.

— · — Grenze einer SSR
— — — Grenze eines AG bzw. einer ASSR
— · — Grenze einer Region bzw. eines Gebietes

Quellen: Meyers Großer Handatlas. Leipzig 1933, Bl. 27b.
Bol'šoj Sovetskij Atlas mira. Moskva 1937, Bl. 84-85.
KOLOSSOV, V. A.: Ethno-territorial Conflicts and boundaries in the Former Soviet Union. Durham 1992, S. 28.

*Abb. 9d:* 1943/44 bis 1957

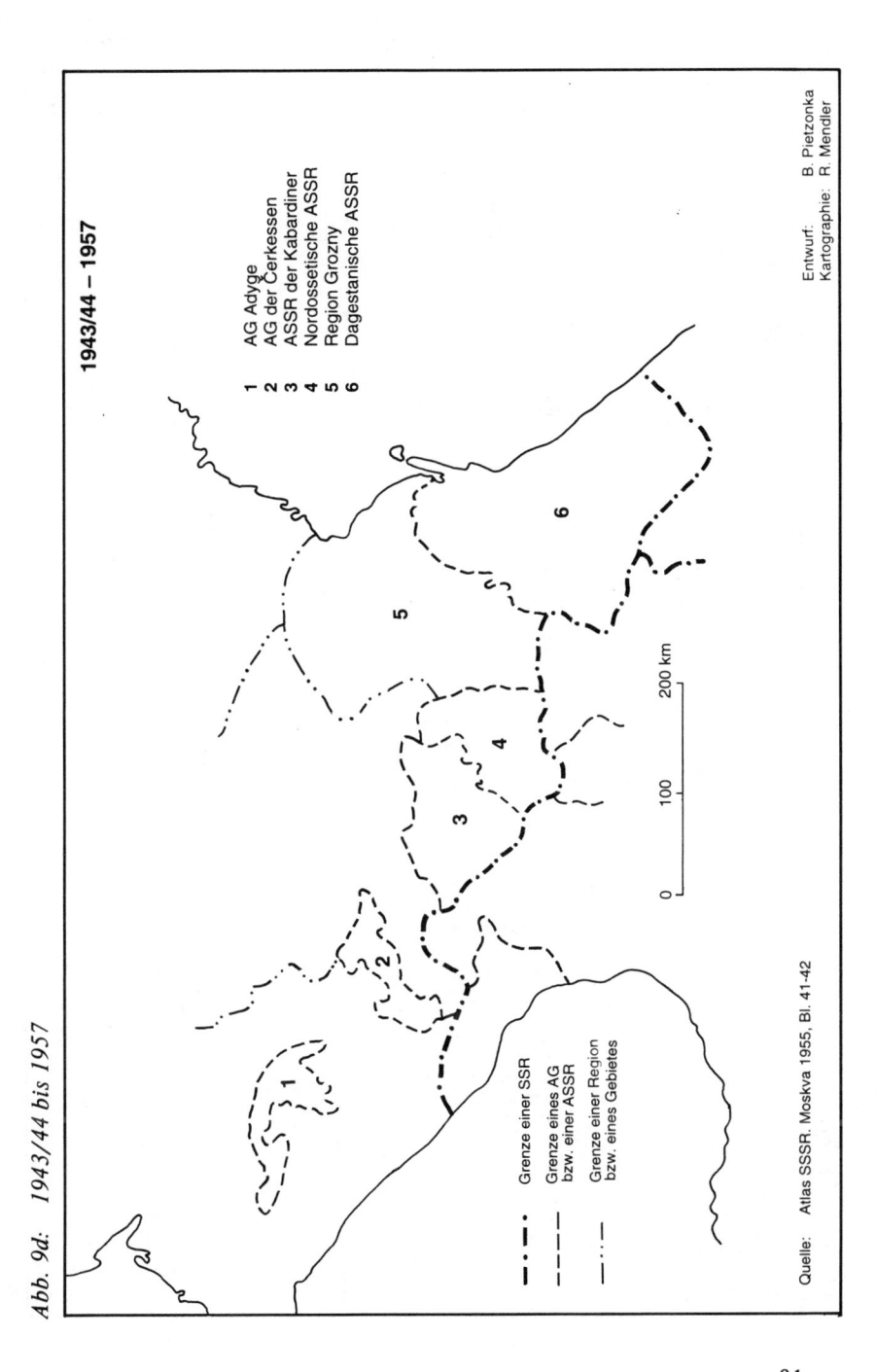

**1943/44 – 1957**

1 AG Adyge
2 AG der Čerkessen
3 ASSR der Kabardiner
4 Nordossetische ASSR
5 Region Grozny
6 Dagestanische ASSR

Grenze einer SSR
Grenze eines AG bzw. einer ASSR
Grenze einer Region bzw. eines Gebietes

Quelle: Atlas SSSR. Moskva 1955, Bl. 41-42

Entwurf: B. Pietzonka
Kartographie: R. Mendler

*Abb. 9e: 1957 bis 1991*

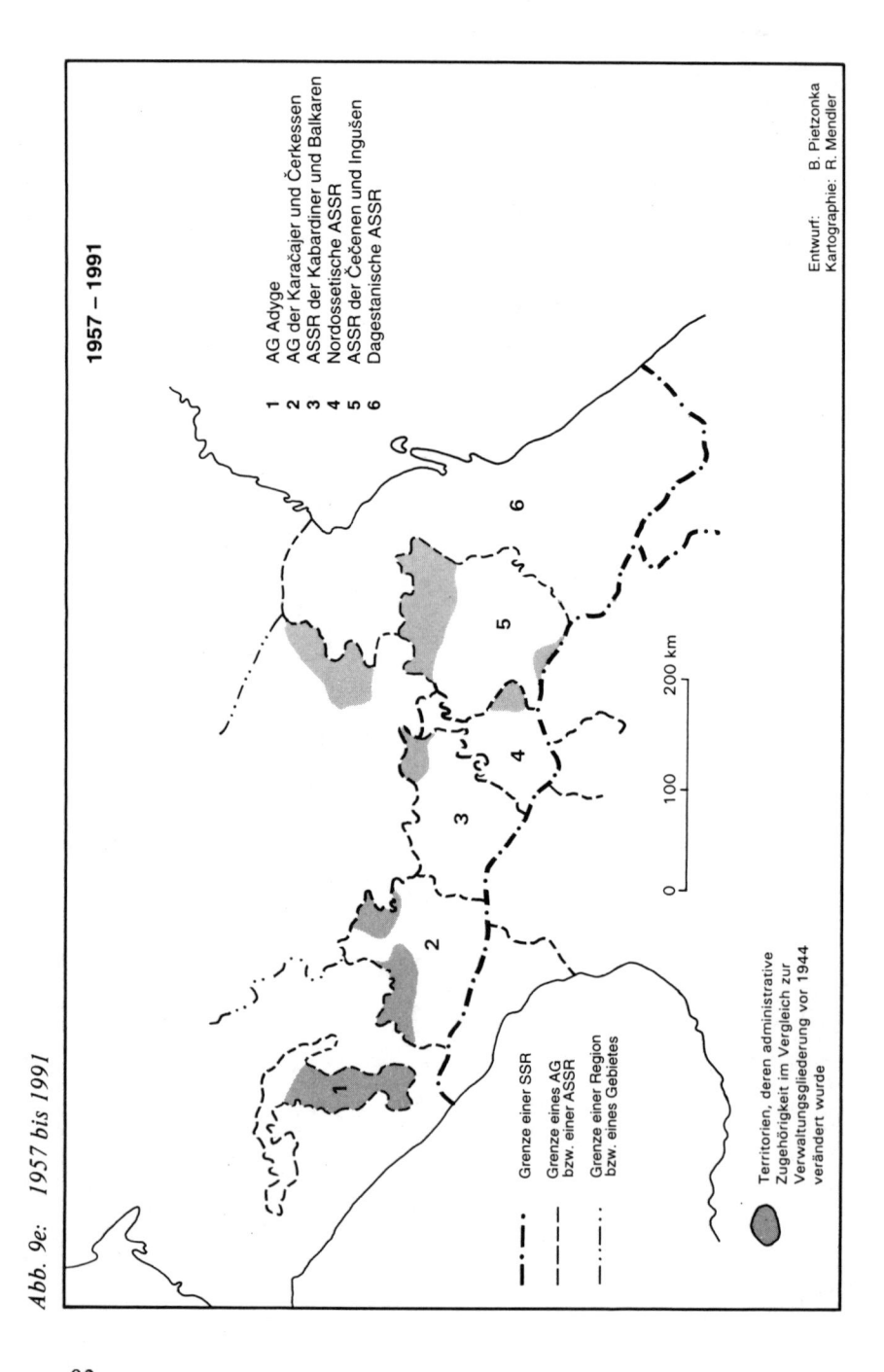

**1957 – 1991**

1 AG Adyge
2 AG der Karačajer und Čerkessen
3 ASSR der Kabardiner und Balkaren
4 Nordossetische ASSR
5 ASSR der Čečenen und Ingušen
6 Dagestanische ASSR

Grenze einer SSR
Grenze eines AG bzw. einer ASSR
Grenze einer Region bzw. eines Gebietes

Territorien, deren administrative Zugehörigkeit im Vergleich zur Verwaltungsgliederung vor 1944 verändert wurde

Entwurf: B. Pietzonka
Kartographie: R. Mendler

dżanische Präsident Mutalibov Nagornyj Karabach der direkten Verwaltung durch Baku. Nur wenig später (19. Januar 1992) erklärte sich das Gebiet erneut für unabhängig (*Halbach* 1992, S. 20 f.). Armenien hat indessen das Gesetz vom 12. Januar 1989 zurückgenommen, das Nagornyj Karabach als armenisches Territorium anerkannte (*Manutscharjan* 1992, S. 6).
Die frühere ASSR Nachičevan', ebenfalls zu Azerbajdžan gehörig, hatte sich im Januar 1990 eigenmächtig zur unabhängigen Republik ernannt, gilt aber weiterhin als Bestandteil Azerbajdžans.
Die Souveränitätserklärungen der autonomen Republiken innerhalb der früheren RSFSR wurden durch den Föderationsvertrag vom März 1992 offiziell bestätigt.[30] Demnach erhielten alle bisherigen autonomen Sowjetrepubliken und vier der fünf autonomen Gebiete, darunter das AG der Adyge und das AG der Karačajer und Čerkessen den Status »Republik innerhalb der Russischen Föderation« (*Saizew* 1992, S. 20). Eine entsprechende Verfügung zur Statuserhöhung war bereits am 3. Juli 1991 vom Obersten Sowjet der RSFSR erlassen worden (Izvestija v. 4. 7. 1991, S. 2).
Seitens der Karačajer und Čerkessen sowie der Kabardiner und Balkaren bestehen darüber hinausreichende Ansprüche auf Aufteilung der gemeinsamen Territorialeinheiten in getrennte Republiken. Moskau hat diesen Absichten bisher nicht zugestimmt.
Čečnien anerkannte als einzige der nordkaukasischen Republiken den Föderationsvertrag nicht. Die Republik strebt eine Unabhängigkeit von der Rußländischen Föderation an und hatte bereits im November 1991 eine selbständige Republik Čečnien ausgerufen.
Die Bildung der Republik Ingušien wurde im Dezember 1992 vom Volksdeputiertenkongreß beschlossen, nachdem das Territorium bereits im Juni 1992 für die Bildung einer von Čečnien getrennten Republik vorgesehen und im November 1992 eine vorläufige Grenzziehung gegenüber Čečnien, dem Stand von 1943 entsprechend, vorgenommen worden war.

Als Pendant zu den zahlreichen Ansprüchen nach nationaler Abgrenzung gibt es integrative Bestrebungen, die sich in der am 11. September 1991 gegründeten »Konföderation der Bergvölker des Kaukasus« (russ. »Konfederacija Gorskich Narodov Kavkaza«) artikuliert haben. Das Hauptziel der Konföderation, die bereits über eigene (allerdings kaum handlungsfähige) Machtstrukturen verfügt (Präsident, Kaukasisches Parlament, Komitee der

---

30 Der vollständige Titel dieses Dokuments lautet: »Vertrag über die Abgrenzung von Zuständigkeitsbereichen und Vollmachten zwischen den föderalen Organen der Staatsmacht der Russischen Föderation und den Machtorganen der Republiken, der Gebiete, der Kreise, des Autonomen Gebietes und der Autonomen Kreise innerhalb der Russischen Föderation« (Saizew 1992, S. 20).

Kaukasischen Gemeinschaft, Schiedsgericht), ist die Bildung eines gleichnamigen Staates (*Saizew* 1992, S. 30).

### 4.3 *Aktuelle Bezeichnungen der Territorialeinheiten; Ortsumbenennungen*

Zu Beginn der neunziger Jahre haben alle ehemaligen Unionsrepubliken die Zusätze »sozialistisch« und »sowjetisch« aus ihren Bezeichnungen gestrichen. Geblieben ist i.d.R., darunter auch im Fall der transkaukasischen Republiken, die mit dem Namen der jeweiligen Titularnation gekoppelte Bezeichnung »Republik«. Die frühere RSFSR bezeichnet sich jetzt als »Rußländische Föderation (Rußland)«.
Die ASSR und AG haben ihre Bezeichnungen in unterschiedlicher Weise geändert: Gemeinsam ist die Bezeichnung »Republik«. Die Attribute »sowjetisch« und »sozialistisch« fehlen in den meisten neuen Varianten. Nordossetien bezeichnet sich weiterhin als SSR. Nicht ganz eindeutig ist die Lage bei Karačajevo-Čerkessien; sowohl »Republik Karačajevo-Čerkessien« als auch »SSR Karačajevo-Čerkessien« sind als Varianten zu finden. Der Zusatz »autonom« blieb lediglich in der Bezeichnung Adžariens und Nachičevans enthalten.
Der Umbenennungsprozeß betrifft schließlich eine Vielzahl von Städten, zumeist solche, deren ursprüngliche Namen in den vergangenen Jahrzehnten typisch »sozialistischen Bezeichnungen« hatten weichen müssen.
Nach einer Zusammenstellung der Umbenennungen (Stand: Februar 1992) in der September-Ausgabe 1992 der Zeitschrift »Post Soviet Geography« gelten in Kaukasien folgende neue Bezeichnungen:

*Alte Bezeichnung*            *Neue Bezeichnung*

*Frühere Unionsrepubliken (SSR)*
RSFSR                         Rußländische Föderation (Rußland)
Georgische (Grusinische) SSR  Republik Georgien
Armenische SSR                Republik Armenien
Azerbajdžanische SSR          Azerbajdžanische Republik

*Frühere autonome Gebietseinheiten (ASSR, AG)*

– innerhalb der Rußländischen Föderation

| | |
|---|---|
| Kabardino-Balkarische ASSR | Republik Kabardino-Balkarien |
| Nordossetische ASSR | Nordossetische SSR |
| Čečeno-Ingušische ASSR | Republik Čečnien |
| | Republik Ingušien |
| Karačajevo-Čerkessisches AG | Republik Karačajevo-Cerkessien |
| Adygeisches AG | Republik Adyge |

– innerhalb der Republik Georgien

| | |
|---|---|
| Abchazische ASSR | Republik Abchazien[31] |
| Adžarische ASSR | Adžarische Autonome Republik |
| Südossetisches AG | Republik Südossetien[32] |

– innerhalb der Azerbajdžanischen Republik

| | |
|---|---|
| Nachičevanische ASSR | Autonome Republik Nachičevan' |
| Nagorno-Karabachisches AG | Republik Nagornyj Karabach[33] |

*Städte*

– innerhalb der Republik Georgien

| | |
|---|---|
| Bogdanovka | Znauri |
| Cchinvali/Südossetien | Cchinval[34] |
| Citeli-Ckaro | Ninocminda (früher Carskie Koledy, dann Krasnye Koledy) |
| Culukidse | Choni |
| Gegečkori | Martvili (wie bereits bis 1936) |
| Kornisi | Dedopolis-Ckaro |
| Macharadze | Ozurgeti (wie bereits bis 1934) |
| Majakovskij | Bagdati |
| Micha Chakaja | Senaki (wie bereits bis 1935) |
| Ordžonikidze | Chargauli |

---

31 Die Statuserhöhung erfolgte einseitig und ist von Georgien bislang nicht anerkannt.
32 Siehe Bemerkung 31.
33 Die Statuserhöhung erfolgte einseitig und ist von Azerbajdžan nicht anerkannt.
34 Hierbei handelt es sich nicht um eine Umbenennung, sondern um eine sprachliche Modifikation.

|   |   |
|---|---|
| | - innerhalb der Republik Armenien |
| Azizbekov | Aregnadem |
| Kalinin | Noramarg |
| Kalinino | Tasir |
| Kirovakan | Vanadzor |
| Krasnosel'sk | Chambarak (vorher Michailovka) |
| Leninakan | Kumajri (1840-1924 Alexandropol') |
| Sovetašen | Zangakutan |

|   |   |
|---|---|
| | - innerhalb der Azerbajdžanischen Republik |
| Kasum-Ismailov | Geranboy |
| Kirovabad | Gjandža (1804-1935 Elizavetpol') |
| Martuni/Nagornyj Karabach | Chodžavend |
| Stepanakert/Nagornyj Karabach | Chankendy[35] |

Quellen: *Meckelein, W.:* Ortsumbenennungen und -neugründungen im europäischen Teil der Sowjetunion. Nach dem Stand der Jahre 1910/1938/1951 mit einem Nachtrag für Ostpreußen 1953. (= Osteuropa-Institut an der Freien Universität Berlin, Wirtschaftswissenschaftliche Veröffentlichungen, Bd. 2), Berlin 1955.
*Stadelbauer, J.:* Ortsumbenennungen auf dem Gebiet der ehemaligen Sowjetunion. In: Geographische Rundschau 44 (1992) 3, S. 180-182.
*Tarkhov, S. A.:* From Karlo-Libknechtovsk and New York to Propysk and Rastyapino? How place names are changing in the former USSR. In: Post Soviet Geography 32 (1992) 9, S. 454-462.

---

[35] Seit Dezember 1991 werden beide Bezeichnungen benutzt; Chankendy gilt als azerbajdža-nische Variante.

# 5 Zum Verhältnis ethnisch-nationaler und politisch-territorialer Strukturen

## 5.1 Primäre und sekundäre ethnische Gruppen

Der Gegenüberstellung ethnisch-nationaler und politisch-territorialer Strukturen in Kaukasien seien einige theoretische Aspekte zum Verhältnis von Ethnos und Territorium vorangestellt.
*Halbach* (1989, S. 11) unterscheidet in Anlehnung an amerikanische ethnologische Studien zwei Typen ethnischer Gemeinschaften, »primäre« und »sekundäre« Gruppen. Eine dieser Einteilung entsprechende Typisierung ethnischer Gruppen wird in den folgenden Abschnitten genutzt, zumal das der Einteilung zugrunde liegende Kriterium der Territorialität den Hintergrund einer Vielzahl interethnischer Konfliktsituationen bildet.
Zur ersten Gruppe gehören Ethnien mit einer eigenen territorialen Basis, wobei nicht das Vorhandensein des ethnischen Territoriums schlechthin, sondern die administrative bzw. politische Legitimation desselben von Bedeutung ist. In diesem Sinne ist Territorialität eine wesentliche Voraussetzung für das Vorhandensein entsprechender ethnischer Institutionen (muttersprachige Schulen, Theater, Medien etc.) und begünstigt so eine relativ resistente ethnische Identität primärer Gruppen. Ist ein nationales Territorium vorhanden, wird die entsprechende Gruppe als »Titularnation« oder »eponyme Ethnie« bezeichnet.
Die zweite Gruppe umfaßt Ethnien ohne eigenes Territorium oder - und dies trifft für die ethnische Situation in der ehemaligen Sowjetunion in besonderem Maße zu - »Teile von Nationen mit eigenem Territorium, die außerhalb dieses Territoriums in fremdnationaler Umgebung leben« (*Halbach* 1989, S. 11).
Für sekundäre ethnische Gruppen *kann* auch der Begriff »ethnische Minderheit« gebraucht werden. Damit sind zwei wesentliche Aspekte angesprochen, die dem Minderheiten-Begriff[36] in bezug auf die ethnische Struktur in der ehemaligen Sowjetunion zugrunde gelegt werden müssen:
1. Der räumliche Aspekt. Die als Minderheit geltende Gruppe, die sich durch spezifische ethnische oder kulturelle Merkmale von der sie umge-

---

36 Zur Definition des Minderheiten-Begriffs vgl. *Kraas-Schneider* 1989, S. 45 ff.

benden Ethnie unterscheidet, lebt innerhalb des politisch definierten Territoriums der sie umgebenden (fremdnationalen) »Majorität« (wobei hier nicht der quantitative Aspekt im Vordergrund steht), besitzt jedoch innerhalb dieses übergeordneten Raumes selbst keine Form territorialer Autonomie.
2. Der »pejorative Aspekt« (*Kraas-Schneider* 1989, S. 46). Das Fehlen der Territorialität bedingt meist eine Schlechterstellung der Minderheit gegenüber der primären ethnischen Gruppe. Das gilt sowohl für die Möglichkeiten zur Reproduktion ethnischer Identität, wodurch die sekundäre Gruppe einem gewissen Assimilationsdruck seitens der umgebenden Ethnie ausgesetzt sein kann, als auch für Entscheidungskompetenzen in politischen und wirtschaftlichen Fragen, die die minoritäre ethnische Gruppe selbst betreffen.

Für die ethnische Struktur Kaukasiens ergibt sich folgendes Bild: Die Mehrzahl der ethnischen Gruppen ist den primären Ethnien zuzuordnen. Für einige nordkaukasische Völker (Kabardiner und Balkaren, Karačajer und Čerkessen) kann allerdings nur von einer relativen Territorialität die Rede sein, da in den entsprechenden Gebietseinheiten jeweils zwei eponyme Ethnien zusammengefaßt sind. Für die dagestanischen Gruppen gilt diese Einschränkung in besonderem Maße.

Eindeutig den sekundären Ethnien zuzuordnen sind die im nord- bzw. südöstlichen Teil Azerbajdžans siedelnden Taten und Talyšen sowie die Mes'cheten. Sie besitzen sowohl innerhalb als auch außerhalb Kaukasiens kein eigenes Territorium.

Griechen, Turkmenen, Tataren und Juden verfügen außerhalb Kaukasiens über ein staatliches (Griechenland, Turkmenistan) bzw. autonomes Territorium (Tatarstan, AG der Juden) und gelten folglich nur innerhalb Kaukasiens als Minderheiten.

Die als Migranten oder deren Nachfahren in Kaukasien lebenden Slaven (Russen, Ukrainer, Belorussen) fallen zumindest nach dem ersten, räumlichen, Aspekt (s.o.) in die Kategorie der sekundären Ethnien. Von einer relativen Schlechterstellung konnte bei den außerhalb ihrer ethnischen Heimat lebenden Russen zumindest bis in die achtziger Jahre wohl kaum die Rede sein.

## 5.2 Ethnische Inkonsequenzen der politischen Territorialgliederung

Die auf den ersten Blick unüberschaubere Vielzahl von Forderungen nach Veränderung der bestehenden Grenzen in Kaukasien läßt beinahe zwangsläufig den Eindruck entstehen, daß es in Kaukasien wohl kaum ein Territorium gibt, auf das nicht mehrere Völker Anspruch erheben könnten. Das ist nicht verwunderlich, wenn man bedenkt, daß allein in Nordkaukasien die politischen Grenzen so oft verändert wurden, daß nur reichlich 50 % der autonomen Territorien ihre administrative Zugehörigkeit nicht verändert haben (*Glezer* et al. 1991, S. 8). Das betrifft vor allem die willkürlichen Grenzverschiebungen in den zwanziger, dreißiger und fünfziger Jahren, aber auch Grenzverlegungen in zurückliegenden Jahrhunderten, auf die heute oft wieder Bezug genommen wird.
»Heute existieren (in Kaukasien, B.P.) mehr als dreißig national-territoriale Widersprüche, und ein Gespräch mit einem Bewohner eines beliebigen Ortes in Kaukasien würde dieser Aufzählung neue Konflikte hinzufügen.« (*Glezer* et al. 1991, S. 8.)
Untersucht man das Verhältnis zwischen ethnischen und politisch-territorialen Strukturen in Kaukasien, werden zwei grundlegende Problemlagen deutlich: Ein erster Problemkreis besteht hinsichtlich des Verhältnisses zwischen dem ethnischen Territorium bzw. dem (historischen) Siedlungsraum eines Volkes und den Grenzen der zugeordneten Territorialeinheit. Eine zweite Gruppe von Problemen resultiert aus der umstrittenen Hierarchie von Autonomieformationen bzw. der Zuordnung verschiedener Autonomiestufen zu einzelnen Völkern. In der Mehrzahl der Fälle sind beide Problemlagen miteinander verknüpft. Ungeachtet dessen wird im folgenden versucht, verschiedene ethnisch-territoriale Inkongruenzen den genannten Gruppen zuzuordnen.

### 5.2.1 Die Heterogenität der ethnischen Struktur innerhalb der Territorialeinheiten

Das markanteste Charakteristikum der ethnischen Struktur Kaukasiens ist eine ausgeprägte Kleinräumigkeit sowohl in bezug auf den Gesamtraum Kaukasien als auch innerhalb der Territorialeinheiten, insbesondere Nordkaukasiens. Die wesentlichen Ursachen dafür sind die generelle Vielzahl verschiedener Völker und eine mehr oder weniger ausgeprägte disperse Siedlungsweise sekundärer Ethnien.
Mißt man den Grad der ethnischen Heterogenität eines Raumes an der Anzahl der auf dem entsprechenden Territorium lebenden ethnischen Grup-

pen, zeigt ein von der administrativen bzw. staatlichen Aufteilung Nord- und Transkaukasiens unabhängiger Vergleich, wobei die Fläche zunächst unbeachtet bleibt, für Nordkaukasien eine größere ethnische Vielfalt. In ein und derselben Statistik[37] wurden 1989 31 verschiedene ethnische Gruppen in Nordkaukasien registriert; in Transkaukasien waren es 23.[38] Berücksichtigt man zusätzlich die Größe beider Teilräume, wobei für Nordkaukasien in diesem Fall nur die Territorien der einzelnen Republiken herangezogen werden, ergäbe sich für Nordkaukasien vermutlich der höhere Wert.

Ein die ethnische Struktur betreffender Vergleich zwischen den früheren autonomen Einheiten Nordkaukasiens und den staatlichen Einheiten Transkaukasiens ist nur mit Vorbehalt möglich, da es sich um zwei Gruppen von Territorialeinheiten handelt, die jeweils einem unterschiedlichen Rang innerhalb der Hierarchie der regionalen Dimensionsstufen zuzuordnen sind: Die nordkaukasischen Republiken sind territoriale Bestandteile der Rußländischen Föderation, während die drei transkaukasischen Republiken selbständige Staaten und ihre Territorien demzufolge nicht Bestandteil einer übergeordneten Territorialeinheit sind.

Ungeachtet der o.g. Einschränkung zeigt die Auswertung statistischer Daten deutliche Unterschiede zwischen Georgien, Armenien und Azerbajdžan einerseits und den nordkaukasischen Republiken andererseits bezüglich des prozentualen Anteils der einzelnen Ethnien an der Gesamtbevölkerung der jeweiligen territorialen Einheiten.

In den transkaukasischen Republiken besitzt jeweils die eponyme Ethnie die absolute Mehrheit, d.h. ihr Anteil an der Gesamtbevölkerung ist größer als 50 % (Abb. 10). Die übrigen Ethnien bilden zahlenmäßig kleinere Gruppen, deren jeweiliger Anteil 10 % nicht übersteigt. An der Spitze steht Armenien mit 1989 93 % armenischer Bevölkerung; seit jeher galt Armenien als ethnisch homogenste aller Unionsrepubliken. Die entsprechenden Werte für Georgien und Azerbajdžan betragen 70 bzw. 82 %. In Azerbajdžan und Georgien lebt eine im Vergleich zu Armenien größere Anzahl von Angehörigen verschiedener Ethnien: In Azerbajdžan sind es neben Türken (Mes'cheten?) (0,3 %) und den ebenfalls turksprachigen Tataren (0,4 %) vor allem Vertreter der dagestanischen Sprachgruppe (Lezgen -2,4 %; Avaren -0,6 %; Cachuren und Uden -0,3 %) sowie die iranischsprachigen Talyšen (0,3 %)[39], Taten (0,1 %) und Kurden (0,2 %). Der armenische Bevöl-

---

37 Nacional'nyj sostav naselenija SSSR. Po dannym Vsesojuznoj perepisi naselenija 1989 goda. Moskva 1990.
38 Selbst bei Verwendung ein und derselben Statistik bleibt ein derartiger Vergleich wegen der uneinheitlichen zahlenmäßigen Untergrenze für die Erfassung eigenständiger Ethnien vage.
39 Inoffizielle Quellen nennen eine weitaus höhere Zahl der Talyšen in Azerbajdžan; die Angaben der Volkszählung sind daher kritisch zu werten (vgl. Abschn. 5.2.2).

**Abb. 10: Kaukasien - Ethnische Zusammensetzung der Bevölkerung nach Territorialeinheiten 1939, 1959 und 1989**

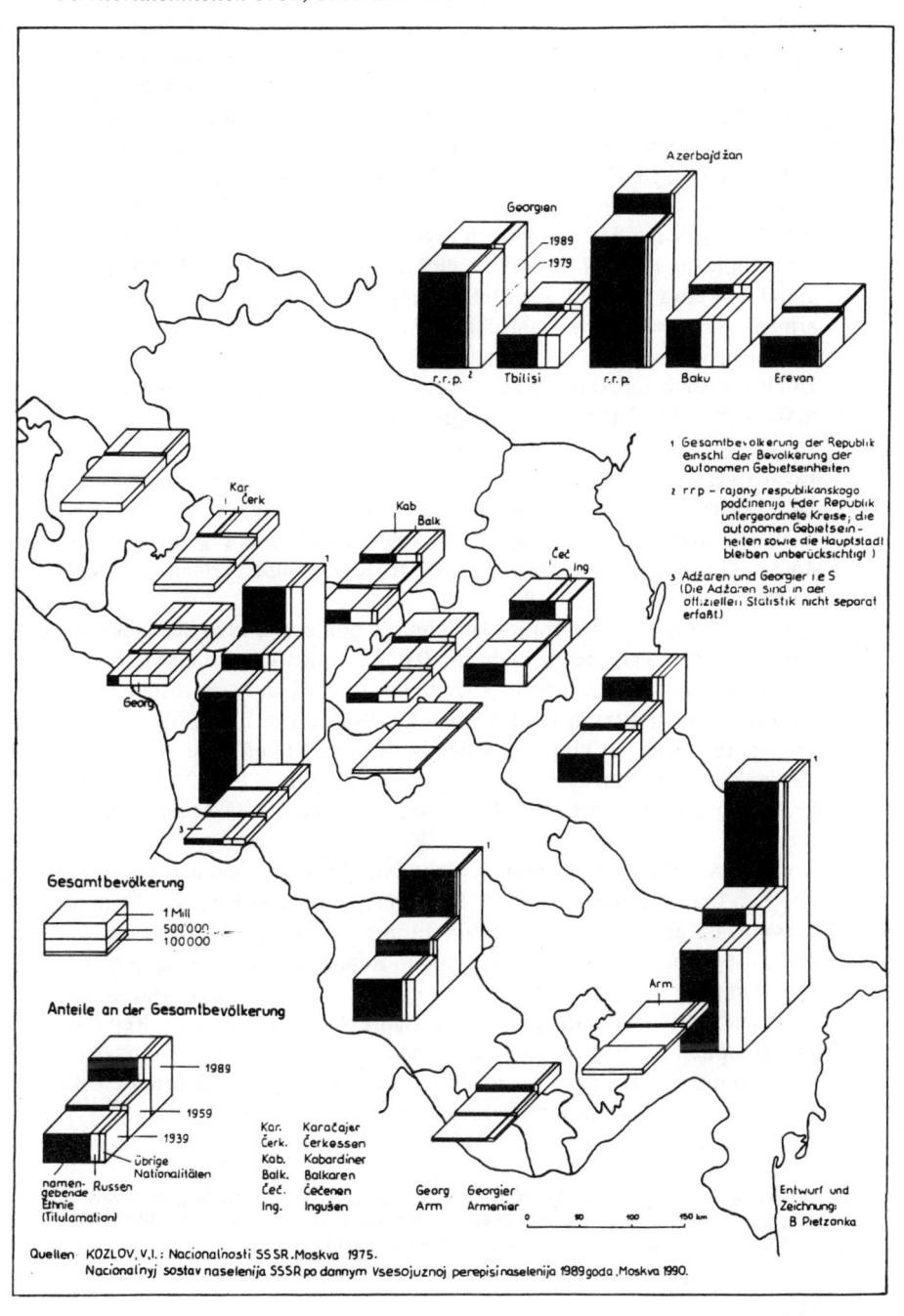

1 Gesamtbevölkerung der Republik einschl. der Bevölkerung der autonomen Gebietseinheiten

2 r.r.p - rajony respublikanskogo podčinenija (der Republik untergeordnete Kreise; die autonomen Gebietseinheiten sowie die Hauptstadt bleiben unberücksichtigt.)

3 Adžaren und Georgier i.e.S. (Die Adžaren sind in der offiziellen Statistik nicht separat erfaßt.)

Gesamtbevölkerung
- 1 Mill
- 500 000
- 100 000

Anteile an der Gesamtbevölkerung
- 1989
- 1959
- 1939
- übrige Nationalitäten
- namengebende Ethnie (Titulamation)
- Russen

Kar. Karačajer
Čerk. Čerkessen
Kab. Kabardiner
Balk. Balkaren
Čeč. Čečenen
Ing. Inguŝen
Georg. Georgier
Arm. Armenier

Entwurf und Zeichnung: B Pietzonka

Quellen: KOZLOV, V.I.: Nacionalnosti SSSR. Moskva 1975.
Nacionalnyj sostav naselenija SSSR po dannym Vsesojuznoj perepisi naselenija 1989 goda. Moskva 1990.

kerungsanteil in Azerbajdžan lag 1989 bei knapp 6 %, wobei reichlich ein Drittel der Armenier Azerbajdžans im AG Nagornyj Karabach lebte. In Georgien sind die armenischen und azerbajdžanischen Bevölkerungsanteile relativ hoch. Sie lagen 1989 bei 8 % bzw. 7 %. Von den Osseten, deren Anteil 1989 etwa 3 % betrug, lebten zwei Fünftel als Titularnation in Südossetien. Die Abchazen, etwa 1,8 % der Gesamtbevölkerung Georgiens, leben fast vollständig (97 %) in »ihrer« Republik. Hinzu kommen Griechen (1,8 %) sowie eine geringere Zahl Juden (0,5 %) und Kurden (0,7 %).
Auf der Ebene der den Republiken zugeordneten bzw. inkorporierten Territorialeinheiten ist Nachičevan' mit einem azerbajdžanischen Bevölkerungsanteil von etwa 96 % die ethnisch homogenste. Über die Entwicklung der armenischen und azerbajdžanischen Bevölkerungsanteile in Nagornyj Karabach liegen keine aktuellen Angaben vor.
Unklar ist auch der Anteil der Adžaren in der Adžarischen Republik, da sie in der offiziellen Statistik als »Georgier« geführt wurden. Inoffizielle Schätzungen nennen einen Anteil von 54 % (*Fuller* 1991[c], S. 8).
Relativ gering ist der Anteil der Titularnation in der Republik Abchazien. Den Abchazen, deren Anteil an der Gesamtbevölkerung bei etwa 18 % liegt, steht eine relativ starke georgische Bevölkerungsgruppe gegenüber (1989: 46 %). Hinzu kommen größere Gruppen Russen und Armenier (jeweils 14 %).
Auf lokaler Ebene bietet Tbilisi das ethnisch bunteste Bild in Südkaukasien. In der schon im vergangenen Jahrhundert als »transkaukasische Metropole« geltenden Stadt leben »nur« 66 % Georgier. (z. Vgl. Der armenische Bevölkerungsanteil in Erevan beträgt reichlich 96 %.) Die übrige Bevölkerung Tbilisis setzt sich aus größeren armenischen (12 %) und russischen (10 %) sowie kleineren ossetischen (2,7 %), griechischen (1,7 %), kurdischen (2,4 %), azerbajdžanischen (1,4 %) und jüdischen (0,2 %) Anteilen zusammen.
Von den Angehörigen der Völker, die in Nordkaukasien ein nationales Territorium besitzen, leben mehr als 80 % innerhalb desselben, wenn von der Gesamtzahl der Angehörigen dieser Ethnien in Nordkaukasien ausgegangen wird (Tab. 7). Dennoch besaß in den Republiken Nordkaukasiens zum Zeitpunkt der letzten Volkszählung 1989 mit Ausnahme der Osseten und Čečenen[40] keine Titularnation die absolute Mehrheit in ihrer Republik. Der Hauptteil der Bevölkerung setzt sich jeweils aus mehreren, mindestens zwei, ethnischen Gruppen zusammen, deren Anteil an der Gesamtbevölkerung jeweils mindestens 9 % ausmacht.

---

40 Zum Zeitpunkt der letzten Volkszählung 1989 bestand noch eine gemeinsame ASSR der Čečenen und Ingušen. Über die aktuelle ethnische Zusammensetzung der Bevölkerung Čečniens und Ingušiens sind bislang keine offiziellen Angaben verfügbar.

Tab. 7: Bevölkerungsverteilung bei Ethnien mit eigenem Territorium in Nordkaukasien 1989

| Ethnie | Angehörige in Nordkaukasien | Anteile der Angehörigen in den administrativen und nationalen Einheiten | | | | | | | |
|---|---|---|---|---|---|---|---|---|---|
| | | Reg. Krasnod.[a] | AG Adyge | Reg. Stavrop.[b] | AG Kar.-Čerk. | ASSR Kab.-Balk. | ASSR Nord osset. | ASSR Čeč.-Ing. | ASSR Dag. |
| | [10³] | [%] | | | | | | | |
| Adyg. | 116,2 | 17,9 | 82,1 | | | | | | |
| Karač. | 143,9 | | | | 9,2 | 90,0 | 0,8 | | |
| Čerk. | 42,3 | | | | 4,9 | 95,1 | | | |
| Balk. | 70,8 | | | | | 100 | | | |
| Kab. | 367,3 | | | | 0,3 | 99,0 | 0,7 | | |
| Osset. | 348,7 | | | | 1,1 | 2,9 | 96,0 | | |
| Čeč. | 810,0 | | | | 1,8 | | 0,3 | 90,7 | 7,2 |
| Ing. | 196,6 | | | | | | 16,7 | 83,3 | |
| Dag.[c] | 1224,1 | | | | 2,7[d] | 0,1[e] | | 0,4[f] | 96,8 |

Quelle: Berechnet und zusammengestellt nach: Nacional'nyj sostav naselenija RSFSR po dannym Vsesojuznoj perepisi naselenija 1989 goda. Moskva 1990.
a Ohne AG der Adyge.
b Ohne AG der Karačajer und Čerkessen.
c Dagestanische Ethnien; Kumyken und Nogajer sind nicht berücksichtigt.
d Darginer.
e Laken.
f Avaren.

Vernachlässigt man zunächst den slawischen Bevölkerungsanteil (Russen, Ukrainer, Belorussen) sowie zahlenmäßig kleinere sekundäre Ethnien und betrachtet nur die Titularnationen, ergibt sich folgendes Bild: In Karačajevo-Čerkessien und in Kabardino-Balkarien leben jeweils Angehörige zweier Sprachfamilien als Titularnation, d.h. ethnisch nicht verwandte Völker. Karačajer und Balkaren sind turksprachig, während Čerkessen und Kabardiner zur westlichen Gruppe der kaukasischen Ethnien zählen (Abb. 6).
Auffällig ist der unterschiedliche Bevölkerungsanteil der jeweiligen Titularnationen innerhalb einer Territorialeinheit (1989 Karačajevo-Čerkessien: 31,2 % Karačajer und 10 % Čerkessen; Kabardino-Balkarien: 48 % Kabardi-

ner und 9 % Balkaren). Die aktuellen Forderungen der genannten Völker sind Ausdruck dieser jeglichen ethnischen Gesichtspunkten zuwiderlaufenden Grenzen: Karačajer und Čerkessen fordern jeweils eigene, direkt Rußland unterstellte Republiken. Andererseits gibt es Forderungen nach Schaffung einer Kabardino-Čerkessischen bzw. einer einheitlichen Čerkessischen Republik, die neben den ethnischen Territorien der Kabardiner und Čerkessen auch die Republik Adyge sowie die adygisch besiedelten Gebiete an der Schwarzmeerküste umfassen soll (*Glezer* et al. 1991, S. 8).
Ebenfalls zwei Titularnationen gab es in der inzwischen offiziell geteilten Čečeno-Ingušischen Republik. Im Gegensatz zu den o.g. Beispielen handelt es sich in diesem Fall um ethnolinguistisch verwandte Völker. Allerdings hatte das ungleiche quantitative Verhältnis zwischen Čečenen (1989: 58 %) und Ingušen (13 %) auf ingušischer Seite zu Befürchtungen geführt, daß der starke čečenische Einfluß im kulturellen Bereich aufgrund der Ähnlichkeit beider Sprachen und Traditionen zum Verlust ethnodifferenzierender Faktoren führen könnte (*Karpov* 1990, S. 31).
Die größte ethnische Vielfalt innerhalb einer Territorialeinheit Nordkaukasiens besteht in Dagestan. Dagestan - der Name stellt eine Zusammensetzung aus dem türkischen Wortstamm »Dağ-« (= Berg) und dem persischen Ortssuffix »-istan« dar - ist die einzige Republik Nordkaukasiens, deren Bezeichnung keine Namen von ethnischen Gruppen enthält.
Bedeutend ist nicht allein die Tatsache, daß in den Ergebnissen der letzten Volkszählung 1989 für diese Republik 15 Ethnien aufgeführt sind (in ein und derselben Statistik sind für Georgien 14 und für Azerbajdžan 16 Ethnien genannt), sondern der Umstand, daß die Hauptmasse der Bevölkerung nicht nur von Angehörigen einer oder zwei Ethnien, sondern mehreren Völkern gebildet wird. Zwei Drittel der Bevölkerung entfallen auf die Gruppe der dagestanischen Völker, in der Avaren (27,5 % Anteil an der Gesamtbevölkerung), Darginer (15,6 %) und Lezgen (11,3 %) die zahlenmäßig stärksten Vertreter sind. Dazu kommen weitere dagestanische Völker: Laken (5,1 %), Tabasaranen (4,3 %) Rutulen, Agulen, Cachuren (insgesamt 1,9 %). Neben dem russischen Bevölkerungsanteil (9,2 %) ist die übrige Einwohnerschaft Dagestans - Nogajer (1,6 %), Azeri (4,2 %) und Kumyken (13 %) - zum größten Teil turksprachig. Čečenische, tatische und jüdische Gruppen machen insgesamt nur einen geringen Bevölkerungsanteil aus (Abb. 11).
Die slawische Besiedlung Kaukasiens reicht bis in das 17. Jahrhundert zurück. Mit der verstärkten Industrialisierung seit Beginn dieses Jahrhunderts wuchs besonders in den Hauptstädten und Gebietszentren Kaukasiens der Anteil russischer Bevölkerung. Hinzu kommen schließlich jene Russen, die

Abb. 11: Dagestan - Ethnische Zusammensetzung der Bevölkerung 1989

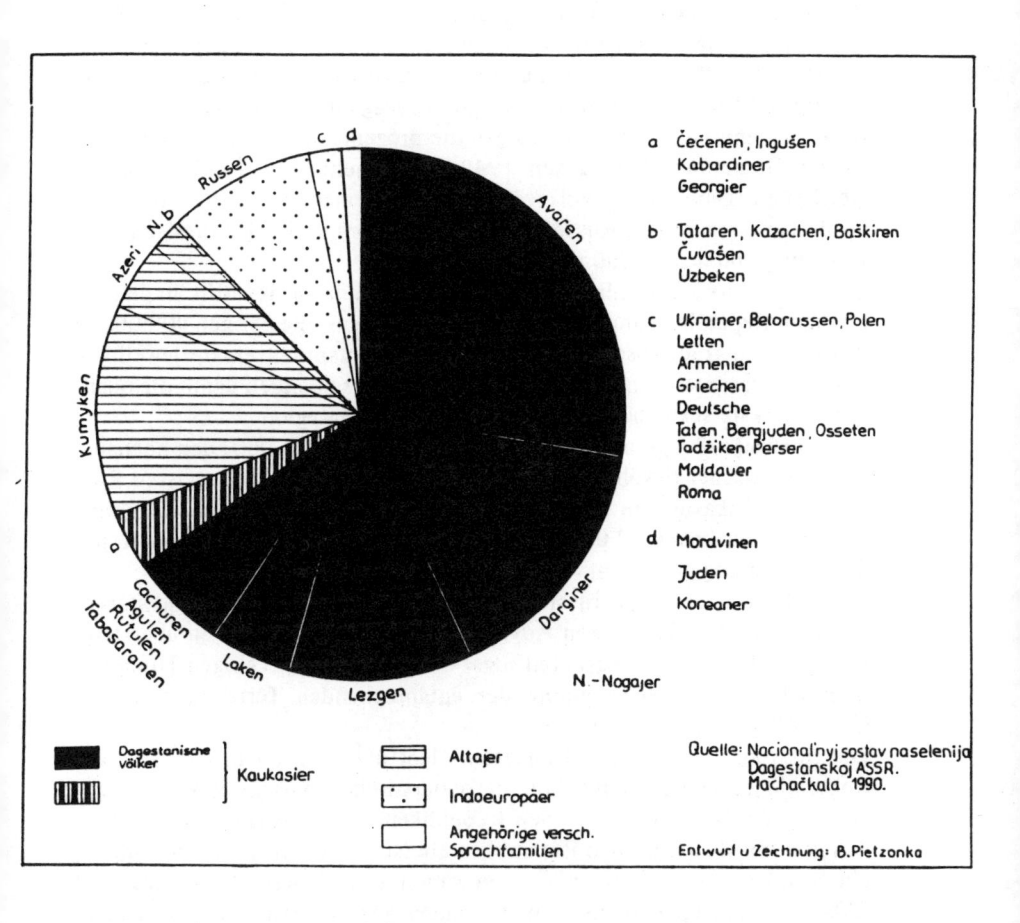

in den vierziger Jahren »anstelle« der deportierten Völker (Čečenen, Ingušen, Karačajer, Balkaren) in Nordkaukasien angesiedelt wurden.

Orientiert man sich an den Jahren der Volkszählungen und ihren Ergebnissen, dann ist für die autonomen Territorialeinheiten Nordkaukasiens folgendes feststellbar: Bei einer differenzierten Entwicklung der Gesamtzahl der Russen sind die entsprechenden Anteile an den Einwohnerzahlen der Einheiten im betrachteten Zeitraum (für alle AG seit 1971, für alle ASSR seit 1960) rückläufig. Die jeweiligen Anteile der eponymen Ethnie(n) stei-

105

gen im gleichen Zeitraum und auch absolut nimmt der Umfang der Titularnation(en) je Einheit zu. Eine wesentliche Ursache dieser Entwicklung der Bevölkerungsproportionen ist die gegenüber den Russen traditionell höhere Geburtenrate der mehrheitlich muslimischen Völker Nordkaukasiens. Bei Karačajern, Balkaren, Čečenen und Ingušen ist zudem eine nicht genannte Anzahl von Rückkehrern aus den Deportationsgebieten zu berücksichtigen. In Armenien und Azerbajdžan zeigen die prozentualen Anteile der Russen an der Gesamtbevölkerung seit 1940 eine abnehmende Tendenz, wenngleich die Ergebnisse der Volkszählungen für Armenien bis 1979 eine steigende Gesamtzahl von Russen belegen. In Georgien ist der russische Bevölkerungsanteil seit 1960 rückläufig.

1989 lebten etwa 2,3 Mill. Russen in Kaukasien, davon 1,4 Mill. in den autonomen Republiken und Gebieten Nordkaukasiens, die übrigen 900 000 in den drei transkaukasischen Republiken. Das entspricht einem jeweiligen Bevölkerungsanteil von 26,6 bzw. 5,8 %. Die Russen bilden damit die quantitativ stärkste sekundäre ethnische Gruppe in der Region.

In Transkaukasien besaß Georgien mit 1989 6,3 % (341 000) den höchsten Anteil russischer Bevölkerung, obwohl absolut betrachtet die meisten Russen Transkaukasiens in Azerbajdžan (392 000) lebten. In Armenien wurden 1989 nur knapp 52 000 Russen registriert, was etwa 1,6 % der Republikbevölkerung entspricht.

In Nordkaukasien ist das russische Bevölkerungselement bedeutend stärker vertreten. In den Republiken Adyge und Karačajevo-Čerkessien übersteigt der russische Bevölkerungsanteil sogar die Anteile der jeweiligen Titularnation(en), was die Bezeichnung der entsprechenden Territorialeinheiten fragwürdig erscheinen läßt.

Die russische Bevölkerung Kaukasiens lebt überwiegend in den Städten, wobei die jeweiligen Hauptstädte besonders hohe russische Bevölkerungsanteile aufweisen. Sowohl in den Republiken Nordkaukasiens als auch in den drei transkaukasischen Republiken übersteigt der Anteil der Russen an der Stadtbevölkerung den russischen Anteil an der Gesamteinwohnerzahl (Abb. 12). Die einst als russische Festungen gegründeten und heute als Republikzentren fungierenden Städte Groznyj, Vladikavkaz und Machačkala sind entsprechend ihrer Einwohnerschaft eher russische Städte.

Die Desintegration der Sowjetunion und die zunehmende politische Verselbständigung der Republiken hat bereits seit Jahren ablaufende Bevölkerungsbewegungen beschleunigt und neue Migrationen ausgelöst. Zum einen sind es die in den ehemaligen Unionsrepubliken und autonomen Gebietseinheiten lebenden Russen, die nun in ihre ethnische Heimat zurückkehren. Zum anderen findet eine deutliche territoriale Entmischung nichtrussischer Ethnien statt.

Abb. 12: Anteile der Titularnation(en) an der Gesamt- und an der städtischen Bevölkerung

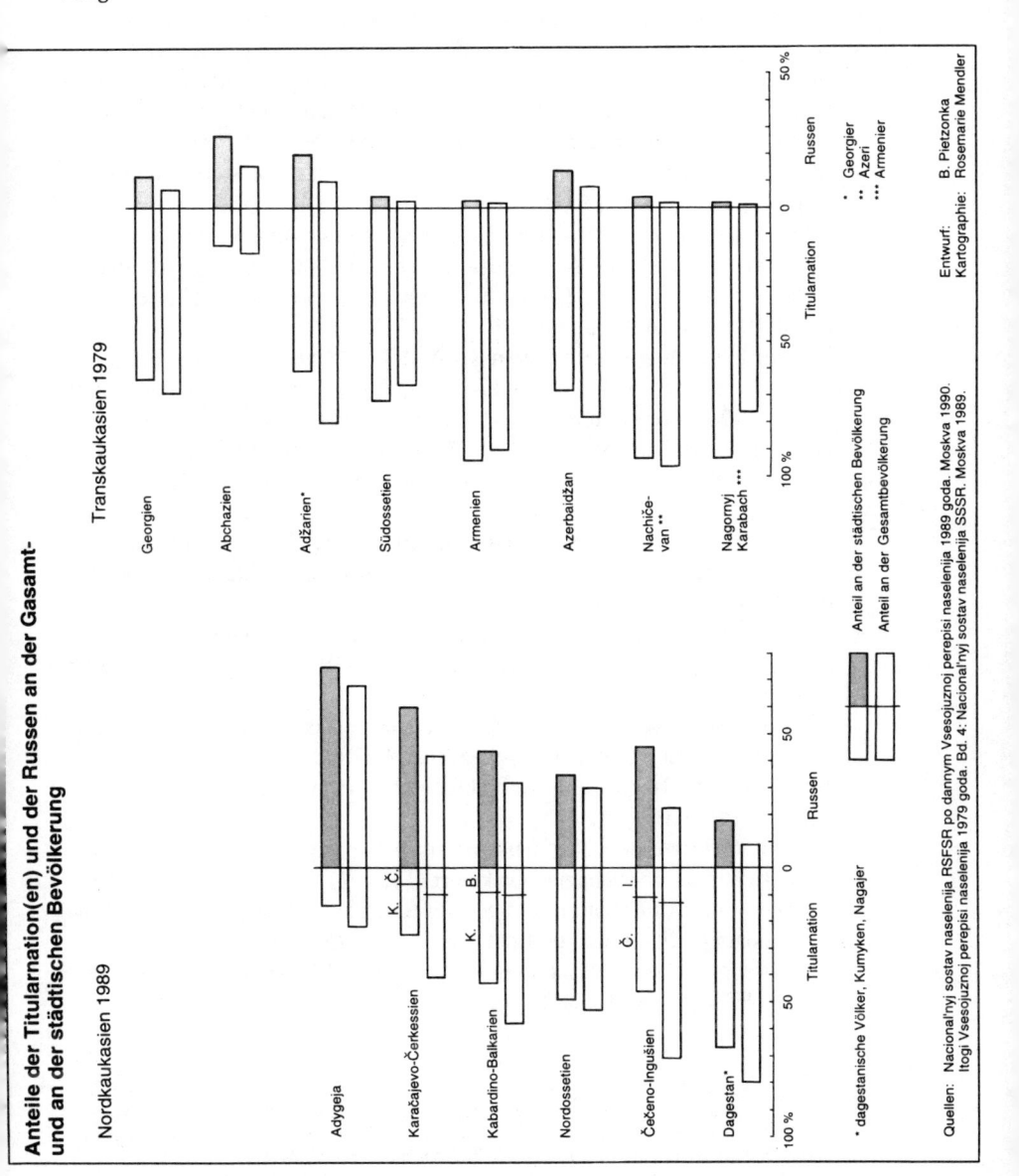

107

In Kaukasien haben die anhaltenden politischen Unruhen inzwischen kaum mehr überschaubare Flüchtlingsströme verursacht. Die folgende Zusammenstellung von Flüchtlingszahlen basiert auf Mitteilungen aus der Presse und erhebt keinen Anspruch auf Vollständigkeit.

- Im Zusammenhang mit den Auseinandersetzungen um Nagornyj Karabach haben zwischen Februar 1988 und Februar 1991 etwa 200 000 Azeri Armenien verlassen (Report on the USSR 1991, 15 Febr., S. 18).[41]
- Bis zum Sommer 1992 hatten bereits 7500 Kurden die Stadt Lačin und ihre Umgebung verlassen (MN [dt.] 7/1992, S. 6).
- Nach armenischen Regierungsangaben waren bis zum November 1992 325 000 Armenier aus Azerbajdžan, einschließlich Nagornyj Karabach geflohen; die Mehrheit (280 000) nach Armenien, ein kleinerer Teil (45 000) nach Rußland (FR v. 10. 11. 92, S. 2).[42]
- Seit der Eroberung eines zweiten Korridors zwischen Armenien und Nagornyj Karabach im Gebiet Kel'badžar im April 1993 haben nahezu alle der 60 000 Bewohner diesen Bezirk verlassen (FR v. 5. 4. 93, S. 1).
- Nach Angaben des armenischen Flüchtlingskomitees hielten sich im Frühjahr 1993 etwa 325 000 Flüchtlinge in Armenien auf (FR v. 19. 4. 93, S. 2).
- Seit der Einkesselung der azerbajdžanischen Stadt Fizuli durch armenische Truppen haben 30 000 bis 50 000 Menschen das Gebiet in Richtung Iran verlassen (FR v. 20. 8. 93, S. 2).
- In einer Botschaft an den UN-Sicherheitsrat sprach Aliev im August 1993 von insgesamt 567'000 azerischen Flüchtlingen (FR v. 26. 8. 93, S. 2).
- Nach Angaben des UN-Flüchtlingshochkommissariats sind bis Anfang November 1993 50 000 Menschen aus den Südwestteil Azerbajdžans auf iranisches Territorium geflüchtet, um von dort den azerbajdžanischen Ort Imišli zu erreichen.
- Im Juni 1993 wurden 700 meist russischstämmige Flüchtlinge aus der Stadt Tkvarčeli in Abchazien evakuiert (FR v. 21. 6. 93, S. 2).
- Bis September 1993 hatten 40 000 Menschen aus Abchazien Zuflucht in der russischen Stadt Soči gesucht (FR v. 3. 9. 93, S. 2).
- Bis Anfang Oktober 1993 hatten etwa 120 000 Menschen Suchumi verlassen (FR v. 9. 10. 93, S. 2).

---

41 Damit ist anzunehmen, daß zum Beginn des Jahres 1991 nahezu alle in Armenien lebenden Azeri das Land verlassen haben; 1979 waren laut Volkszählung nur 160 841 Azeri in Armenien registriert worden, 1989 betrug ihre Anzahl nur noch 84 860.
42 1979 wurde die Zahl der Armenier in Azerbajdžan mit 475 486 angegeben; davon lebten 123 076 in Nagornyj Karabach. 1989 wurden in Azerbajdžan 390 505 Armenier, darunter 145 450 in Nagornyj Karabach, registriert.

- Bis zum Frühjahr 1992 waren etwa 100 000 Bewohner des Südossetischen AG in die nördliche Nachbarrepublik geflüchtet (MN [dt.] 4/1992).
- Im Spätjahr 1992 mußte Ingušien 35 000 ingušische Flüchtlinge aus Nordossetien aufnehmen (FR v. 19. 1. 93, S. 2).

### 5.2.2 Die »Zerschneidung« ethnisch relativ homogener Territorien durch politische Grenzen

Neben der Zusammenlegung verschiedener Ethnien innerhalb einer Gebietseinheit belegt eine zweite »Variante« sowjetischer Territorialgliederung die ethnische Inkonsequenz dieses Systems: die »Zerschneidung« ethnisch relativ homogener Territorien durch politische Grenzen. Der pauschalen Vermutung, daß ein derartiger Grenzverlauf nationalen Entwicklungen Einhalt gebieten sollte, sind allerdings zwei Aspekte entgegenzustellen: Zum einen gehen nicht alle dieser Grenzen auf die sowjetische Neuordnung der Verwaltungsstrukturen zurück; z.t. erfolgte die Anlage zu einem früheren Zeitpunkt. Das betrifft u.a. die Grenzen Azerbajdžans zu Dagestan und zum Iran. Zum anderen war (ist) es aufgrund der historisch gewachsenen Diasporasituation einer Vielzahl ethnischer Gruppen nicht in jedem Falle möglich, nationale Territorien zu konstruieren, die alle Siedlungsgebiete der jeweiligen ethnischen Gruppe umfassen.
Ethnische Inkonsequenz kennzeichnet Abschnitte sowohl von Außengrenzen als auch Binnengrenzen der ehemaligen Sowjetunion, wobei die Transformation der früher innerstaatlichen Grenzen zwischen den Unionsrepubliken in Staatsgrenzen die Teilung eines ethnischen Territoriums und seiner Bevölkerung auf höherem, staatlichem, Niveau fixiert. Der Kaukasus mit seinem ausgeprägten ethnischen Gemenge bietet diesbezüglich ein reiches Untersuchungsmaterial.
Charakterisiert man die Grenzen in Kaukasien nach ihrer Genese und geht dabei vom ethnischen Verteilungsmuster aus, sind diese überwiegend den »überlagernden Grenzen« (*Ante* 1981, S. 119) zuzuordnen, d.h. es handelt sich um Grenzen, deren Einrichtung die vorhandenen ethnischen Strukturen nicht durchgängig berücksichtigte. Wäre der Anspruch der weitgehenden Orientierung der Verwaltungsgrenzen an ethnischen Grenzen verwirklicht worden, würde es sich also mehrheitlich um ethnisch-subsequente Grenzen handeln, fiele die Liste der Konfliktkonfigurationen bedeutend geringer aus.
Die Grenze zwischen Armenien und der Türkei gehört nur bedingt zum Typ der überlagernden Grenzen, denn aus den ursprünglich armenisch besiedelten Gebieten Ostanatoliens ist die armenische Bevölkerung fast vollständig

verschwunden. Bereits seit der im Vertrag von Tukmančaj 1828 geregelten Angliederung Ostarmeniens (Chanate Erevan und Nachičevan') an Rußland verließen Armenier in mehreren Emigrationswellen Ostanatolien. Allein zwischen 1892 und 1912 ging die armenische Bevölkerung in den ostanatolischen Vilayets um ein Drittel zurück. 1914, kurz vor Beginn des Ersten Weltkrieges, lebten 45,4 % (2 026 000) aller Armenier in »Türkisch-Armenien«, etwa ebenso viele (2 054 000) in Rußland (Atlas Armjanskoj SSR 1961, Bl. 58).
Dem Völkermord von 1915, dem nach vorsichtigen Schätzungen 800 000 bis 1 Mill. Armenier zum Opfer fielen (*Brentjes* 1973, S. 12), folgte eine fast vollständige Abwanderung der noch verbliebenen Bevölkerung aus Ostanatolien. Nachdem die Grenzregelung von 1921 die umstrittenen Gebiete Trabzon, Van, Bitlis und Erzurum endgültig zu türkischem Staatsterritorium erklärt hatte, war bis 1926 die Anzahl der in der Türkei lebenden Armenier auf 200 000 zurückgegangen (Atlas Armjanskoj SSR 1961, Bl. 58). 1965 lebten nach offiziellen Angaben noch etwa 33 000 Armenier in der Türkei (*Kirakosjan* 1986, S. 10.
Die Subsequenz der Grenze zwischen der Rußländischen Föderation einerseits und Georgien bzw. Azerbajdžan andererseits ist in erster Linie natürlich bedingt, da sie bis auf ihren östlichen Abschnitt dem Hauptkamm des Großen Kaukasus folgt. Seine Barrierewirkung verursachte in gewissem Maße das ethnische Verteilungsmuster, d.h. der natürliche Grenzraum ist gleichzeitig Grenzraum ethnischer Territorien. Eine Ausnahme bildet der Grenzabschnitt zwischen Nord- und Südossetien.
Zu unterscheiden sind Grenzen, die nahezu in ihrem gesamten Verlauf ein ethnisches Territorium überlagern (Nordossetien/Südossetien; Ingušien/Nordossetien; Azerbajdžan/Iran), und Grenzen, die in Abschnitten ethnisch relativ einheitliche Territorien durchschneiden. Zur letzten Gruppe gehört die Mehrzahl der Grenzen in der Region Kaukasien. Selbst entsprechende sowjetische Karten - meist generalisiert - belegen die ethnische Inkonsequenz politischer Grenzen zumindest für Transkaukasien. Für Nordkaukasien wird hingegen eine fast völlige Kongruenz zwischen der ethnischen Struktur und der Gliederung in autonome Einheiten suggeriert. Es ist ohne detaillierte statistische Angaben zwar nicht feststellbar, inwieweit sich das ethnische Verteilungsmuster dem Grenzverlauf nachträglich angepaßt hat, dennoch ist die Objektivität einer solchen Darstellung zu bezweifeln. Nach den Ergebnissen der letzten Volkszählung 1989 lebten u.a. 42 295 Čerkessen, 14 988 Čečenen und 9242 Osseten in der Region Stavropol'. In Nordossetien wurden 32 783 Ingušen und 2770 Kabardiner registriert. Auffällig sind diesbezüglich auch 57 877 Čečenen in Dagestan, 6276 Avaren in Čečeno-Ingušien und 9996 Osseten in Kabardino-Balkarien, wenn auch aus diesen Zahlen nicht automatisch auf die Existenz eines grenzüber-

schreitenden ethnischen Territoriums geschlossen werden kann, da die Angehörigen der entsprechenden Ethnien innerhalb der »fremdnationalen« Gebietseinheit auch dispers siedeln können.
Bezogen auf das eingangs erwähnte Territorialitätskriterium sind zwei Fälle der »Zerschneidung« ethnischer Territorien durch politische Grenzen unterscheidbar:

A. *Mindestens ein Teilstück des ethnischen Territoriums, i.d.R. das flächenmäßig größere, ist politisch legitimiert, d.h. es ist entweder Staatsterritorium oder innerhalb der übergeordneten Territorialeinheit autonomisiert.*[43] *Die Angehörigen der entsprechenden Ethnie bilden die Titularnation. Ein Zentrum ([Gebiets-]Hauptstadt) ist vorhanden. Die übrige, also außerhalb des staatlichen bzw. autonomen Territoriums als sekundäre Gruppe lebende Bevölkerung ist bestrebt, ihre Gebiete dem politisch legitimierten Teil des ethnischen Territoriums anzugliedern oder einen Autonomiestatus innerhalb der übergeordneten »fremdnationalen« Einheit zu erlangen.*

So fordern die Azeri in den südostgeorgischen Kreisen, Marneuli, Bolnisi und Gardabani, wo sie die Bevölkerungsmehrheit bilden, eine autonome Republik innerhalb Georgiens mit Rustavi als Hauptstadt. Daß Georgien dieser Forderung nicht zustimmen wird, erklärt sich allein aus der Bedeutung Rustavis als wichtigem Industriestandort (Eisenmetallurgie, chemische Industrie). Angesichts der höheren Geburtenrate der Azeri befürchtet die georgische Seite eine Verschiebung der Bevölkerungsproportion zwischen Georgiern und Azeri zugunsten der letzteren. Zudem werfen die Georgier den Azeri den unrechtmäßigen Erwerb von Bauland und den nicht genehmigten Bau von Häusern vor. Die gespannte Situation in der Region verschärfte sich zusätzlich, als 1987 Georgier aus der Gebirgsregion Svanetien in den Kreis Marneuli umgesiedelt wurden, nachdem ihre Dörfer durch Lawinen zerstört worden waren (*Fuller* 1991[a], S. 17).

Georgien beansprucht seinerseits das seit 1922 unter azerbajdžanischer Verwaltung stehende Gebiet Zakataly. Die dort lebenden Ingilonen (islamisierte Georgier) sehen sich einer »systematischen Politik der Entgeorgisierung« (*Halbach* 1992, S. 17) ausgesetzt. Neben der Schließung georgischer Schulen beschuldigen die Georgier die azerbajdžanische Regierung einer beabsichtigten Ansiedlung azerbajdžanischer Bevölkerung im Gebiet Zakataly.

Armenien erhebt Anspruch auf das überwiegend armenisch besiedelte, aber

---

43 Das ossetische Territorium ist in zwei autonome Gebietseinheiten geteilt. Nordossetien ist Republik innerhalb der Rußländischen Föderation. Die politische Zuordnung Südossetiens, das 1922 den Status eines autonomen Gebietes innerhalb Georgiens erhalten hatte, ist momentan umstritten.

zu georgischem Staatsterritorium gehörende Gebiet um Achalciche und Achalkalaki (Džavachetien; etwa 2800 qkm) (*Halbach* 1992, S. 16).
Azerbajdžanische Ansprüche auf armenisches Territorium beziehen sich auf einige hauptsächlich azerisch bewohnte Gebiete entlang der Grenze zwischen beiden Staaten sowie auf den Südteil Armeniens (Zangezur) (*Glezer* et al. 1992, S. 6).
Auch das ethnische Territorium der Azeri wird von einer politischen Grenze »durchschnitten«. Das ehemals sowjetische Azerbajdžan und die zu Azerbajdžan gehörende Republik Nachičevan' grenzen im Süden bzw. Südwesten an die auf iranischem Staatsterritorium liegenden Provinzen Azarbaijan-Bakhtari mit der Hauptstadt Tabriz und Azarbaijan-Khavari mit der Hauptstadt Urumiyeh. Die Azeri auf beiden Seiten der Grenze, die bis auf einen kleinen Abschnitt im Osten entlang des Araks verläuft, gehören ein und derselben Ethnie an und sprechen die gleiche Turksprache, und auch das Bekenntnis zum schiitischen Islam ist iranischen und »sowjetischen« Azeri gemeinsam.
Die Anzahl der iranischen Azeri wird auf mindestens 8 bis 10 Mill. geschätzt, immerhin mehr als in der Azerbaidžanischen Republik nördlich des Araks (freundl. Mitteilung Fr. Dr. Auch, 30. 4. 93).
Der heutige Grenzverlauf entspricht der bereits 1828 nach der Beendigung des russisch-persischen Krieges festgelegten Teilung Azerbajdžans in einen nördlichen und einen südlichen Teil.[44]
Als im Dezember 1989 national motivierte Azeri die sowjetischen Grenzanlagen im Bereich der Republik Nachičevan' niederrissen, geriet das Problem dieser Grenze erneut in die Schlagzeilen der Öffentlichkeit. Offiziell ging es um die Genehmigung von Verwandtenbesuchen und eine freie Nutzung der Grenzzone als Viehweide (Izvestija v. 5.0.90, S. 1). Forderungen nach einer Vereinigung mit dem südlichen Teil Azerbajdžans bestehen mit Ausnahme einiger Oppositionspolitiker nicht. Die iranische Seite hält sich in dieser Frage bisher weitgehend zurück.
Über die azerbajdžanisch-iranische Grenze hinaus reicht auch das Siedlungsgebiet der Talyšen. Die iranischsprachige Volksgruppe tauchte 1989 erstmals wieder in der sowjetischen Statistik auf, nachdem sie seit 1959 nicht mehr eigenständig erfaßt, sondern zu den Azeri gezählt wurden. In den Ergebnissen der letzten Volkszählung 1989 ist ihre Anzahl in Azer-

---

44 Der 1920 unternommene Versuch Rußlands, seinen Machtbereich nach Süden auszudehnen und eine Sozialistische Persische Republik zu gründen, mißlang. Daraufhin verzichtete Sowjetrußland 1921 offiziell in einem Freundschaftsvertrag auf seine persische Einflußzone. Nachdem die Sowjetunion 1941 den persischen Teil Azerbajdžans erneut besetzt hatte, kam es zum Ende des Krieges auch tatsächlich zur Errichtung einer Demokratischen Autonomen Republik Azerbajdžan, die allerdings schon 1946, als sich die Sowjetunion auf alliierten Druck wieder zurückziehen mußte, zerbrach (*Simon* 1988, S. 15).

bajdžan mit etwa 21 000 angegeben. Zieht man die Volkszählung von 1926 heran, in deren Ergebnis von etwa 75 000 Talyšen die Rede ist (*Schulz* 1932, S. 10), scheint die Zahl für 1989 etwas zu niedrig, selbst wenn man einen relativen Schwund durch Assimilation an die Azeri einräumt. Die »Bewegung der Talyšen für nationale Wiedergeburt« nennt für Azerbajdžan mindestens 1 Mill. Angehörige dieser Volksgruppe.

B. *Die Abschnitte des ethnischen Territoriums sind jeweils nicht-autonome territoriale Bestandteile übergeordneter staatlicher oder administrativer Einheiten. Die Angehörigen der entsprechenden Ethnie besitzen nirgendwo den Status einer Titularnation. Ein für alle Angehörigen der Ethnie verbindliches Zentrum fehlt meist. Die Möglichkeiten zur Reproduktion der ethnischen Identität sind eingeschränkt. Die Angehörigen der entsprechenden Gruppe sind i.d.R. dem Assimilationsdruck der jeweiligen Titularnation ausgesetzt. Hauptforderung ist die Errichtung eines den ethnischen Grenzen entsprechenden nationalen Territoriums.*
Die Grenze zwischen der zur Rußländischen Föderation gehörenden Republik Dagestan und der Azerbajdžanischen Republik durchschneidet das Territorium der Lezgen, ein Gebiet, das bereits mit der Einführung der russischen Zivilverwaltung in Kaukasien in der zweiten Hälfte des 19. Jahrhunderts administrativ geteilt wurde. Der nördlich des Samur liegende Teil des lezgischen Territoriums kam zum Gebiet Dagestan, der südliche an das Gouvernement Baku.[45]
Die zur dagestanischen Sprachgruppe gehörenden Lezgen leben nach offiziellen Angaben etwa je zur Hälfte in Dagestan (1989: 204 370) und Azerbajdžan (171 395). Nach Angaben der lezgischen Nationalbewegung übersteigt die tatsächliche quantitative Stärke des lezgischen Bevölkerungsanteils in Azerbajdžan die offiziellen Angaben bei weitem, da die »azerbajdžanischen« Lezgen - ähnlich den Talyšen - jahrzehntelang als »Azerbajdžaner« registriert wurden. Inoffiziell wird die Anzahl der Lezgen in Azerbajdžan auf 600 000 bis 700 000 geschätzt (*Fuller* 1992[c], S. 30). Da muttersprachige Schulen fehlen, sind sie zumindest sprachlich, einem starken Assimilationsdruck seitens der Azeri ausgesetzt. Es erscheinen in Azerbajdžan keine Zeitungen in lezgischer Sprache, das lezgische Theater wurde geschlossen und die berühmte »Lezgische Moschee« in Baku in »Moschee des 12. Jahrhunderts« umbenannt (*Mineyev* 1991, S. 10).
Der weder von dagestanischer bzw. russischer noch von azerbajdžanischer

---

45 *Sarkisyanz* (1961, S. 125) erwähnt bereits für das 15. Jahrhundert eine Teilung des lezgischen Gebietes, als ein Teil der südlichen Lezgen vorübergehend unter persische Herrschaft gelangte. Bevor Persien Dagestan und das nördliche Azerbajdžan endgültig an Rußland abtreten mußte, (1813/1828), verlief die Grenze zwischen Dagestan und dem Chanat Kuba (Nordazerbajdžan) etwas südlich des Samur (Atlas Istorii, Bd. III, 1959, Bl. 14).

Seite akzeptierte Beschluß des »Allnationalen Kongresses der Lezgen« vom Dezember 1991 über die Errichtung eines unabhängigen Lezgistans entsprach der Forderung nach einer Revision der bestehenden Grenze und der Errichtung einer eigenen Republik, deren Territorium das gesamte lezgische Siedlungsgebiet umfassen soll (*Fuller* 1992[c], S. 30). Die lezgische Nationalbewegung beruft sich dabei auf eine kurze Zeit der Unabhängigkeit im 18. Jahrhundert und begründet ihre Ansprüche mit dem Argument, daß das lezgische Volk, einschließlich der Uden, Chachuren und Chinalugen, zur autochthonen Bevölkerung der Region zählt und bereits seit Jahrtausenden beidseitig des Samur lebt (*Fuller* 1992[c], S. 31). Die Ankündigung der politischen Führung der Rußländischen Föderation vom Juni 1992, für den Verkehr an der Grenze zwischen Dagestan und Azerbajdžan eine Visapflicht einzuführen, stieß auf erbitterten Widerstand der Lezgen, worauf die russische Seite einwilligte, die Grenzhoheit zunächst auf Zollkontrollen zu beschränken. Zu zusätzlichen Problemen hat die Ansiedlung von Flüchtlingen – Azeri aus Armenien und Mes'cheten aus Mittelasien – im lezgischen Gebiet in Nordazerbajdžan geführt.

Räumlich geteilt ist auch das Siedlungsgebiet der Nogajer. Die ursprünglich als nomadisierende Viehzüchter im nördlichen Kaukasien lebenden Nogajer begannen erst in den siebziger und achtziger Jahren des vergangenen Jahrhunderts in dem nach ihnen benannten Steppengebiet zwischen Kuma und Terek seßhaft zu werden.

Während die Dagestanische ASSR nach ihrer Erweiterung nach Norden bis 1944 die Nogajische Steppe fast vollständig einschloß, wurde nach der im Zusammenhang mit der Deportation zahlreicher nordkaukasischer Völker vorgenommenen administrativen Neuordnung in Nordkaukasien der überwiegende Teil der Steppe in die neugebildete Region Groznyi einbezogen. Die Neufestlegung der Grenzen nach der Rehabilitierung der ausgesiedelten Völker 1957 teilte das nogajische Siedlungsgebiet administrativ in drei Teile. Gegenwärtig leben je 45 % der fast 64 000 Nogajer Kaukasiens in Dagestan (Kreise Kara-Nogaj, Kizljar, Babajurt, Chasavjurt) und in der Region Stavropol' (Kreise Ačikulak, Kočubej, Mineral'nye Vody), der Rest in Čečnien (Kreise Kargalinskaja, Turumovskaja, Šelkovsjaka).

Muttersprachige Kindergärten und Schulen gibt es laut einer 1989 durchgeführten Studie zu »Probleme(n) der nationalen Beziehungen und der Kultur der Nogajer«[46] nur noch im Nogajischen Kreis in Dagestan. Allerdings

---

46 Die vom Ethnographischen Institut der Akademie der Wissenschaften der UdSSR und der Ethnographischen Abteilung der Historischen Fakultät der Staatlichen Universität Moskau durchgeführte Studie (*Kalinovskaja, Markov* 1990) basiert auf Untersuchungen in den Kreisen Neftekumsk und Stepnovskoe der Region Stavropol' und im Nogajischen Kreis in Dagestan im August 1989. Die Ergebnisse wurden auszugsweise in der Zeitschrift »Sovetskaja ètnografija« (1990) 2 veröffentlicht.

wurde das Pädagogische Institut in Kizljar geschlossen, was zu einem Mangel an Muttersprach-Lehrkräften geführt hat.
In den nogajischen Gebieten der Region Stavropol' dominiert die russische Sprache selbst dort, wo der nogajische Bevölkerungsanteil 75 % erreicht.
Die in der o.g. Untersuchung geäußerte Befürchtung, die Sprache der Nogajer und ihre Kultur seien »vom Aussterben bedroht« (*Kalinovskaja, Markov* 1990, S. 18), wird z.T. durch statistische Angaben relativiert, deren Richtigkeit freilich ebenso in Frage gestellt werden muß. Danach gaben 1989 immerhin 96 % der Nogajer in der Region Stavropol' an, das Nogajische als Erstsprache zu sprechen. In Čečeno-Ingušien waren es knapp 99 %, in Dagestan 83 %.
Benachteiligt sehen sich die Nogajer auch in wirtschaftlicher Hinsicht. Ein Problem ist der Rückgang der Weideflächen in der Nogajer Steppe. Zum einen hat die winterliche Nutzung der Weideflächen durch Georgier, Avaren, Darginer und Laken aus den angrenzenden Gebirgsregionen zu einer Überweidung geführt und große Flächen für Jahre unbrauchbar gemacht. Andererseits wurde in der Region Stavropol' die Weidefläche durch Ausweitung des Gemüseanbaus beschnitten.
Ein weiteres Problem ist die weitgehende Verdrängung der Nogajer durch zugewanderte Darginer aus der Viehwirtschaft, dem traditionellen Wirtschaftszweig der Nogajer.
Vor allem in der Region Stavropol' beklagen die Nogajer eine wirtschaftliche Schlechterstellung gegenüber der zugewanderten darginischen Bevölkerung, die attraktivere und besser bezahlte Arbeitsplätze erhalte und nicht so stark von Arbeitslosigkeit betroffen sei (*Kalinovskaja, Markov* 1990, S. 16). Leitende Positionen in Verwaltung und Wirtschaft sind nach Aussagen der o.g. Studie für Nogajer in der Region Stavropol' kaum noch zugänglich. Die einzige Möglichkeit, der »Zerstörung ökonomischer und kultureller Bindungen zwischen den Nogajern« (*Kalinovskaja, Markov* 1990, S. 20) entgegenzuwirken, sehen die Nogajer in einer Autonomie. Allerdings dürfte ein solcher Schritt nicht die Zustimmung der übergeordneten Instanzen erfahren, da eine Nutzung der begehrten Weideflächen dann nur mit nogajischen Pachtverträgen möglich wäre.

### 5.2.3 *Ethnisch-territoriale Inkongruenzen infolge administrativer Veränderungen im Zusammenhang mit Zwangsmigration*

Zu den Vorgängen der Deportation zahlreicher nichtrussischer Völker herrschte in der sowjetischen Öffentlichkeit lange Zeit Stillschweigen. Fast ein halbes Jahrhundert verging, ehe die Beschränkungen zur Geheimhaltung entsprechender Dokumente aufgehoben und damit jene Informationen zu-

gänglich wurden, die eine Analyse der Zwangsumsiedlungen möglich machen.[47]
Insgesamt wurden auf Anweisung Stalins zwischen 1936 und 1949 3 241 236 Menschen deportiert, d.h. aus ihren angestammten Siedlungsgebieten vertrieben und in anderen Gebieten der Sowjetunion, vorrangig in Kazachstan und Mittelasien, angesiedelt. Mehr als 20 % der Deportierten[48] kamen aus Kaukasien. Zu ihnen gehörten die nordkaukasischen Čečenen und Ingušen (1944)[49], Karačajer (1944) und Balkaren (1943) (insgesamt 608 749) sowie die in Georgien lebenden Mes'cheten[50], Kurden und Chemšilen (1944) (insgesamt 94 955) (Deportacii..., 1992).
Das Schicksal der Deportation traf 1949 auch die in Armenien, Georgien und Azerbajdžan sowie im Küstengebiet des Schwarzen Meeres lebenden armenischen Mitglieder der Dašnak-Bewegung sowie Türken und Griechen (insgesamt 57 680) (Deportacii..., 1992, S. 164).
Erstere wurden der Kollaboration mit der deutschen Besatzungsmacht beschuldigt. Im Fall der Karačajer und Balkaren hatte es tatsächlich eine Zusammenarbeit mit den Deutschen gegeben. Die Bereitschaft der Bergvölker, auf das deutsche Kollaborationsangebot einzugehen, resultierte in erster Linie aus der antirussischen Einstellung dieser Völker. Zudem wurde ihnen »die Auflösung der Kolchosen nicht nur für die Zukunft versprochen«, sondern sie hatte bei den Viehzüchtern in den Bergen tatsächlich stattgefunden (*Simon* 1986, S. 226).
Andere Ursachen hatte die Deportation von Čečenen und Ingušen. Deutsche Truppen hatten lediglich den russisch besiedelten Landstreifen um Malgobek besetzt, das übrige Territorium der ASSR jedoch nie betreten. Vielmehr hoffte Stalin, durch eine Zwangsumsiedlung den Widerstand der čečenischen Stämme zu zerschlagen (*Benningsen Broxup* [ed.] 1992, S. 147). Sie hatten sich von Beginn an einer Sowjetisierung widersetzt; zu einer tatsächlichen Kollektivierung war es im čečenisch besiedelten Bergland nie gekommen.

---

47 1990 erschienen in der Zeitschrift »Moskovskie Novosti« (41/1990) und kurze Zeit später in der Monatsschrift »Istorija SSSR« im Zusammenhang mit der Veröffentlichung von Ausschnitten einer Geheimakte Stalins erstmals Angaben zur Anzahl der Vertriebenen und den Deportationsgebieten. Detaillierte Informationen enthält eine 1992 vom Institut für Ethnologie und Anthropologie der Russischen Akademie der Wissenschaften herausgegebene Zusammenstellung bisher geheimer Dokumente aus den Beständen des Zentralen Staatsarchivs der UdSSR (Deportacii narodov SSSR [1930-1950] [= Materialy k serii »Narody i Kul'tury«, vypusk XII], Moskva 1992).
48 In den entsprechenden Verfügungen werden die Deportierten als »Specposelency« (dt. »Migranten mit Sonderstatus«) bezeichnet.
49 (Jahr) = Jahr der Deportation.
50 Die Bezeichnung »Mes'cheten« ist in den entsprechenden Dokumenten nicht zu finden. Es ist jedoch anzunehmen, daß der Name »Turki« die ethnische Gruppe der Mes'cheten meint, insbesondere dann, wenn diese im Zusammenhang mit Georgien erwähnt werden.

Was die Mes'cheten, Kurden und Chemšilen betraf, so erfolgte ihre Umsiedlung (dem Wortlaut der entsprechenden Verfügung nach) »zum Zweck der Verbesserung der Bedingungen für die Verteidigung der Staatsgrenze im Bereich der Georgischen SSR« (Deportacii..., 1992, S. 55).

Der Deportation folgten erhebliche Veränderungen in der administrativen Struktur Nordkaukasiens, die nach der öffentlichen Rehabilitierung der deportierten Völker 1955/56 und dem kurze Zeit darauf verabschiedeten Gesetz »Über die Bestätigung der Verordnungen des Obersten Sowjets der UdSSR über die Wiederherstellung der nationalen Autonomien der Balkaren, Čečenen, Ingušen, Kalmyken und Karačajer« (Deportacii..., 1992, S. 98 f.) nicht in vollem Umfang rückgängig gemacht wurden.[51] Bis in die Gegenwart sorgen territoriale Verschiebungen und veränderte administrative Zuständigkeiten sowie veränderte ethnische Strukturen in einem Teil der früheren Siedlungsgebiete der deportierten Völker für Unruhen.

### 5.2.3.1 Der Prigorodnyj Rajon

Zu erheblichen territorialen Verschiebungen kam es bei der Restituierung der ASSR der Čečenen und Ingušen. Der östlich vom damaligen Ordžonikidze[52] gelegene Prigorodnyj Rajon (1990 75 300 Einwohner) - vor der Deportation eines der wichtigsten Siedlungsgebiete der Ingušen - verblieb bei Nordossetien, womit das Territorium der Ingušen administrativ zweigeteilt war. Vor der Deportation hatten etwa 60 % der Ingušen in diesem Kreis gelebt (*Koval'skaja* 1992, S. 20). Als »Entschädigung« wurde der ASSR der Čečenen und Ingušen ein größeres Gebiet nördlich des Terek angegliedert, was einem »Gebietsgewinn« von knapp 4000 qkm gegenüber 1944 entspach (*Conquest* 1970, S. 161) (Abb. 13). Dieses hinzugekommene Territorium ist heute auf entsprechenden Karten als čečenischer Siedlungsraum gekennzeichnet; von einer Entschädigung der Ingušen kann folglich keineswegs die Rede sein.

Die Ingušen sind bis heute nicht bereit, den Verlust ihres Siedlungsgebietes östlich des Terek hinzunehmen. Schließlich hatte die russische Administration bereits 1810 die Grenze zwischen ossetischem und ingušischem Territorium entlang des Terek festgelegt und damit den Ingušen das offizielle

---

51 Die Verordnungen zur Rehabilitierung (Dezember 1955 bis Juli 1956) schlossen keine Rückkehrerlaubnis in die früheren Siedlungsgebiete ein. Eine Rückkehr war für die nordkaukasischen Völker erst nach dem Beschluß über die Reorganisation der nationalen Gebietseinheiten (Februar 1957) möglich. Den transkaukasischen Mes'cheten ist eine Rückkehr in ihre Heimatgebiete in Südwest-Georgien bis heute offiziell nicht gestattet.
52 Seit 1860 trug die 1784 als Festung gegründete Stadt den Namen Vladikavkaz. 1931 erhielt sie den Namen Ordžonikidze, den sie, abgesehen von einer kürzeren Unterbrechung (1944-1957 Džaudžikau), bis zu ihrer Rückbenennung in Vladikavkaz 1992 trug.

Recht eingeräumt, »Wälder und Felder am rechtseitigen Ufer des Terek zu nutzen« (*Karpov* 1990, S. 29). Nachdem es seit den fünfziger Jahren immer wieder zu Auseinandersetzungen zwischen Osseten und Ingušen gekommen war, forderten die Ingušen 1989 öffentlich die Errichtung einer eigenen Republik sowie die Rückgabe des Prigorodnyj Rajon unter Einschluß des rechtseitigen Stadtteils von Ordžonikidze bzw. Vladikavkaz (*Šakina* 1991, S. 6). Die Situation spitzte sich zu, als am 24. Juni 1991 das »Gesetz zur Rehabilitierung der verfolgten Völker« in Kraft trat, das in Artikel 4 eine »territoriale Rehabilitierung« vorsieht (*Koval'skaja* 1992, S. 20).
Bis zur Bildung der ASSR der Čečenen und Ingušen 1934 war Vladikavkaz bzw. Ordžonikidze Hauptstadt sowohl des Nordossetischen AG als auch des AG der Ingušen. Die Verwaltungseinrichtungen beider Gebiete befanden sich entsprechend in den links bzw. rechts des Terek liegenden Stadtteilen. 1934 ging die Stadt vollständig in die Verwaltung der Nordossetischen ASSR über. Für die Ingušen war nun das auf čečenischem Territorium liegende Groznyj als Zentrum der gemeinsamen Republik verbindlich.
Nach den nicht immer verläßlichen Angaben der letzten Volkszählung 1989 lebten etwa 32 800 Ingušen in Nordossetien. Diese Zahl dürfte sich inzwischen stark verringert haben, da im Zusammenhang mit dem erneuten Aufflammen des Konflikts im Herbst 1992 etwa 35 000 Ingušen (vorläufig?) in das benachbarte Gebiet emigriert sind (FR v. 19. 1. 1993, S. 2).[53] Die Flucht zahlreicher Osseten aus Südossetien in die nördliche Nachbarrepublik hatte in den letzten Jahren ohnehin schon zu einer Verschiebung der demographischen Relation zwischen ossetischen und ingušischen Bevölkerungsanteilen geführt.
Nachdem sich Čečnien im November 1991 einseitig für unabhängig erklärt hatte und im Dezember 1992 der Beschluß über die Bildung einer Republik Ingušien vom Volksdeputiertenkongreß bestätigt worden war, ist die Situation für Ingušien keineswegs einfacher geworden. Das betrifft vor allem die relative Schlechterstellung des ingušischen Territoriums bezüglich der sozial-ökonomischen Infrastruktur. Die Hauptbetriebe der wichtigen Industriezweige der früheren ASSR (Erdöl- und Erdgasförderung sowie -verar-

---

53 Der Anfang November 1992 von Präsident El'cin verhängte Ausnahmezustand über Nordossetien und die Besetzung der umstrittenen Kreise durch russische Truppen hat zu einer neuerlichen Belastung der Beziehungen zwischen Čečnien und Rußland geführt. Präsident Dudaev rief die Generalmobilmachung aller männlichen Personen zwischen 17 und 55 Jahren und aller weiblichen Personen zwischen 20 und 40 Jahren aus und drohte bei einem weiteren Vordringen der russischen Truppen mit der Sprengung von Atomkraftwerken auf dem Territorium der Rußländischen Föderation (*Yemelyanenko* 1992, S. 5).

Abb. 13    Der Prigorodnyj Rejon

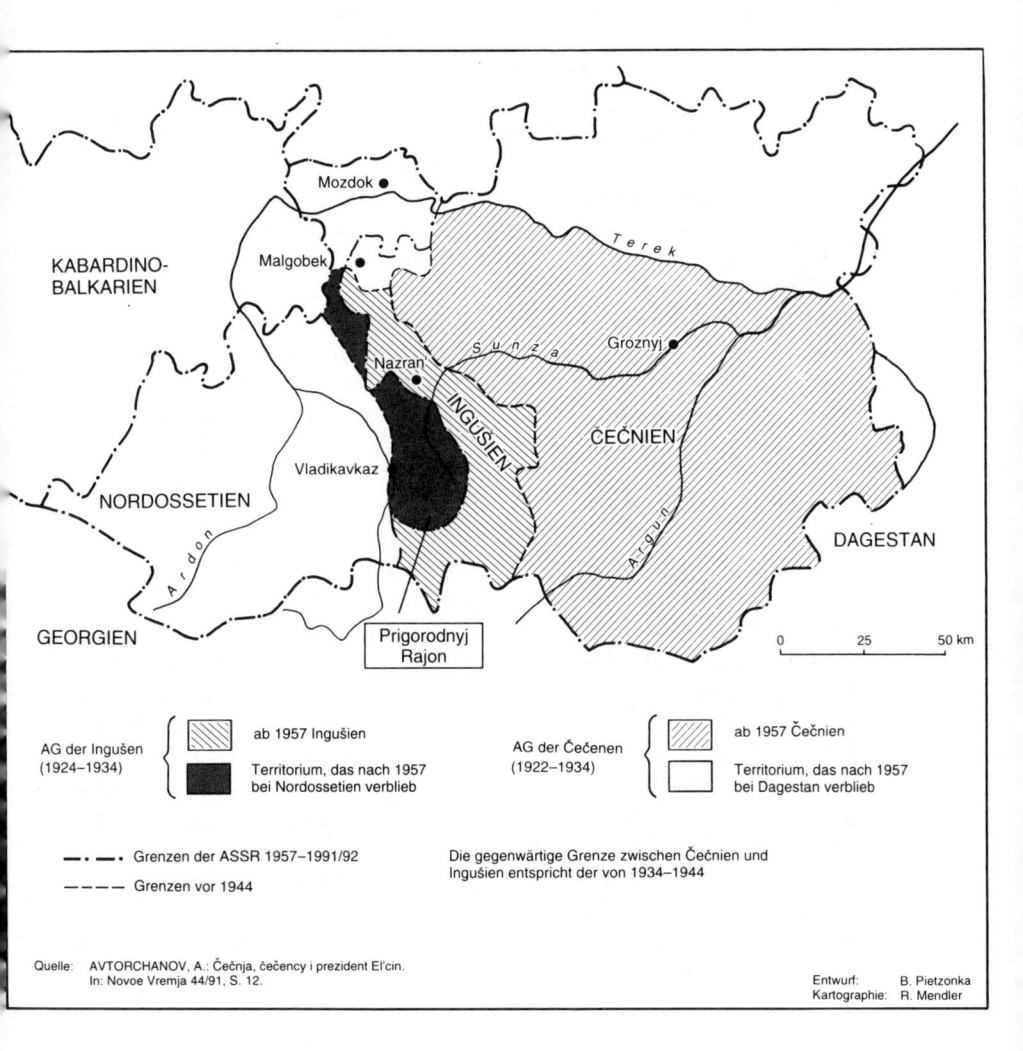

KABARDINO-BALKARIEN

Mozdok

Malgobek

Terek

Nazran

Sunza

Groznyj

INGUŠIEN

ČEČNIEN

Vladikavkaz

NORDOSSETIEN

Ardon

Argun

DAGESTAN

GEORGIEN

Prigorodnyj Rajon

0    25    50 km

AG der Ingušen
(1924–1934)

ab 1957 Ingušien

Territorium, das nach 1957
bei Nordossetien verblieb

AG der Čečenen
(1922–1934)

ab 1957 Čečnien

Territorium, das nach 1957
bei Dagestan verblieb

—·—· Grenzen der ASSR 1957–1991/92
– – – – Grenzen vor 1944

Die gegenwärtige Grenze zwischen Čečnien und
Ingušien entspricht der von 1934–1944

Quelle:  AVTORCHANOV, A.: Čečnja, čečency i prezident El'cin.
In: Novoe Vremja 44/91, S. 12.

Entwurf:    B. Pietzonka
Kartographie:    R. Mendler

beitung, Maschinenbau) befanden sich auf čečenischem Territorium.[54] Grozny, das bisherige Zentrum der gemeinsamen Republik ist jetzt die Hauptstadt Čečniens. Vorläufige Hauptstadt Ingušiens ist Nazran'; die Ingušen beharren allerdings auf der Rückgabe des rechtsufrigen Stadtteils von Vladikavkaz als Zentrum ihrer Republik. Differenzen zwischen Čečnien und Ingušien beziehen sich hauptsächlich auf den bislang nicht eindeutig geklärten Grenzverlauf zwischen beiden Republiken. Der Beschluß des Parlaments Čečniens zum Verlauf der Grenze, wonach Teile der hauptsächlich von Ingušen und Kosaken bewohnten Kreise Sunža, Nazran' und Malgobek an Čečnien fallen, wird von ingušischer Seite nicht akzeptiert. Zudem fordern die Kosaken im Kreis Sunža eine eigene Autonomie und den Anschluß an die Region Stavropol'.[55] Schließlich sind die Kabardiner in das Spannungsfeld Nordossetien-Ingušien-Čečnien verwickelt. Sie beanspruchen die Gebiete um Malgobek (Ingušien) und Mozdok (Nordossetien) und begründen ihre Forderungen mit dem Argument, daß diese Territorien ursprünglich zum Territorialbestand der Großen Kabardei gehörten.

### 5.2.3.2 Das Problem der Akkiner

1944 ebenfalls nach Kazachstan deportiert, kehrten die čečenischen Akkiner nach ihrer Rehabilitierung zunächst in die ASSR der Čečenen und Ingušen zurück. Ihr ursprüngliches Siedlungsgebiet, der nach der Deportation an Dagestan gefallene Kreis Auchovskij, war inzwischen in Novolakskij Rajon umbenannt und - wie der Name bereits andeutet - von dagestanischen Laken bewohnt, die aus dem Bergland umgesiedelt worden waren. Gegenwärtig leben etwa 4000 Laken in dem umstrittenen Kreis (MN[engl.] 20/90, S. 2). Zur Lösung des Problems wurde vorgeschlagen, die Laken aus dem Kreis Novolakskij in ein vorwiegend kumykisch bewohntes Gebiet nördlich der dagestanischen Hauptstadt Machačkala umzusiedeln. Allerdings scheint sich die Realisierung des Vorhabens »wegen fehlender Mittel« (*Leont'eva* 1993, S. 12) auf unbestimmte Zeit zu verzögern. Zudem erfährt die Nutzung ehemaliger kumykischer Weideflächen durch lakische Umsiedler von seiten der Kumyken kaum Zustimmung (*Stadelbauer* 1994, S. 34).

54 Im Zusammenhang mit der politisch instabilen Lage und der von Moskau verhängten Lieferblockade hat sich auch in Čečnien die wirtschaftliche Situation dramatisch verschlechtert. Ein Beispiel: Noch 1990 produzierte die Čečeno-Ingušische Republik 92 % des Flugmotorenöls der RSFSR. Seit der Einstellung der Erdöllieferungen aus den Gebieten Tjumen, Kuban' und Stavropol' muß Čečnien auf eigene Vorräte zurückgreifen.
55 Daß die konsequente Rückgängigmachung territorialer Veränderungen auch neue Probleme hervorbringen könnte, zeigt das Beispiel Čečniens. Entsprechend dem Grenzverlauf bis 1944 würden die Kreise nördlich des Terek, die der ASSR 1957 »als Entschädigung« angegliedert worden waren, dann wieder an die Region Stavropol' fallen.

Es bleibt zu hoffen, daß die angestrebte Beilegung des akkinisch-lakischen Problems kein neues - lakisch-kumykisches - induziert.

### 5.2.4 Exklaven und Enklaven

Zu den Besonderheiten der politischen Gliederung Kaukasiens gehört die Existenz zweier autonomer Einheiten, Nachičevan' und Nagornyj Karabach, die zwar mehrheitlich von Azeri bzw. Armeniern besiedelt, in bezug zur jeweiligen Mutterrepublik aber extraterritorial gelegen sind. Entsprechend der politischen Zuordnung beider Territorien besteht allerdings nur im Fall der Azerbajdžan zugeordneten Republik Nachičevan' eine Exklave. Das Gebiet Nagornyj Karabach ist nur im ethnischen Sinne eine armenische Exklave; politisch-administrativ untersteht es der Azerbajdžanischen Republik.

#### 5.2.4.1 Nagornyj Karabach (NKAO) [56]

Im Februar 1988 geriet das AG Nagornyj Karabach erstmals in die Schlagzeilen des Weltgeschehens. Der seit Jahren schwelende armenisch-azerbajdžanische Konflikt brach im Streit um die politische Zuordnung Nagornyj Karabachs mit unerwarteter Heftigkeit auf und führte zu den »mit Abstand schwersten inneren Unruhen in der Sowjetunion seit Stalins Tod« (*Simon* 1988, S. 1).

Bis zur (inoffiziellen) Aufhebung der Autonomierechte durch Baku im November 1991 besaß Nagornyj Karabach den Status eines »AG« und befand sich damit auf der untersten Stufe sowjetischer Autonomiehierarchie (wenn man von den autonomen Kreisen und Bezirken, die für Kaukasien ohnehin nicht von Bedeutung waren, absieht).

Zum Zeitpunkt der letzten Volkszählung im Januar 1989 hatte Nagornyj Karabach noch etwa 189 000 Einwohner, drei Viertel von ihnen Armenier. Inzwischen hat die Flucht tausender Azeri (ca. 40 000) und Armenier (ca. 90 000) zu einem starken Rückgang der Einwohnerzahl insgesamt geführt (*Cox, Eibner* 1993, S. 6).

Der armenische Bevölkerungsanteil ist ohnehin seit Jahren rückläufig. Betrug er zur Volkszählung 1926 noch 88,8 %, lag er 1959 bei 84,4 %, 1970 bei 80,5 % und sank auf 75,9 % im Jahre 1979 (*Simon* 1988, S. 1). Für diese Entwicklung sind im wesentlichen zwei Ursachen zu nennen: Zum einen wanderten Armenier aufgrund eingeschränkter beruflicher und sozialer Entwicklungsmöglichkeiten aus Nagornyj Karabach in die Armenische SSR

---

56 NKAO - Nagorno Karabachskaja Avtonomnaja Oblast'.

ab. Zum anderen erfolgte eine bewußte Ansiedlung von Azerbajdžanern. Ob letztlich auch unterschiedliche Geburtenraten für die Verschiebung der Bevölkerungsanteile zugunsten der Azeri verantwortlich sind, ist mit den zur Verfügung stehenden Werten nicht eindeutig belegbar. Die in der vorhandenen Statistik aufgeführten Geburtenraten beziehen sich auf die Gesamtbevölkerung einer Territorialeinheit und werden nicht getrennt nach ethnischen Gruppen angegeben. Demnach übersteigt die Geburtenrate der Bevölkerung Azerbajdžans etwa seit Ende der fünfziger/Anfang der sechziger Jahre die der Bevölkerung Armeniens. Die Werte für 1975, 1980 und 1985 weisen nur geringe Unterschiede auf. Erst die Ergebnisse der letzten Volkszählung lassen für Azerbajdžan eine deutlich höhere Geburtenrate im Vergleich zu Armenien erkennen (Tab. 8). Eine Gegenüberstellung der Bevölkerungsentwicklung bei Armeniern und Azeri im gesamtsowjetischen Maßstab[57] läßt auf eine höhere Geburtenrate der Azeri seit den sechziger Jahren schließen (Tab. 9). Allerdings ist diese Entwicklung nicht uneingeschränkt auf die regionale Ebene (Nagornyj Karabach) übertragbar.

Armenier und Azeri erheben gleichermaßen kompromißlos Anspruch auf das Gebiet. Die armenische Regierung verlangt von Azerbajdžan eine national-territoriale Autonomie für Nagornyj Karabach. Das Parlament Nagornyj Karabachs besteht auf einer von Azerbajdžan unabhängigen Republik. Azerbajdžan hat sich zwar für eine kulturelle, aber gegen eine territoriale Autonomie für die Armenier im NKAO ausgesprochen. Zur Begründung ihrer Ansprüche berufen sich beide Seiten auf die Geschichte, wobei jeweils

Tab. 8: *Geburtenraten in Armenien und Azerbajdžan 1940 bis 1989 (auf 1000 der Bevölkerung)*

|  | 1940 | 1950 | 1955 | 1960 | 1965 | 1970 | 1975 | 1980 | 1985 | 1989 |
|---|---|---|---|---|---|---|---|---|---|---|
| Armenien | 41,2 | 32,1 | 38,0 | 40,1 | 28,6 | 22,1 | 22,4 | 22,7 | 24,2 | 21,6 |
| Azerbajdžan | 29,4 | 31,2 | 37,8 | 42,6 | 36,6 | 29,2 | 25,1 | 25,2 | 26,6 | 26,4 |

Quelle: (Für 1940-1985) *Kozlov, V.*: The peoples of the Soviet Union. London, Melbourne, Sydney, Auckland, Johannesburg 1988, S. 123; (Für 1989) Narodnoe Chozjajstvo v 1989 godu. Moskva 1990, S. 38.

57 Da Außenwanderungen über die Staatsgrenze der UdSSR praktisch kaum von Bedeutung waren, ist ein Rückschluß von der Bevölkerungsentwicklung insgesamt auf den natürlichen Bevölkerungszuwachs möglich.

Tab. 9: *Bevölkerungsentwicklung bei Armeniern und Azeri in der Sowjetunion 1926-1989 (nach den Jahren der Volkszählungen)*

| | Angehörige in der Sowjetunion | | | | | Bevölkerungszuwachs | | | |
|---|---|---|---|---|---|---|---|---|---|
| | 1939 | 1959 | 1970 | 1979 | 1989 | 1939-1959 | 1959-1970 | 1970-1979 | 1979-1989 |
| | [10³] | | | | | [%] | | | |
| Armenier | 2152 | 2787 | 3559 | 4151 | 4623 | 29,5 | 27,7 | 16,6 | 11,4 |
| Azeri | 2275 | 2940 | 4380 | 5477 | 6770 | 29,2 | 49,0 | 25,0 | 23,6 |

Quelle: Zusammengestellt und berechnet nach: *Frey, U.:* Neue Ergebnisse der Volkszählung in der Sowjetunion vom 9. Januar 1939. In. Petermanns Geographische Mitteilungen (1940)9, S. 303 f.; Narodnoe chozjajstvo vo 1959 godu. Moskva 1960. Narodnoe chozjaistvo v 1970 godu. Moskva 1971. Nacional'nyj sostav naselenija SSSR po dannym Vsesojuznoj perepisi naselenija 1989 goda. Moskva 1990.

nur *die* historischen Fakten der territorialen und demographischen Entwicklung herangezogen werden, die den eigenen Anspruch am besten rechtfertigen.

Im Altertum gehörte Karabach[58] u.a. zum kaukasischen Albanien. Nach der albanischen Historiographie hat sich die Ethnogenese des azerbajdžanischen Volkes auf albanischem Territorium vollzogen, und Albaner waren an diesem Prozeß nicht unwesentlich beteiligt. Den daraus abgeleiteten Anspruch auf Nagornyj Karabach bekräftigt die azerbajdžanische Seite schließlich mit dem Hinweis, daß vor der armenischen Einwanderung nach Karabach im 19. Jahrhundert eine muslimische (azerbajdžanische) Bevölkerungsmehrheit im heute umstrittenen Gebiet bestand.

Die Armenier berufen sich auf die Existenz des armenischen Königreichs im letzten vorchristlichen Jahrhundert, das sich von der syrischen Mittelmeerküste bis zum Kaspischen Meer erstreckte und folglich auch die Karabach-Region einschloß. Tatsächlich konnten sich im Bergland von Karabach autonome armenische Fürstentümer auch dann noch halten, als Persien seine Herrschaft über weite Teile Transkaukasiens ausgedehnt hatte.

---

58 Das Territorium der NKAO umfaßt nur den südlichen Teil des historischen Chanats Karabag; der nördliche Teil hatte sich bereits im 17. Jahrhundert als Chanat Gjandža abgespalten.
Die Bezeichnung »Karabach« kommt aus dem Türkischen. Die Übersetzung als »Schwarzer Garten« (kara-›schwarz‹; bag-›Garten‹) ist allerdings umstritten (vgl. *Stadelbauer* 1988, S. 410). Der russische Zusatz »nagornyj« weist auf den Gebirgscharakter der Region hin. Die Armenier nennen das Gebiet »Arzach«.

Zu einer verstärkten Einwanderung von Armeniern nach Karabach kam es jedoch erst, als Rußland 1805/1813 große Teile Transkaukasiens, darunter auch das Bergland von Karabach, für sich gewonnen hatte und Armenier in mehreren Wellen aus den persisch besetzten Gebieten nach Norden wanderten. 1822 wurde das Chanat Karabach zu einer Provinz mit der Hauptstadt Šuša innerhalb des kaukasischen Generalgouvernements. 1868 folgte der Anschluß Karabachs an das Gouvernement Elizavetpol'. Vor allem durch die Zuwanderung von Armeniern aus Ostanatolien hatte sich das Gouvernement Elizavetpol' bis zur Oktoberrevolution zu einem armenisch-azerbajdžanischen Mischgebiet entwickelt und wurde nun von den 1918 gegründeten Republiken Armenien und Azerbajdžan gleichermaßen beansprucht (*Auch* 1922, S. 17).

Im Dezember 1920 erklärte der Vorsitzende des Volkskommissariats der inzwischen proklamierten Azerbajdžanischen SSR zwar den Verzicht auf Zangezur, Nachičevan' und Nagornyj Karabach zugunsten der Armenischen SSR, doch schon ein Vierteljahr später kam es zu einer für Armenien bis heute inakzeptablen Lösung (*Arutjunjan* 1990, S. 14). Um eine Besserung der russisch-türkischen Beziehungen bemüht, schloß Rußland am 16. März 1921 einen Freundschaftsvertrag mit der Türkei. (Ausschlaggebend war dabei wohl auch, daß Moskau sich vom Regime Kemal Paschas eine sozialistische Entwicklung versprach.) Die drei westarmenischen Provinzen Kars, Ardahan und Artvin wurden endgültig an die Türkei abgetreten. Nachičevan' erhielt einen Autonomiestatus unter azerbajdžanischer Oberhoheit. Nagornyj Karabach wurde ebenfalls Azerbajdžan zugeteilt und am 7. Juli 1923 per Dekret als AG konstituiert. Hauptstadt des Gebietes wurde das in Stepanakert umbenannte Chankendy. Armenien erhielt lediglich Zangezur und ein etwa 9000 qkm großes Territorium zwischen Karabach und Nachičevan' (*Auch* 1992, S. 19).

Die Frage nach den Hintergründen des armenisch-azerbajdžanischen Konflikts bliebe bei einer Beschränkung auf historische Fakten nur unvollständig beantwortet. Die eigentlichen Ursachen des Konflikts liegen zwar in der besonderen Struktur politisch-territorialer Zuständigkeiten in der Region. Für die Explosion der national-territorialen Differenzen zwischen Armeniern und Azerbajdžanern sind in erster Linie aber sozialökonomische Mißstände und politisch-ideologische Entwicklungen der letzten Jahre verantwortlich.

Das Ringen um beruflichen und damit sozialen Aufstieg wurde auf die interethnischen Beziehungen übertragen. Dies gilt nicht nur für Nagornyj Karabach, sondern für das gesamte städtische Milieu Azerbajdžans, wo 1989 noch 72 % der in der Republik lebenden Armenier wohnten (*Auch* 1992, S. 23). Allgemein gelten die Armenier gegenüber den Azerbajdžanern als wirtschaftlich überlegen, zumindest hat »eine gewisse Überheblichkeit der

Armenier gegenüber den Azerbajdžanern im Wirtschaftsleben Tradition« (*Stadelbauer* 1989, S. 432). Tatsächlich waren die in Azerbajdžan lebenden Armenier in den höheren Einkommensschichten anteilmäßig stärker vertreten als die Azerbajdžaner (*Auch* 1992, S. 23). Zudem lag die Verstädterungsrate bei den Armeniern in Azerbajdžan (1979: 75,6 %) über der der Azerbajdžaner (46,0 %) und auch qualitative Merkmale einer Verstädterung sind bei Armeniern stärker ausgeprägt.

Eine sprachliche Annäherung zwischen Armeniern und Azeri hat so gut wie nicht stattgefunden. 1989 beherrschten 7 % der in Azerbajdžan lebenden Armenier die azerbajdžanische Sprache. Lediglich 1,2 % der Azeri gaben an, eine »andere Sprache«[59] (außer Russisch) als Erstsprache zu sprechen bzw. als Zweitsprache zu beherrschen. In Nagornyj Karabach lag der azerbajdžanisch sprechende armenische Bevölkerungsanteil bei 0,3 %, und etwas mehr als 2 % der Azeri in Nagornyj Karabach waren des Armenischen mächtig.

Die Vorwürfe der armenischen Bevölkerung Nagornyj Karabachs gegen die azerbajdžanische Regierung beziehen sich hauptsächlich auf die ungenügende Berücksichtigung wirtschaftlicher und sozialer Belange in der Region. Auch die offizielle Statistik belegt, daß die Kapitalinvestitionen je Einwohner in Nagornyj Karabach deutlich niedriger waren als in Nachičevan' und in der Azerbajdžanischen Republik (Tab. 10). Zudem lag der Schwerpunkt der Investitionen in Nagornyj Karabach auf dem Ausbau der

Tab. 10: *Kapitalinvestitionen in Azerbajdžan und in Nagornyj Karabach 1961 bis 1984 (in 1000 Rbl.)*

| Zeitraum | Azerbajdžan | Nag. Karabach | Rubel je Ew. | |
|---|---|---|---|---|
| | 1000 Rbl. | 1000 Rbl. | Azerbajdžan | Nag. Karabach |
| 1961-1965 | 4142000 | 40000 | 0,196 | (0,058) |
| 1966-1970 | 5729000 | 112000 | 0,234 | (0,153) |
| 1971-1975 | 7382000 | 139000 | 0,272 | 0,182 |
| 1976-1980 | 10099000 | 153000 | 0,341 | 0,192 |
| 1981-1984 | 10823000 | 149000 | 0,429 | 0,225 |

Quelle: Werte entnommen bei *Stadelbauer, J.*: Arzach - Völker und Verwaltungsgrenzen in Sowjet-Kaukasien. In: Ostmittel- und Osteuropa. Beiträge zur Landeskunde. Festschrift für A. Karger, T.1. Tübingen 1989 (= Tübinger Geographische Studien 102, Sonderbd. 18), S. 432.

59 Das Armenische ist in dieser Kategorie enthalten.

Kraftwerkskaskade am Terter, d.h. einem »azerbajdžanischen« Projekt, das nicht der Regionalwirtschaft des Gebietes dient.
Nagornyj Karabach verfügt nur über wenige Rohstoffvorkommen. Sie beschränken sich im wesentlichen auf Kalk und Marmor, die die Rohstoffgrundlage der Bauindustrie mit Standorten in Chankendy (Stepanakert) und Madarkert bilden. Unter den Industriezweigen dominieren die rohstoffverarbeitenden, so daß der größte Teil der Industrieproduktion die Region wieder verläßt. Viele Betriebe waren nur Zweigstellen größerer Unternehmen in Baku oder Sumgait. Hinzu kommt eine denkbar schlechte Verkehrsanbindung Nagornyj Karabachs. In westlicher Richtung führt nur eine Bergstraße über Lačin nach Armenien, nach Osten gibt es neben ein paar Straßen eine einspurige Eisenbahnlinie.
Aus armenischer Sicht belastet auch eine bewußte Unterdrückung des »Armenischen« die interethnischen Beziehungen. So existiert in Nagornyj Karabach kein Verlag, der armenisch-sprachige Literatur herausgibt. Lange Zeit war es den Armeniern Nagornyj Karabachs nicht möglich, ein Fernsehprogramm in ihrer Muttersprache zu empfangen; dafür wurden zwei Programme des iranischen Fernsehens ausgestrahlt.
Die Mehrzahl der historisch wertvollen armenischen Denkmäler auf dem Territorium Nagornyj Karabachs ist nicht in der Denkmalschutzliste enthalten. Nach armenischen Angaben sollen Kreuzsteine (chačkary) sogar als Baumaterial genutzt worden sein. In den Pässen der Armenier Nagornyj Karabachs finden sich keine Eintragungen in armenischer Sprache; in den neueren Ausgaben taucht die Bezeichnung »Nagornyj Karabach« überhaupt nicht mehr auf (frdl. Mitteilung *H. Sarkisjan,* Jan. 1992).
Mögen derartige Dinge auch nicht von existentieller Bedeutung für die armenische Bevölkerung Nagornyj Karabachs sein, so erfahren sie angesichts des gespannten armenisch-azerbajdžanischen Verhältnisses eine derartige Aufwertung, daß sie zum Anlaß spontaner Auseinandersetzungen werden.
Bereits 1962, 1965, 1967 sowie 1986/87 hatten die Armenier Nagornyj Karabachs auf die ökonomische und ethnisch-kulturelle Benachteiligung hingewiesen und einen politischen Anschluß des Gebietes an die Armenische SSR gefordert (*Arutjunjan* 1990, S. 32). Nachdem Ende 1987/Anfang 1988 drei armenische Delegationen aus Karabach ergebnislos um eine Lösung der »Karabach-Frage« gebeten hatten, kam es am 12. Februar 1988 in Stepanakert zu Demonstrationen, die sich schnell auf andere Orte in Karabach und auch auf Armenien ausbreiteten. Ein von Zentralkomitee und Ministerrat der UdSSR beschlossenes Wirtschafts- und Sozialprogramm blieb ohne Wirkung. Weder der Einmarsch sowjetischer Truppen, noch die Einführung einer Sonderverwaltung, die Nagornyj Karabach direkt Moskau unterstellte, konnten die gegeneinander aufgebrachten Seiten zur Ruhe brin-

gen. Die azerbajdžanische Blockade führte zu einer Versorgungskatastrophe in Nagornyj Karabach. Abwechselnd änderten die armenische und die azerbajdžanische Seite den politischen Status des Gebietes (vgl. Abschn. 4.2.2).
Seit der Eroberung der Stadt Lačin durch armenische Truppen und der Errichtung eines armenisch kontrollierten Korridors zwischen Nagornyj Karabach und Armenien dehnen sich die Unruhen immer weiter auf azerbajdžanisches Territorium außerhalb Nagornyj Karabachs aus. Mit der Einnahme der Stadt Kel'badžar im April 1993 schufen die Armenier einen zweiten Korridor. Durch das Vorrücken armenischer Verbände auf die Stadt Fizuli südöstlich von Nagornyj Karabach Ende August 1993 wurde die Bevölkerung in den Südwestprovinzen Azerbajdžans nahezu eingekesselt. Alle UN-Resolutionen, die eine Einstellung der Kämpfe bzw. einen Rückzug der armenischen Truppen fordern, blieben bislang ohne Erfolg. Ein zusätzliches Problem bildet die umstrittene administrative Zuordnung des nördlich von Nagornyj Karabach gelegenen Kreises Šaumjanovsk. Bis 1928 hatte der Kreis zur NKAO gehört, danach bestand er als administrative Einheit innerhalb der Azerbajdžanischen SSR. Die Forderung, das mehrheitlich von Armeniern bewohnte Territorium wieder der NKAO zuzuordnen, wurde von azerbajdžanischer Seite abgelehnt. Im Januar 1991 unterstellte Baku den Kreis unter die administrative Verwaltung des hauptsächlich azerbajdžanisch bewohnten Kreises Geranboj (früher Kasum-Ismailovo) (Report on the USSR, 24 May 1991).
Der Konflikt um Nagornyj Karabach ist längst nicht mehr auf die Region Transkaukasien beschränkt. Das zeigen nicht nur die Flüchtlingsströme aus dem südwestlichen Teil Azerbajdžans in den Iran. Auch die Drohung der Türkei, militärisch in den Konflikt einzugreifen, sowie die Verstärkung iranischer Streitkräfte an der Grenze zu Azerbajdžan lassen die internationale Dimension des Konflikts erkennen.

### 5.2.4.2 *Nachičevan'*

Mit der azerbajdžanischen Exklave Nachičevan' existiert in Transkaukasien ein zweites Territorium, dessen politische Zuordnung von armenischer Seite angefochten wird.
Die im äußersten Süden Kaukasiens gelegene (autonome) Republik Nachičevan' ist im Norden und im Osten von armenischem Territorium umgeben und somit vom azerbajdžanischen Staatsgebiet getrennt. Im Süden und im Westen grenzt die Republik auf einer Strecke von 160 km an die ebenfalls azerbajdžanisch besiedelte iranische Provinz Azarbaijan-Bakhtari; die gemeinsame Grenze mit der Türkei ist nur 12 km lang.
Nachičevan' gehörte wie Nagornyj Karabach und Ostanatolien zum Territo-

rialbestand des einstigen Groß-Armenien und war bis zur Jahrhundertwende überwiegend von Armeniern bewohnt. 1914 betrug ihr Anteil an der Bevölkerung noch 50 %. Heute sind die 270 000 Einwohner der Republik fast vollständig Azeri; 1979 machten die Armenier in Nachičevan' gerade noch 2,1 % der Bevölkerung aus. In den Angaben der letzten Volkszählung 1989 sind sie für die AR Nachičevan' gar nicht mehr enthalten. Ein armenischer Anspruch auf das Territorium der Republik ist daher aus heutiger Sicht als unrealistisch zu bewerten.

Dennoch kam es im Frühjahr 1992 zu armenischen Angriffen auf nachičevanisches Territorium, nachdem im Gegenzug zur azerbajdžanischen Blockade die durch Armenien führende Verbindung zwischen Nachičevan' und Azerbajdžan unterbrochen worden war.

Mutmaßungen über ein Eingreifen der Türkei in die armenisch-azerbajdžanischen Kampfhandlungen haben sich bisher nicht bestätigt. Allerdings vertreten nicht wenige Politiker in der Türkei, u.a. die türkische Ministerpräsidentin Ciller die Ansicht, daß ein armenischer Angriff auf das Territorium Nachičevans für die Türkei der casus belli sei. Immerhin hatte sich die Türkei bereits im Friedensvertrag von 1921 das Recht auf Mitsprache bei einer Änderung des Status von Nachičevan' bzw. auf Intervention bei einem Angriff auf dieses Gebiet gesichert (*Auch* 1992, S. 19).

Nachičevan', das im Januar 1990 als erste der autonomen Republiken einseitig seine Eigenständigkeit als Republik beschlossen hatte, was weder von Baku noch von Moskau anerkannt wurde, wird sich aufgrund seiner nur gering entwickelten Wirtschaftsstruktur und der extraterritorialen Lage zu Azerbajdžan wirtschaftlich ohnehin sehr stark auf den Iran und die Türkei orientieren müssen. Neben einer rohstoffverarbeitenden Industrie (Nichteisenerze, Steinsalz), deren Produktion die Region zum großen Teil wieder verläßt, konzentriert sich die Landwirtschaft auf den Anbau von Baumwolle, Tabak, Obst und Wein.

5.3   *Ethnische und territoriale Inkongruenzen der Autonomiehierarchie*

5.3.1   *Autonomiestatus und politisch-territoriale Zugehörigkeit*

Neben der fehlenden Übereinstimmung von ethnischen Siedlungsräumen und politisch-territorialen Strukturen bildet die Hierarchie autonomer Territorialeinheiten einen weiteren Ursachenkomplex interethnischer Auseinandersetzungen. Insbesondere die Völker, denen territoriale Autonomie nur in einer rangniederen Form gewährt worden war, sehen sich im Vergleich zur andersethnischen Titularnation der übergeordneten Territorialeinheit sowohl in den Möglichkeiten nationalkultureller Entwicklung als auch in ihrer politischen und wirtschaftlichen Entscheidungskompetenz erheblich beeinträchtigt. Für die autonomen Gebiete der Rußländischen Föderation, darunter auch für das AG der Adyge und das AG der Karačajer und Čerkessen, bestätigte der Föderationsvertrag vom März 1992 die Aufwertung des politischen Status zur Republik sowie die Gleichberechtigung aller national-territorialen Einheiten als »Subjekte der Föderation«. Ob sich daraus für die jeweilige Bevölkerung tatsächlich ein »Mehr« an nationalen Entwicklungsmöglichkeiten ergeben wird, bleibt abzuwarten. Die Aufwertung des politischen Status des AG der Adyge zu einer (autonomen) Republik, in deren Folge sozusagen ein »administratives Loch« innerhalb der Region Krasnodar entstanden ist, und die (inoffizielle) Aufspaltung der Republik der Karačajer und Čerkessen in fünf Gebiete zeigen, wie kompliziert die politisch-territoriale Regelung der Statusfragen im einzelnen ist. Hinzu kommt, daß Forderungen nach Erhöhung des bestehenden Status teilweise auch mit Forderungen nach Veränderung der bestehenden politisch-administrativen Zuordnung verbunden sind. Für die Völker in den autonomen Gebietseinheiten ist die Frage der Selbstbestimmung über das eigene Territorium in den Mittelpunkt gerückt und diese versuchen sie, zunächst durch eigenmächtige Souveränitäts- und Unabhängigkeitserklärungen zu verwirklichen. Was die autonomen Gebietseinheiten in Azerbajdžan und Georgien betrifft, haben die Differenzen zwischen den Titularnationen der übergeordneten Einheiten und den jeweils inkorporierten Gebietskörperschaften in drei Fällen (Nagornyj Karabach, Abchazien, Südossetien) bereits zu heftigen Unruhen geführt.

### 5.3.1.1 *Südossetien*

Die Besonderheit im Fall der ossetischen Territorien liegt darin, daß mit der Nordossetischen ASSR und dem Südossetischen AG für eine ethnische Gruppe zwei Territorialeinheiten mit verschiedenem Autonomiestatus geschaffen worden waren, die sich zudem in ihrer politisch-territorialen Zuordnung unterscheiden: Nordossetien gehört zur Rußländischen Föderation während Südossetien der Republik Georgien untersteht.[60] In beiden

---

60 Diese politisch-territoriale Zuordnung ossetischer Territorien ist nicht neu. Bereits 1842 wurde durch die russische Regierung im Zusammenhang mit der administrativen Aufteilung der hinzugewonnenen georgischen Territorien im nördlichen Teil Ostgeorgiens ein Bezirk Ossetien geschaffen, der jedoch 1859 wegen politischer Unruhen wieder aufgelöst werden mußte. (Der die ossetischen Siedlungsgebiete in Nordkaukasien umfassende administrative Bezirk blieb bestehen.) (*Gelaschwili* 1993, S. 37.)

Einheiten bilden Osseten die Bevölkerungsmehrheit (1989: Nordossetien 53 %, Südossetien 66 %); sie stehen aber einer relativ starken russischen (Nordossetien) bzw. georgischen (Südossetien) Gruppe gegenüber, deren Bevölkerungsanteil 1989 jeweils 30 % betrug.
Obwohl sich die nördlichen Osseten einem russischen Assimilationsdruck nicht entziehen konnten, ist das Verhältnis zwischen beiden Bevölkerungsgruppen ausgeglichen. Daß die georgisch-ossetischen Beziehungen hingegen äußerst gespannt sind, beweisen nicht erst die jüngsten Auseinandersetzungen. Bereits zur Zeit der unabhängigen Republik Georgien (1918 bis 1921) hatten sich die Osseten gegen die Georgier auf die Seite der bolschewitischen Interventionstruppen gestellt.
Seit dem Ende der achtziger Jahre fordert Südossetien öffentlich die Aufwertung des autonomen Gebietes zu einer (autonomen) Republik bzw. die Vereinigung mit Nordossetien innerhalb der Rußländischen Föderation. Die georgische Seite weist jegliche Ansprüche zurück. Sie betrachtet die Osseten als »Gäste«, die erst seit dem 17. Jahrhundert auf georgischem Territorium, dem »Schida Kartli« (etwa »nördliches Georgien«) siedeln. Ossetische Historiker datieren das Erscheinen der Osseten auf der Südseite des Kaukasushauptkammes hingegen auf das 12. Jahrhundert, einige gar auf das 8. Jahrhundert (*Šakina* 1991, S. 8).
Zwischen 1989 und 1991 führte die Kollision beider Ansprüche zu heftigen Unruhen. Die eigenmächtige Aufwertung des politischen Status zu einer Republik durch den Gebietssowjet Südossetiens am 10. November 1989 provozierte die georgische Nationalbewegung zu einer Protestaktion, in deren Folge es zu ersten Zusammenstößen zwischen Georgiern und Osseten auf südossetischem Territorium kam. Als Reaktion auf die Souveränitätserklärung Georgiens im März 1990 erklärte sich Südossetien ein halbes Jahr später (20. September 1990) - wiederum im Alleingang - zur Demokratischen Republik innerhalb der zu diesem Zeitpunkt noch bestehenden UdSSR. Daraufhin beschloß die georgische Regierung im Dezember 1990 ein Gesetz über die Auflösung des Südossetischen AG. Eine im März 1991 auf dem Volksdeputiertenkongreß der RSFSR angenommene Resolution, die Georgien aufrief, die südossetische Autonomie wiederherzustellen und die Blockade Cchinvalis zu beenden, fand in Tbilisi kein Gehör, zumal Gamsachurdia schon kurz nach seinem Amtsantritt als Präsident den Osseten lediglich das Recht auf eine national-kulturelle Autonomie zugebilligt hatte (*Fuller* 1992[a], S. 4). Zwei weitere Anträge Südossetiens vom Mai

---

Allerdings gibt es einen wesentlichen Unterschied: Während der von der zaristischen Regierung eingerichtete Bezirk nur die ossetischen Siedlungen zusammenfaßte, war das Territorium des 1920 gebildeten AG Südossetien bedeutend größer und schloß auch georgische Dörfer ein (*Gelaschwili* 1993, S. 39).

und Dezember 1991, das Gebiet unter die Verwaltung der RSFSR zu stellen, wurden von georgischer Seite ebenso vehement abgelehnt.[61]
Daß die Flucht großer Teile der südossetischen Bevölkerung in die nördliche Nachbarrepublik zu einer Verschiebung des Verhältnisses zwischen dem ossetischen und dem georgischen Bevölkerungsanteil zugunsten des letzteren geführt hat, ist kaum anzunehmen, da bis zum April 1992 über 20 000 Georgier aus dem autonomen Gebiet in südlichere Landesteile geflohen waren (*Halbach* 1992, S. 26). Mit Sicherheit aber ist es zu einer Verschiebung der ossetisch-ingušischen Bevölkerungsproportion zugunsten der Osseten im umstrittenen Prigorodnyj Rajon gekommen, was eine Beilegung des Territorialstreits zwischen den beiden Völkern erschwert.

Eine zusätzliche Aufwertung erhält der ossetisch-georgische Konflikt durch die Tatsache, daß die einst innersowjetische Grenze zwischen der Rußländischen Föderation und der Republik Georgien inzwischen den Status einer Staatsgrenze besitzt. Die Bildung einer gemeinsamen ossetischen Republik würde somit immerhin einen Wechsel der staatlichen Zugehörigkeit Südossetiens bedeuten, was nur mit dem Einverständnis der politischen Führungen beider beteiligter Staaten möglich wäre.

### 5.3.1.2 *Abchazien*

1992 eskalierte der abchazisch-georgische Streit um die politische Zuordnung der Schwarzmeerrepublik zu einem blutigen Krieg. Abchazien, das nach dem Unionsvertrag von 1922 als »vertragliche SSR« im Bestand der Georgischen Republik der Transkaukasischen Föderation angehört hatte und damit Moskau und Tbilisi gleichermaßen unterstellt war, wurde 1930 als autonome Republik, also mit einem herabgesetzten Autonomiestatus, endgültig Georgien eingegliedert. Diese von abchazischer Seite nie akzeptierte Regelung setzte das legitim gewählte Parlament der Schwarzmeerrepublik im Juli 1992 einseitig außer Kraft, als es die Wiedereinführung der Verfassung von 1925 beschloß, die den Status von 1922 festschreibt und Abchazien als SSR ausweist (FR v. 19. 8. 1992, S. 2). Georgien wertet diesen Schritt als Verletzung seiner territorialen Integrität, zumal Abchazien den Wunsch geäußert hat, als Republik der Rußländischen Föderation beizutreten.

Im Zusammenhang mit der Annahme neuer Verfassungen der Unionsrepubliken hatte Abchazien bereits 1978 den Wunsch geäußert, aus der Ge-

---

61 Nach Zusammenstößen zwischen georgischen und russischen Truppen konnte im Frühsommer 1992 mit dem Abkommen von Dagomys eine weitere Zuspitzung des Konflikts zwischen Moskau und Tbilisi verhindert werden. Zwar blieb das Abkommen bisher ohne die Unterschrift Südossetiens, mit der Einrichtung gemeinsamer Friedenstruppen ist es aber immerhin zu einer relativen Beruhigung der Situation gekommen (*Gerber* 1992, S. 3).

orgischen SSR auszutreten und in die RSFSR aufgenommen zu werden. Tbilisi reagierte darauf mit der Gründung einer Abchazischen Universität in Suchumi 1979 und der Schaffung von Möglichkeiten für die Ausstrahlung abchazischer Fernsehsendungen. Nachdem sich 1988 Vertreter der abchazischen Nationalbewegung mit einem Schreiben an die XIX. Parteikonferenz der KPdSU gewandt hatten, in dem sie darum baten, Abchazien von Georgien zu lösen und in den Status einer SSR zu heben (*Gelaschwili* 1993, S. 88), wurde im März des darauffolgenden Jahres auf einer Zusammenkunft tausender Abchazen in Lychny eine entsprechende Resolution an M. Gorbačev verabschiedet (*Mikadze* 1992, S. 5). Nur kurze Zeit darauf löste der Beschluß des Ministerrats der Georgischen SSR über die Gründung einer georgischen Filiale der Staatlichen Universität Tbilisi in Suchumi heftige Protestaktionen auf abchazischer Seite aus, die im Juli 1989 in schweren Zusammenstößen zwischen Abchazen und Georgiern gipfelten (*Gelaschwili* 1993, S. 93 ff.).
Fragwürdige Aktionen wie die mit abchazischem Einverständnis erfolgte Versetzung sowjetischer Fallschirmjägereinheiten nach Suchumi im Mai 1991 (*Halbach* 1992, S. 25) verstärkten die abchazisch-georgischen Differenzen, denen der nationalistische Führungsstil Gamsachurdias zwischen Oktober 1990 und Januar 1992 ohnehin erheblichen Vorschub leistete.

Obwohl die Geschichte Abchaziens eng mit der Georgiens verbunden ist, sind die abchazischen Ansprüche historisch durchaus begründbar. Vor der Vereinigung mit Georgien im 10. Jahrhundert bestand ein unabhängiges abchazisches Königreich, 1810 - immerhin neun Jahre nach Georgien - wurde Abchazien russisches Protektorat und befand sich seit seiner Eingliederung in das Russische Reich 1864 bis zur Proklamation der Abchazischen SSR 1922 unter direkter russischer Verwaltung.
Abgesehen von der historischen Entwicklung territorialer Zuständigkeiten stehen in sprachlicher Hinsicht die Abchazen den Čerkessen und Kabardinern näher als den Georgiern, da sie ethnolinguistisch der nordkaukasischen Sprachgruppe zuzuordnen sind, während die Georgier zur südkaukasischen Sprachgruppe gehören. In der Glaubensrichtung unterscheiden sich die Abchazen von den überwiegend christlichen Georgiern nur bedingt. Etwa je zur Hälfte sind die Abchazen georgisch-orthodoxe Christen und sunnitische Muslime (*Benningsen, Wimbush* 1979, S. 216).[62]
Brisant ist die ethnische Zusammensetzung der Bevölkerung Abchaziens. Nach quantitativen Gesichtspunkten bilden die Abchazen in ihrer Republik

---

62 Das genannte quantitative Verhältnis zwischen christlichen und muslimischen Abchazen bezieht sich ausschließlich auf die Abchazische Republik. Die in der Türkei lebenden Abchazen sind überwiegend Muslime.

mit einem Bevölkerungsanteil von nur 18 % (1989) eine Minderheit. Dem stand zum Zeitpunkt der letzten Volkszählung ein georgischer Bevölkerungsanteil – überwiegend Mingrelier – von etwa 45 % gegenüber. Russen und Armenier waren 1989 mit je 14 % vertreten (Abb. 14). (Die Flüchtlingsbewegungen im Zusammenhang mit den abchazisch-georgischen Auseinandersetzungen 1992/93 haben wahrscheinlich zu einer Veränderung dieser Proportionen geführt.)
Die Hauptursache der Zunahme des georgischen Bevölkerungsanteils seit der zweiten Hälfte des 19. Jahrhunderts sind unterschiedliche Bevölkerungsbewegungen. Zwischen 1840 und 1878 wurden mehr als 100 000 Abchazen (und Abazinen) in mehreren Etappen in die Türkei umgesiedelt[63], während seit Mitte der sechziger Jahre des vorigen Jahrhunderts Georgier (vorrangig Mingrelier) und Russen, in geringerem Maße Griechen, Esten und Deutsche[64] angesiedelt wurden (INAL-IPA 1990, S. 44). Die Deportationen betrafen die abchazische und abazinische Bevölkerung vor allem im Norden und Nordwesten Abchaziens. Die Ansiedlung der »neuen Bevölkerung« erfolgte zum großen Teil in den Städten entlang der Küste (Suchumi, Anaklia, Očamčira, Novyj Afon, Gudauta, Picunda, Gagra). Neben zahlreichen Neugründungen von Siedlungen wurden vielfach auch abchazische Ortsbezeichnungen durch russische ersetzt.
Moskau verfolgte mit dieser Politik nicht nur die »wirtschaftliche Eroberung« der hinzugewonnenen Territorien, sondern hatte auch die Errichtung neuer russischer Militärstützpunkte an der strategisch günstigen Schwarzmeerküste Abchaziens im Visier. Die Umsetzung dieser Ziele erforderte im Zusammenhang mit einer Russifizierung eben auch die Ansiedlung einer »im politischen Sinne verläßlichen (-russischen-, B.P.) Bevölkerung« (INAL-IPA 1990, S. 45). Den Abchazen war im Fall einer Rückkehr aus der Türkei die Ansiedlung an der Küste untersagt.
Im Süden Abchaziens begann mit der Einwanderung von Mingreliern schon vor der russischen Eroberung die Herausbildung einer ethnischen Mischbevölkerung; eine zunehmende Assimilation der ansässigen abchazischen Bevölkerung an die Mingrelier war die Folge. Als Migrationsstimuli wirkten dabei sowohl die relative Landknappheit in Mingrelien als auch der Ausbruch von Epidemien, so der Pest 1811 in Imeretien, Gurien und Mingre-

---

63 Ein Teil der Abchazen ließ sich im Gebiet Batumi nieder, das die türkische Regierung seit 1866 an abchazische Emigranten verpachtete. Gegen Ende des 19. Jahrhunderts lebten im Gebiet Batumi ca. 100 000 Abchazen (*Inal-Ipa,* 1990, S. 44). Es ist anzunehmen, daß es sich bei den heute in der Adžarischen Republik lebenden Abchazen um Nachfahren dieser Emigranten handelt. Für die Adžarische SSR, die den nördlichen Teil des ehemaligen Gebietes Batumi umfaßt, sind in den Ergebnissen der Volkszählung von 1979 1508 Abchazen genannt.
64 In der Umgebung von Suchumi entstanden 1879 drei deutsche Siedlungen: Gnadenberg, Lindau und Neidorf (*Inal-Ipa* 1990, S. 49).

133

lien. Nicht zuletzt beeinflußte der Verkauf von Bauern an abchazische Adlige und die Gefangennahme mingrelischer Bauern durch abchazische Feudalherren bis zur Aufhebung der Leibeigenschaft (1866 in Mingrelien, 1870 in Abchazien) die ethnische Bevölkerungsproportion im südlichen Abchazien.

Hauptsächlich mingrationsbedingt war das Wachstum des georgischen Bevölkerungsanteils auch in sowjetischer Zeit. Das zeigt ein Vergleich der Werte der Bevölkerungszunahme bei Abchazen und Georgiern für Abchazien und für die gesamte Sowjetunion.[65] Danach lag zwischen den Volkszählungen 1926 und 1970 in Abchazien die Bevölkerungszunahme bei Georgiern z.t. beträchtlich über und bei Abchazen (bis 1989) geringfügig unter dem Zunahmewert für die gesamte Sowjetunion (Abb. 15). Das absolute Bevölkerungswachstum zeigt bei Georgiern und Abchazen sowohl im Gesamtzeitraum 1926 bis 1989 als auch für die Abschnitte zwischen den Volkszählungen positive Werte. Relativ gesehen sank der abchazische Bevölkerungsanteil von 28 % im Jahr 1926 auf 18 % im Jahr 1989. Der Anteil der georgischen Bevölkerung an der Gesamtbevölkerung stieg im gleichen Zeitraum von 33,5 % auf 46 % (Abb. 16).

Daß Georgien trotz der georgisch dominierten demographischen und kulturellen Situation in der autonomen Republik abchazische Interessen nicht ignorieren kann, zeigen die Unruhen zu Beginn der neunziger Jahre nur allzu deutlich (wobei allerdings ein russisches Engagement auf abchazischer Seite feststeht). In diesem Zusammenhang stellt sich die Frage nach den Konsequenzen, die eine politische Souveränisierung Abchaziens und seine Ausgliederung aus dem georgischen Territorialbestand für die Republik Georgien nach sich ziehen würde.

Der Anteil Abchaziens am Territorium Georgiens beträgt zwar »nur« 12 %, dennoch würde Georgien bedeutende wirtschaftliche Einnahmequellen verlieren. Abchazien gehörte bislang zu den ertragreichsten Anbaugebieten von Tabak, Tee und Zitrusfrüchten in Georgien. Den wichtigsten Industriezweig bildete die Verarbeitung landwirtschaftlicher Produkte. Bedeutend sind auch die Vorkommen an verkokbarer Kohle bei Tkvarčeli, die bislang eine wichtige Rohstoffgrundlage für die Eisenerzverhüttung in Rustavi dar-

---

65 Ein solcher Vergleich ist unter dem Vorbehalt der Vernachlässigung von Außenwanderungssalden möglich. Da eine die Grenzen der früheren Sowjetunion überschreitende Zu- und Abwanderung praktisch keine Rolle gespielt hat, kann die Sowjetunion für den oben angeführten Vergleich von Werten der Bevölkerungszunahme bei ethnischen Gruppen als relativ geschlossenes System angesehen werden.
Dem Vergleich liegen die Zeiträume zwischen den Volkszählungen zugrunde, wobei die Zeiträume nicht einheitlich sind. Für die in Betracht kommenden ethnischen Gruppen (Abchazen, Georgier, Russen) wurden je Zeitraum zwei Werte der Bevölkerungszunahme ermittelt, ein erster für Abchazien, ein zweiter für die gesamte Sowjetunion.

stellten. Der Tourismus in den Badeorten an der abchazischen Schwarzmeerküste war für Georgien ebenso ein einträgliches Geschäft.
Im Falle eines Austritts Abchaziens ergäben sich für Georgien auch in infrastruktureller Hinsicht erhebliche Nachteile. Das betrifft sowohl den Zugang zum Schwarzen Meer als auch die verkehrstechnische Anbindung an Rußland. Immerhin entfielen dann reichlich 50 % der »georgischen« Küste unter abchazische, bei einem Anschluß Abchaziens an Rußland unter russische Territorialhoheit, darunter auch der Hafen von Suchumi. Die einzige Eisenbahnlinie und eine der drei Straßenverbindungen zwischen Georgien und der Rußländischen Föderation verlaufen über abchazisches Territorium.
Der Verlust Abchaziens würde für Georgien letztlich auch die Einbuße militärstrategischer Positionen am Schwarzen Meer bedeuten. Streitobjekt ist

*Abb. 14: Abchazien - Ethnische Zusammensetzung der Bevölkerung 1926 bis 1989*

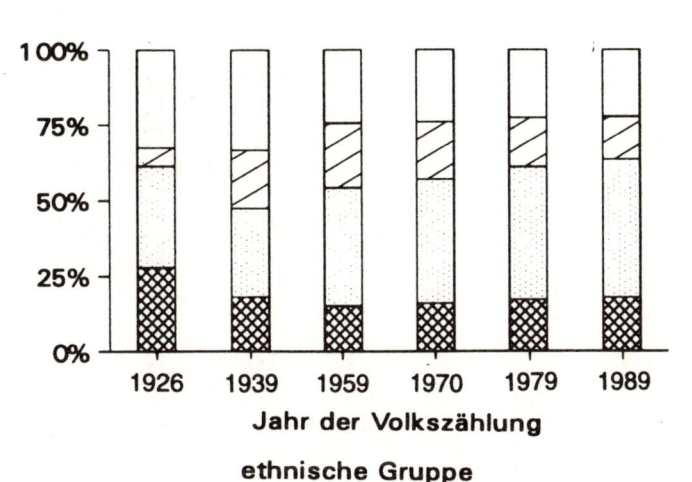

Quellen:
Kozlov, V. I.: Nacional'nosti SSSR. Etnodemograficeskij obzor. Moskva 1975.
Narodnoe chozjajstvo SSSR v 1959 godu. Moskva 1960.
Narodnoe chozjajstvo SSSR v 1970 godu. Moskva 1971.
Itogi vsesojuznoj perepisi naselenija 1979 goda. Moskva 1989.
Nacional'nyj sostav naselenija SSSR. Moskva 1990.

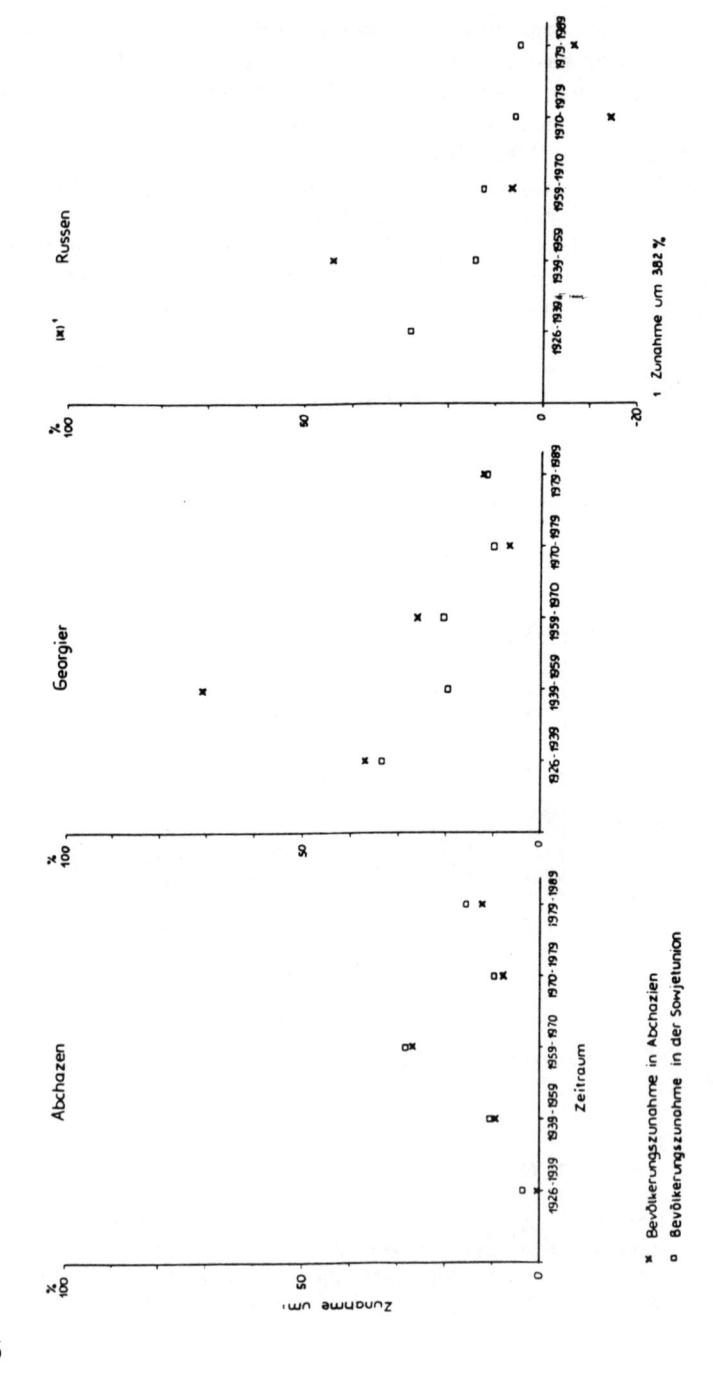

Abb. 15: Sowjetunion/Abchazien – Bevölkerungsentwicklung bei Abchazen, Georgiern und Russen 1926 bis 1989

Abb. 16: Abchazien - Bevölkerungsentwicklung bei Abchazen, Georgiern und Russen 1926 bis 1989

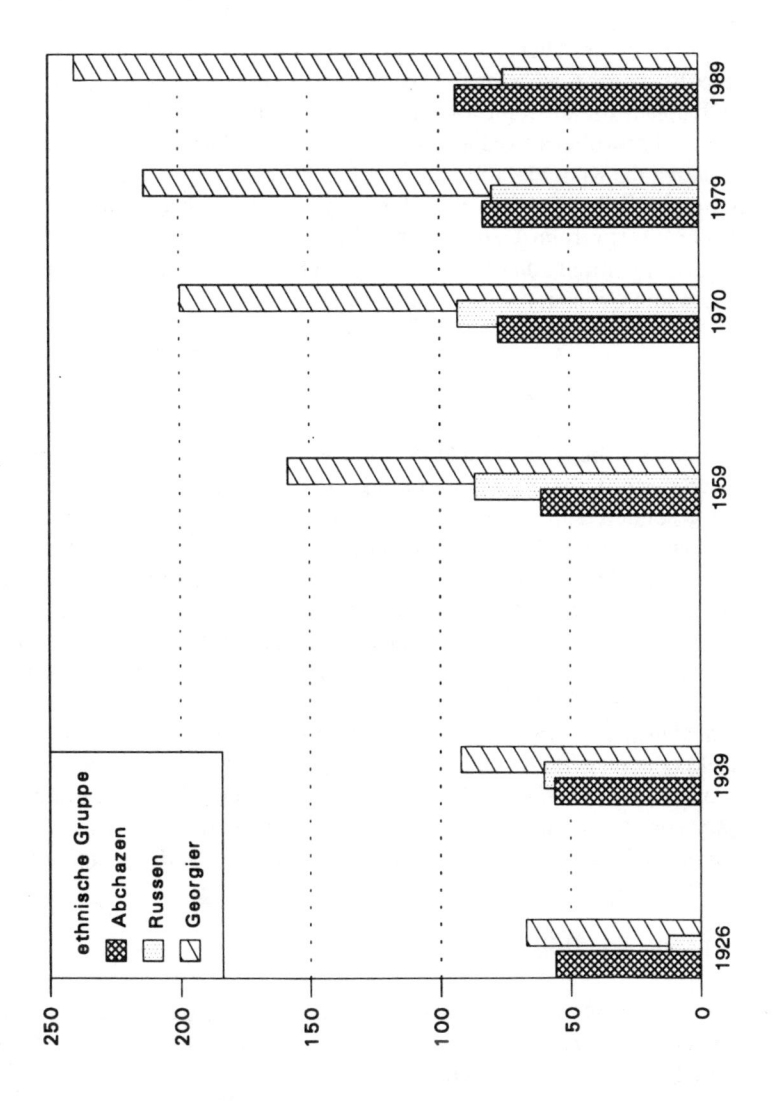

Quellen: Kozlov, V.I.: Nacional'nosli SSSR, Ėtnodemografičeskij obzor, Moskva 1975; Narodnoe chozjajstvo SSSR v 1959 godu. Moskva 1960. Narodnoe chozjajstvo SSSR v 1970 godu. Moskva 1971; Itogi Vsesojuznoj perepisi naselenija 1979 goda. Moskva 1989; Nacional'nyj sostav naselenija SSSR. Moskva 1990.

u.a. der Marinehafen Očamčira, den Georgien zwar von der sowjetischen
Armee übernommen hat, der aber auf abchazischem Territorium liegt.

Seit 1992 zeigt der abchazisch-georgische Konflikt die deutliche Tendenz
einer politischen Ausweitung. Das belegen neben dem Eingreifen russischer Truppen vor allem die an der Seite Abchaziens kämpfenden nordkaukasischen Freiwilligenverbände, deren größter Teil aus Čečnien kommt.
1992 hatten die Konföderation der Bergvölker des Kaukasus, Tatarstan und
Baškirien im Falle eines weiteren Vordringens georgischer Truppen auf abchazisches Territorium Georgien mit Wirtschaftssanktionen gedroht. Georgien erhält jährlich 500 000 Tonnen Erdöl bzw. Kraftstoffe aus Tatarstan,
Baškirien und Čečnien (*Jemeljanenko* 1992, S. 4).

5.3.2  *Ethnische Minderheiten*

Es ist an dieser Stelle nicht möglich und in Anbetracht der Problemstellung
auch nicht erforderlich, auf alle in Kaukasien lebenden ethnischen Minderheiten gesondert einzugehen. Die folgenden Ausführungen beschränken
sich daher auf zwei minoritäre Gruppen, Mes'cheten und Kurden. Als stellvertretend für die anderen ethnischen Minderheiten in Kaukasien können
die genannten Beispiele allerdings nur in dem Sinne gelten, daß es sich um
Völker bzw. deren Angehörige handelt, die ohne Anspruch auf Autonomie
in einer andersethnischen Umgebung leben. Darüber hinaus ergibt sich aus
einer Vielzahl von Faktoren (z.B. Grad der ethnischen und/oder religiösen
Verschiedenartigkeit in bezug auf die Umgebung; Art der Siedlungsweise –
kompakt oder dispers; Anzahl der Angehörigen; Vorhandensein einer Assimilationstendenz an die andersethnische Umgebung) für jede Minderheit
ein ganz spezifisches Bedingungsgefüge politischer und kultureller Entwicklungsmöglichkeiten. In diesem Sinne sind die gewählten Beispiele nicht zu
verallgemeinern.

5.3.2.1  *Die Mes'cheten*

Mit den Nachrichten über schwere Ausschreitungen gegen die Mes'cheten
im uzbekischen Fergana-Tal schien der Name dieses Volkes 1989 aus jahrzehntelanger Vergessenheit aufzutauchen.
Im November 1944 wurden die Mes'cheten aus Südwest-Georgien nach
Uzbekistan, zu einem geringen Teil auch nach Kirgizien und Kazachstan
deportiert. Nach dem XX. Parteikongreß 1956 erhielten sie zwar das Recht
auf »Wahl eines Wohnsitzes innerhalb bestimmter Territorien«, eine Rückkehr in ihre früheren Siedlungsgebiete ist ihnen jedoch bis heute offiziell

nicht gestattet (*Paneš, Ermolov* 1990, S. 16). Das frühere Siedlungsgebiet der Mes'cheten erstreckt sich in Südwest-Georgien entlang der Grenze zur Türkei von der autonomen Republik Adžarien (z.T. befanden sich mes'chetische Siedlungen innerhalb Adžariens) bis zur georgisch-armenischen Grenze. Zur Zeit der Deportation lebten Mes'cheten in fünf Grenzkreisen Georgiens (Adigeni, Achalciche, Azpindza, Achalkalaki, Bogdanovka) (*Paneš, Ermolov* 1990, S. 16).
Die Ethnogenese der Mes'cheten ist noch nicht eindeutig geklärt. Nach einer vor allem von georgischer Seite vertretenen Hypothese gelten sie als sprachlich turkisierte, islamisierte (sunnitische) Georgier (*Simon* 1986, S. 398).[66] Ihre genaue Anzahl ist nicht bekannt. In der sowjetischen Statistik werden sie nicht einzeln erfaßt, sondern den Türken bzw. Azeri zugerechnet. Nach Angaben einer Zählung, die von der »Initiativgrupe mes'chetischer Türken« durchgeführt wurde, leben derzeit etwa 400 000 Mes'cheten in verschiedenen Teilen der ehemaligen Sowjetunion (*Paneš, Ermolov* 1990, S. 17). In Anbetracht der Ergebnisse der letzten Volkszählung scheint diese Zahl etwas zu hoch gegriffen, da lediglich von 208 000 Türken die Rede ist. Allerdings bleibt offen, wie viele Mes'cheten unter den knapp 6,8 Mill. Azeri erfaßt wurden.[67]

Nach den Unruhen in Uzbekistan setzte eine verstärkte Abwanderung der Mes'cheten in verschiedene Teile der Sowjetunion ein. Hauptziel der Migration war Azerbajdžan, wo bereits 1988 etwa 39 800 Mes'cheten lebten. Dieser Umstand ist in erster Linie darauf zurückzuführen, daß die turksprachigen islamischen Mes'cheten in Azerbajdžan auf ein relativ vertrautes Sprach- und Kulturmilieu stoßen. Zudem hatte Azerbajdžan seine Bereitschaft bekundet, alle mes'chetischen Flüchtlinge aufzunehmen.

Der Hauptteil der Mes'cheten lebt nach wie vor in Uzbekistan (Gebiete Samarkand, Taškent, Syrdarja). Die übrige mes'chetische Bevölkerung siedelt mehr oder weniger kompakt in einzelnen Kreisen Kazachstans und Kyrgyzstans. Hinzu kommen etwa 1250 Mes'cheten, die aus dem Fergana-Becken in das Smolensker Gebiet umgesiedelt wurden (*Mineev* 1989, S. 13). In Nordkaukasien leben Mes'cheten in Kabardino-Balkarien (Kreis Urvan), in Nordossetien und Karačajevo-Čerkessien sowie in den Regionen Krasnodar (Kreise Belorečensk und Košechabl') und Stavropol' (Kreis Kursk).

66 In der Literatur (*Wixman* 1984, S. 134; *Benningsen, Wimbush* 1985/86, S. 216 f.) ist teilweise eine Differenzierung zwischen den Mes'cheten i.e.S., d.h. der turksprachigen Bevölkerung, die bis 1944 in Mes'chetien lebte, und den Mes'cheten i.w.S., die auch andere Gruppen (Karapapachen, Chemšilen, Kurden, Turkmenen, sprachlich turkisierte Abchazen, Adžaren und Lazen) einschließen, zu finden.
67 Nach ihrer Rehabilitierung 1956 erhielt die Mehrzahl der Mes'cheten einen Ausweis mit der Eintragung »Azerbajdžanec« als Nationalität, ein kleinerer Teil wurde als »Turki« ausgewiesen. Bis heute sind diese Eintragungen bei zwei Dritteln der Mes'cheten anzutreffen (*Osipov* 1993, S. 69).

Bisher ist die Frage der Remigration der Mes'cheten nicht gelöst. Während ein Teil der georgischen Bevölkerung eine Repatriierung befürwortet, lehnen nationalistische Gruppierungen, insbesondere Anhänger des Ex-Präsidenten Gamsachurdia, eine Wiederansiedlung kategorisch ab (*Osipov* 1993, S. 66 f.). Die armenische Bevölkerung Džavachetiens ist ebenso gegen eine Remigration der Mes'cheten.

Keineswegs Einheitlichkeit kennzeichnet die Haltung der Mes'cheten selbst – ein Ausdruck ihres eher verschwommenen und stark situativ bestimmten ethnischen Selbstverständnisses, welches nicht zuletzt auf die Tatsache zurückzuführen ist, daß bis zur Konfrontation der Bevölkerung mit der Idee einer »nationalen Staatlichkeit« eine Selbstidentifikation über Begriffe wie »Nation« und »Ethnie« praktisch keine Rolle spielte. Allein die Vielzahl von Ethnonymen, die von den Mes'cheten als Eigenbezeichnung genutzt werden (Azerbajdžaner, Türken, Tataren, Georgier, »islamisierte Georgier«, »Kaukasier«), spricht für sich. Gefördert wurde ein relativ unklares Selbstverständnis zusätzlich durch die jeweils offizielle Politik. Während in der unabhängigen Republik Georgien zwischen 1919 und 1921 eine »Kartvelisierung« das Verhalten gegenüber den Mes'cheten bestimmte, wurde seit Mitte der zwanziger Jahre (auf Anweisung Moskaus) ihre offizielle Anerkennung als Türken (russ. turki) gefördert. Am Ende der dreißiger Jahre begann sich dann erneut die Tendenz einer »Kartvelisierung« abzuzeichnen (*Osipov* 1993, S. 67 f.).

Seit ihrer Aussiedlung bestimmen im wesentlichen drei Momente das ethnische Selbstbewußtsein der Mes'cheten: das Schicksal der Deportation, das Dasein als »unterdrücktes Volk« (russ. »repressirovannyj narod«) und das Bestreben, in ihre ethnische Heimat zurückzukehren. Das Kriterium der »ethnischen Heimat« bzw. die Auffassung darüber, was als »ethnische Heimat« verstanden wird, determiniert unterschiedliche Gruppenidentitäten, die sich in der Haltung der Mes'cheten zur Frage ihrer Rückkehr widerspiegeln. Seit Beginn der achtziger Jahre sind diesbezüglich drei Grundrichtungen zu erkennen. Die Vertreter einer ersten Richtung (Gesellschaft »Rettung«) sehen sich selbst als »georgische Muslime«. Sie gehen von einer georgischen Herkunft aus und beanspruchen die georgische Staatszugehörigkeit. Eine zweite Richtung faßt drei regionale Gruppierungen zusammen: die »Türkische Gesellschaft« in Kazachstan, die Bewegung der »Osmanischen Türken« in Kyrgyzstan und eine Initiativgruppe der Mes'cheten in Azerbajdžan. Nach ihrer Ansicht handelt es sich bei den Mes'cheten aus der Region Achalciche um ein »zugewandertes Element«; eine Ansiedlung in der Türkei wird entsprechend als »gesetzmäßige Rückkehr in die historische Heimat« betrachtet (*Osipov* 1993, S. 71). Eine Remigration der Mes'cheten nach Georgien in der Eigenschaft als »Türken« fordern die Anhänger einer dritten Richtung (Gesellschaft »Vatan«). Ihr fühlt sich die Mehrzahl der Mes'cheten zugehörig.

Moskauer Einwände gegen die geforderte Rückkehr beriefen sich stets auf die Lage der bis 1944 mes'chetisch besiedelten Territorien in der sogenannten Grenzzone zur Türkei, was mit strikten Ein- und Ausreisebeschränkungen verbunden war. Obwohl dieses Argument spätestens seit der Auflösung der Sowjetunion hinfällig ist, erschweren aus heutiger Sicht eine Reihe objektiver Gründe eine Repatriierung:
- In den vor der Deportation mes'chetisch besiedelten Gebieten lebt heute eine mehrheitlich georgische, z.T. adžarische Bevölkerung. Zusammenstöße zwischen Georgiern und zurückkehrenden Mes'cheten wären wahrscheinlich nicht auszuschließen.
- Eine relativ hohe Geburtenrate der Mes'cheten hat dazu geführt, daß sich ihre Anzahl seit dem Zeitpunkt der Deportation 1944 mehr als verdreifacht hat (*Paneš, Ermolov* 1990, S. 23). Selbst wenn nur ein Teil der Mes'cheten nach Georgien zurückkehren würde, müßte angesichts der angespannten wirtschaftlichen und sozialen Situation mit erheblichen Problemen gerechnet werden, zumal die Hochgebirgsregion im Südwesten Georgiens ohnehin von den speziellen Problemen peripherer Bergregionen (begrenzte landwirtschaftliche Nutzfläche, geringer infrastruktureller Erschließungsgrad, Abwanderung) betroffen ist.
- Die Rückkehr der Mes'cheten würde vermutlich auch die Frage nach einer mes'chetischen Autonomie aufwerfen. Wie die Beispiele »Ossetien« und »Abchazien« zeigen, handelt es sich dabei um einen »wunden Punkt« in der Innenpolitik Georgiens. Sowohl das südossetische als auch das abchazische Territorium gelten als untrennbarer Bestandteil Georgiens. Eben diesen Anspruch erhebt die georgische Seite auch in bezug auf das bis 1944 mes'chetisch besiedelte Territorium im Südwesten der Republik.

### 5.3.2.2 *Die Kurden*

Die Kurden sind eine weitere minoritäre ethnische Gruppe in Kaukasien. Nach offiziellen Angaben lebten 1989 etwa 153 000 Angehörige dieses iranisch-sprachigen Volkes in der Sowjetunion, zwei Drittel davon in den transkaukasischen Republiken Armenien (56 127), Georgien (33 331) und Azerbajdžan (12 226).[68] Allerdings scheinen diese Angaben etwas zu

---

68 Das Siedlungsgebiet der Kurden, Kurdistan, hat nie den Status einer selbständigen politischen Einheit besessen und ist heute zwischen Syrien, der Türkei, Iran und Irak aufgeteilt. In den südlichen Kaukasus kamen die Kurden bereits seit dem Ende des 10. Jahrhunderts

niedrig, selbst wenn man die Deportation[69] der Kurden und einen »relativen Schwund« durch Assimilation an die Azeri berücksichtigt (Tab. 11). Immerhin wurden bei der Volkszählung 1926 42 000 Kurden allein in Azerbajdžan registriert (*Aristov* 1966, S. 5). Nach kurdischen Schätzungen beträgt ihre Anzahl in der gesamten ehemaligen Sowjetunion gegenwärtig etwa 500 000 (*Fuller* 1992 [b], S. 12).

*Tab. 11: Sprachlichkeit der Kurden in Transkaukasien 1979 und 1989*

| Republik | Von den Kurden sprechen als Erstsprache | | | | | |
|---|---|---|---|---|---|---|
| | die eigene Muttersprache | | die Sprache der jeweiligen Titularnation | | Russisch | |
| | 1979 | 1989 | 1979 | 1989 | 1979 | 1989 |
| | % | | % | | % | |
| Armenien | 84,6 | 72,2 | 14,0 | 25,7 | 0,7 | 1,5 |
| Georgien | 75,2 | 74,7 | 8,7 | 11,5 | 14,6 | 12,3 |
| Azerbajdžan | 81,8 | 65,2 | 16,6 | 34,2 | 1,3 | 0,3 |

Quelle: Zusammengestellt und berechnet nach: Itogi Vsesojuznoj perepisi naselenija 1979 goda. Moskva 1989. Nacional'nyj sostav naselenija SSSR po dannym Vsesojuznoj perepisi naselenija 1989 goda. Moskva 1990.

    in mehreren Einwanderungswellen, insbesondere während des Krim-Krieges (1853 bis 1856) und während des russisch-türkischen Krieges (1877/78). Etwa 34 000 Kurden leben in Mittelasien und Kazachstan, darunter auch die Kurden bzw. deren Nachfahren, die Stalin 1937 aus Azerbajdžan und 1944 aus den georgischen Grenzgebieten zur Türkei zwangsumsiedeln ließ.
69 Erste Deportationen von Kurden und Armeniern fanden bereits in den zwanziger Jahren statt.
Im Zusammenhang mit der Anweisung des Zentralen Exekutivkomitees vom Juli 1937 »Über die Einrichtung spezieller Grenzzonen« wurden 1937 1325 »politisch unzuverlässige« Kurden aus den Grenzgebieten Armeniens und Azerbajdžans zwangsausgesiedelt, darunter 812 Personen nach Kirgizien und 513 Personen nach Kazachstan (*Bugaj* 1993, S. 10).
1944 folgte die Deportation von 8694 Kurden aus Georgien (*Bugaj* 1993, S. 21). (Nach einer Aufstellung vom 1. Januar 1953 waren in Kazachstan, Kirgizien und Uzbekistan insgesamt 7997 Kurden registriert, die allein aus Georgien deportiert worden waren [Deportacii..., 1992, S. 231, 235, 240].)
Eine letzte Umsiedlungsaktion am Ende der vierziger Jahre betraf jene Kurden in Azerbajdžan, denen Moskau wegen politischer Verfolgung in ihrem Heimatland zunächst Asyl gewährt hatte (*Bugaj* 1993, S. 23).

Offiziell wurden 1926 69 000 Kurden in der Sowjetunion gezählt, darunter etwa 15 000 Jesiden, die separat erfaßt wurden. Die weiteren Volkszählungen erbrachten folgende Ergebnisse: 1939: 45 900; 1959: 52 949; 1970: 88 930 und 1979: 115 858 (*Benningsen, Wimbush* 1985/86, S. 210). Der absolute (statistische) Rückgang der Anzahl der Kurden zwischen 1926 und 1959 ist wahrscheinlich nicht auf Assimilationsprozesse, sondern auf den Erfassungsmodus bei den Volkszählungen zurückzuführen. So liegt für 1939 und 1959 die Vermutung nahe, daß ganze kurdische Gruppen als »Azerbajdžaner« oder »Armenier« registriert wurden. Der sprunghafte Anstieg der Gesamtzahl der Kurden in der Statistik zwischen 1959 und 1970 sowie zwischen 1970 und 1979 läßt sich wiederum mit der damaligen prokurdischen Politik der Sowjetunion in Zusammenhang bringen.

Aus der Glaubensrichtung der kaukasischen Kurden lassen sich Rückschlüsse auf ihr Herkunftsgebiet ziehen. Andererseits sind Zusammenhänge zwischen der Religionszugehörigkeit und dem gegenwärtigen Siedlungsraum erkennbar:

Die sunnitisch-muslimischen und jesidischen Kurden sind hauptsächlich Nachfahren kurdischer Immigranten aus der Türkei, wo insbesondere die Jesiden[70] einer religiösen Verfolgung ausgesetzt waren. Sie leben vorrangig in Armenien[71] (Kreise Aparan, Verin-Talin, Ečmiadzin; kleinere Gruppen in den Kreisen Idževan, Sevan, Astarak, Oktembrjan und Vedi) und in Georgien (Tbilisi).

Die Kurden Azerbajdžans gehören mehrheitlich der schiitischen Richtung des Islam an; ihre Vorfahren kamen meist aus Persien.

Das relativ kompakte kurdische Siedlungsgebiet in Azerbajdžan zwischen Nagornyj Karabach und der azerbajdžanisch-armenischen Grenze (Kreise Lačin, Kel'badžar und Kubatly) besaß zwischen 1923 und 1929 unter der Bezeichnung »Rotes Kurdistan« den Status eines autonomen Gebietes innerhalb Azerbajdžans. Inoffizielle Quellen bezifferten 1988 die Anzahl der Kurden in diesem Gebiet auf etwa 120 000 (*Fuller* 1992 [b], S. 12).

Im Zusammenhang mit den armenisch-azerbajdžanischen Auseinandersetzungen ist es nach 1989 insgesamt zu einer Umverteilung, wahrscheinlich auch zu einem Rückgang der kurdischen Bevölkerung in Transkaukasien gekommen. Aus Armenien sind sunnitische Kurden in den Süden der Rußländischen Föderation emigriert; bei der noch in Armenien verbliebenen kurdischen Bevölkerung handelt es sich überwiegend um Jesiden. Mehr als 7500 Kurden sind seit der Einnahme der Stadt Lačin durch die Armenier

---

70 Die Jesiden sind Anhänger einer Religionsgemeinschaft, deren Glaubensbekenntnis auf altorientalischen, manichäistisch-dualistischen Quellen beruht und zusätzlich islamische Elemente enthält (*Benningsen, Wimbush* 1985/86, S. 208).
71 In Armenien genießen die Jesiden eine gewisse kulturelle Autonomie. U.a. besteht an der Armenischen Akademie der Wissenschaften in Erevan ein Institut für Kurdische Studien.

und der Errichtung eines Transitkorridors zwischen Nagornyj Karabach und Armenien aus Lačin und seiner Umgebung geflüchtet (MN [engl.] 7/92, S. 6).

Die Forderung der Kurden nach territorialer Autonomie in den früheren Grenzen fand zur Zeit der noch bestehenden Sowjetunion in Moskau kaum Gehör. Armenien betrachtet eine »autonome kurdische Pufferzone« indessen durchaus als eine Möglichkeit zur Beruhigung des Streits um Nagornyj Karabach.

# 6 Zum Verhältnis von Ethnizität und Territorialität

Etwa seit Mitte der achtziger Jahre ist bei der Mehrzahl der Völker der früheren Sowjetunion eine verstärkte Hinwendung zur eigenen Ethnie zu beobachten. Die eigentlichen Ursachen dieser Entwicklung sind jedoch in einem Recht auf freie Meinungsäußerung ebensowenig zu suchen wie im propagierten, aber nicht konsequent verwirklichten Umbau der politischen Strukturen. Glasnost und Perestrojka gaben den Völkern lediglich die Möglichkeit, ihre nationalen Interessen und Ansprüche öffentlich zu artikulieren. Bei den nichtrussischen Völkern sind dabei zwei, sich teilweise überlagernde Tendenzen zu erkennen. Im Vordergrund steht das Bestreben, sich vom »Sowjetischen« und »Russischen« zu distanzieren. Ausdruck dessen sind die Souveränitätserklärungen autonomer Gebietseinheiten sowie die Unabhängigkeitserklärungen der bisherigen Unionsrepubliken. Auch die Aufstellung von Kriterien zur Erlangung der Staatsbürgerschaft für Nichtangehörige der jeweiligen Titularnation, was vor allem die außerhalb der Rußländischen Föderation lebenden Russen betrifft, ist ein Ausdruck des Bemühens um Identitätsgewinn.[72] Zudem zeigen nichtrussische Völker das Bestreben, sich voneinander abzugrenzen. In diesem Zusammenhang erfahren ethnisch spezifische Merkmale wie Sprache und Traditionen eine Aufwertung. Das ist insbesondere dann der Fall, wenn es aufgrund von Souveränitätsansprüchen und konkurrierenden Territorialforderungen zu interethnischen Diskrepanzen kommt.
Bevor in den folgenden zwei Abschnitten die territoriale Bedingtheit von Ethnizität und der Einfluß von Ethnizität auf die Wahrnehmung territorialer Strukturen an Beispielen dargestellt werden soll, scheint es sinnvoll, zunächst den Zusammenhang von Ethnizität und Territorialität zu erörtern und dabei von der Bestimmung ethnischer Identität auszugehen.
Nach *Barth* (1969) beruht ethnische Identität auf der wechselseitigen Beziehung von Selbstidentifikation, d.h. dem Bewußtsein der Mitglieder einer ethnischen Gruppe, derselben Kultur anzugehören, einerseits, und Fremdidentifizierung, d.h. der Anerkennung dieser Kultur bzw. ihrer Verschiedenheit in bezug auf die Umgebung von außen, andererseits. Erst diese mittels interethnischer Beziehungen funktionierende Wechselwirkung macht die

---

72 In Georgien ist ein Gesetz in Vorbereitung, das die georgische Staatsbürgerschaft nur denjenigen zuerkennt, »deren Vorfahren bis 1922 in der Republik lebten (bis zur Eingliederung in die Union) oder sogar bis 1801 (bis zur Eingliederung in das Russische Reich)« (*Šakina* 1991, S. 8).

Spezifik der ethnisch-kulturellen Merkmale, die als Kriterien einer gegenseitigen Abgrenzung verschiedener Ethnien genutzt werden können, sichtbar, wobei die ethnisch-kulturelle Verschiedenheit von Gruppen in Gestalt ethnischer Grenzen ihren Niederschlag findet. Die sich wechselseitig bedingenden Kriterien der Abgrenzung und der »interethnischen Relation« (*Svensson* 1985) liegen letztlich dem Ethnizitätsbegriff zugrunde. Ethnizität existiert folglich nicht per se, sondern setzt die ständige Reproduktion ethnischer Identität voraus. Ethnizität ist daher nie statisch. Je nach dem Verhältnis einer Gruppe zur Umgebung, je nach den Zielen der Angehörigen eines Volkes kann die Bereitschaft zur Aufrechterhaltung bzw. zur »Fortpflanzung« ethnisch spezifischer Merkmale räumlich und zeitlich sehr unterschiedlich ausgeprägt sein. *Svensson* (1985, S. 31) bezeichnet diesen Sachverhalt als »situational ethnicity«. In der Konsequenz sind auch ethnische Grenzen als »dynamisch« zu verstehen, und zwar in folgendem Sinne: »It is no the sum of total of distinctive criteria that constitutes the cultural contents of the boundary, but only those items which the actors consider meaningful in a given situation. The main concern here is the question of relevance.« (*Svensson* 1985, S. 33.)

Die Möglichkeiten zur Reproduktion ethnisch-kultureller Spezifika werden wesentlich vom Vorhandensein eines eigenen Territoriums beeinflußt. Mit anderen Worten: Territorialität, d.h. der realisierte Anspruch eines Volkes, auf dem Territorium zu leben, das zum aktuellen Zeitpunkt als ethnische Heimat betrachtet wird und zu dem eine mehr oder weniger intensive Bindung entwickelt wurde (»spatial identity«, *Svensson* 1985), gewährleistet eine größere ethnische Stabilität, vor allem deshalb, weil die spezifischen ethnischen Institutionen (muttersprachige Schulen, Theater, Presse) meist nur innerhalb des eigenen Territoriums zur Verfügung stehen. Völker ohne ein eigenes nationales Territorium oder Angehörige von Völkern, die außerhalb des entsprechenden Territoriums leben, sind i.d.R. stärker von ethnisch-kultureller Assimilation betroffen. Territorialität ist in diesem Sinne räumlicher Bedingungsfaktor ethnischer Identität. Andererseits steuert Ethnizität die Wahrnehmung territorialer Zuständigkeiten. Ethnisch bestimmte Territorialansprüche treten vor allem dann auf,
- wenn ethnische Grenzen bei der politischen Gliederung eines Raumes nicht oder nicht ausreichend berücksichtigt wurden oder (und)
- wenn die betreffende(n) Ethnie(n) bestrebt ist (sind), die ethnischen Grenzen politisch zu fixieren.

Die gegenwärtigen Unruhen im kaukasischen Raum zeigen deutlich, daß interethnische Differenzen gerade in Grenzräumen zu bewaffneten Auseinandersetzungen eskalieren können.

## 6.1 Eine Untersuchung zur Sprachlichkeit in Nordkaukasien

Die Sprachlichkeit ist ein wesentliches Moment ethnischer Selbstidentifikation, wenngleich die Ausprägung von Ethnizität nicht einzig an der Verbreitung bzw. am Grad der Nutzung der eigenen Sprache eines Volkes als Muttersprache durch die Angehörigen dieses Volkes festzuschreiben ist. Daß die Sprachlichkeit ethnischer Gruppen, insbesondere die Wahl der Muttersprache wesentlich vom Faktor »Territorialität« beeinflußt wird, soll folgend am Beispiel »Nordkaukasien«[73] gezeigt werden.

1. Der Bevölkerungsanteil, der die Sprache der eigenen Ethnie als Muttersprache angibt, ist unter den Völkern, die über ein politisch legitimiertes (autonomisiertes) Territorium im Untersuchungsgebiet verfügen, relativ hoch.
a) Leben die Angehörigen der betreffenden Ethnien als Titularnation innerhalb ihrer nationalen Territorien, liegt dieser Anteil bei etwa 98 % (Abb. 17).[74]
b) Bei den Angehörigen der Völker, die im Untersuchungsgebiet zwar über ein nationales Territorium verfügen, jedoch außerhalb desselben leben, sinkt der Anteil mit der eigenen Sprache als Muttersprache geringfügig (Tab. 12).
Ob der hohen Anzahl von Sprechern einer Sprache eine ebensolche hohe identifikatorische Wertigkeit der jeweiligen Sprache entspricht, sei dahingestellt. Immerhin spielte eine sprachlich-ethnische Differenzierung für die Völker Nordkaukasiens bis in das 20. Jahrhundert hinein eine untergeordnete Rolle. Identitätsbestimmend waren (und sind teilweise noch heute) über Jahrhunderte gewachsene Clan- und Stammesstrukturen. Zudem überdeckte die integrative Identifizierung als »Bergvölker« (russ. gorzy), die auf einer relativ einheitlichen materiellen Kultur basierte und bis auf Ausnahmen auch eine gemeinsame islamische Identität bedeutete, sprachlich-ethnische Unterschiede. Hingewiesen sei in diesem Zusammenhang auch auf den Umstand, daß für die Mehrzahl der Völker Nordkaukasiens erst zu Beginn des 20. Jahrhunderts, also relativ spät, eine Literatursprache geschaffen wurde und in der Folgezeit ein mehrfacher Wechsel der Schrift erfolgte.[75]

---

73 Die Untersuchung bezieht sich ausschließlich auf die autonomen Gebietseinheiten Nordkaukasiens; die Regionen Stavropol' und Krasnodar bleiben unberücksichtigt.
74 Ist den statistischen Angaben keine Jahreszahl beigefügt, beziehen sich diese ausschließlich auf 1989 als Jahr der letzten Volkszählung.
75 War die nach ethnischen Gesichtspunkten zusammenfaßbare Bevölkerung entsprechend der räumlichen Verteilung der Siedlungsterritorien in mehrere Dialektgruppen gegliedert,

*Wixman* (1980, S. 37), weist darauf hin, daß »... they (die Sprachen, B.P.) represent for the most part, simple translations of political propaganda, or translation of literature from Russian and other languages. There is not a real native ›literature‹ in these languages that reflects the aspirations of these peoples or even teir own pasts«.

2. Bei den sekundären Ethnien Nordkaukasiens ist die Bedeutung der eigenen Sprache als Muttersprache bedeutend geringer.

a) Die diesbezüglich niedrigsten Werte waren 1979/1989 bei Belorussen (38,6 %)/37,9 %), Ukrainern (44,8 %/45,0 %), Deutschen (47,3 %/38,5 %), Juden (45,3 %/40,3 %) und Griechen (51,8 %/53,8 %) zu erkennen.

b) In stärkerem Maße halten die außerhalb ihrer ethnischen Heimat lebenden Armenier (72,3 %/73,6 %), Georgier (76,6 %/74,6 %) und Azeri (93,8 %/92,0 %) sowie Türken (97,7 %/98,4 %) und Tataren (75,2 %/68,8 %) an ihrer eigenen Sprache als Muttersprache fest.

c) Die naheliegende Vermutung, daß bei einer höheren Anzahl von Angehörigen einer sekundären Ethnie pro Territorialeinheit die eigene Sprache als Muttersprache generell größeres Gewicht besitzt, wird durch die statistischen Daten nicht bestätigt.

d) Eine gesonderte Stellung nehmen die Russen ein. Aufgrund der weiten Verbreitung des Russischen – 1989 gaben 68 % der Bevölkerung des Untersuchungsgebietes an, Russisch als Zweitsprache zu beherrschen, weitere 3 % benutzten es als Erstsprache – treffen die Russen auch in einer fremdnationalen Umgebung auf ein russisches Sprachmilieu.

Eine linguistische Assimilation an die jeweils umgebende Ethnie ist so gut wie nicht zu erkennen. Auch als Zweitsprache besitzt die Sprache der »Wirtnation« kaum Bedeutung.

3. Leben zwei Ethnien als Titularnation innerhalb einer Territorialeinheit, ist eine interethnische Assimilation auf sprachlicher Ebene kaum vorhanden. In Karačajevo-Čerkessien, Kabardino-Balkarien und Čečeno-Ingušien übersteigt der Bevölkerungsanteil der quantitativ kleineren Ethnie, der die Sprache der zahlenmäßig dominierenden Ethnie als Muttersprache benutzt bzw. als Zweitsprache beherrscht, den Anteil der zahlenmäßig größeren Ethnie, der die Sprache der kleineren Gruppe als Muttersprache spricht bzw. als Zweitsprache beherrscht, nur geringfügig (Tab. 13).

wurden bei der Schaffung der Literatursprache lediglich ein oder zwei Dialekte berücksichtigt. So lassen sich bei den Balkaren fünf Territorial- bzw. Dialektgruppen ausgliedern: Bachsančy, Taulu, Cholamly, Byzyngyly, Malkarly. Als Grundlage für die balkarische Literatursprache dienten lediglich die beiden erstgenannten Dialekte (Narody Kavkaza, Bd. II, 1962, S. 270).

*Abb. 17: Nordkaukasien – Erst- und Zweitsprache der Titularnationen 1989*

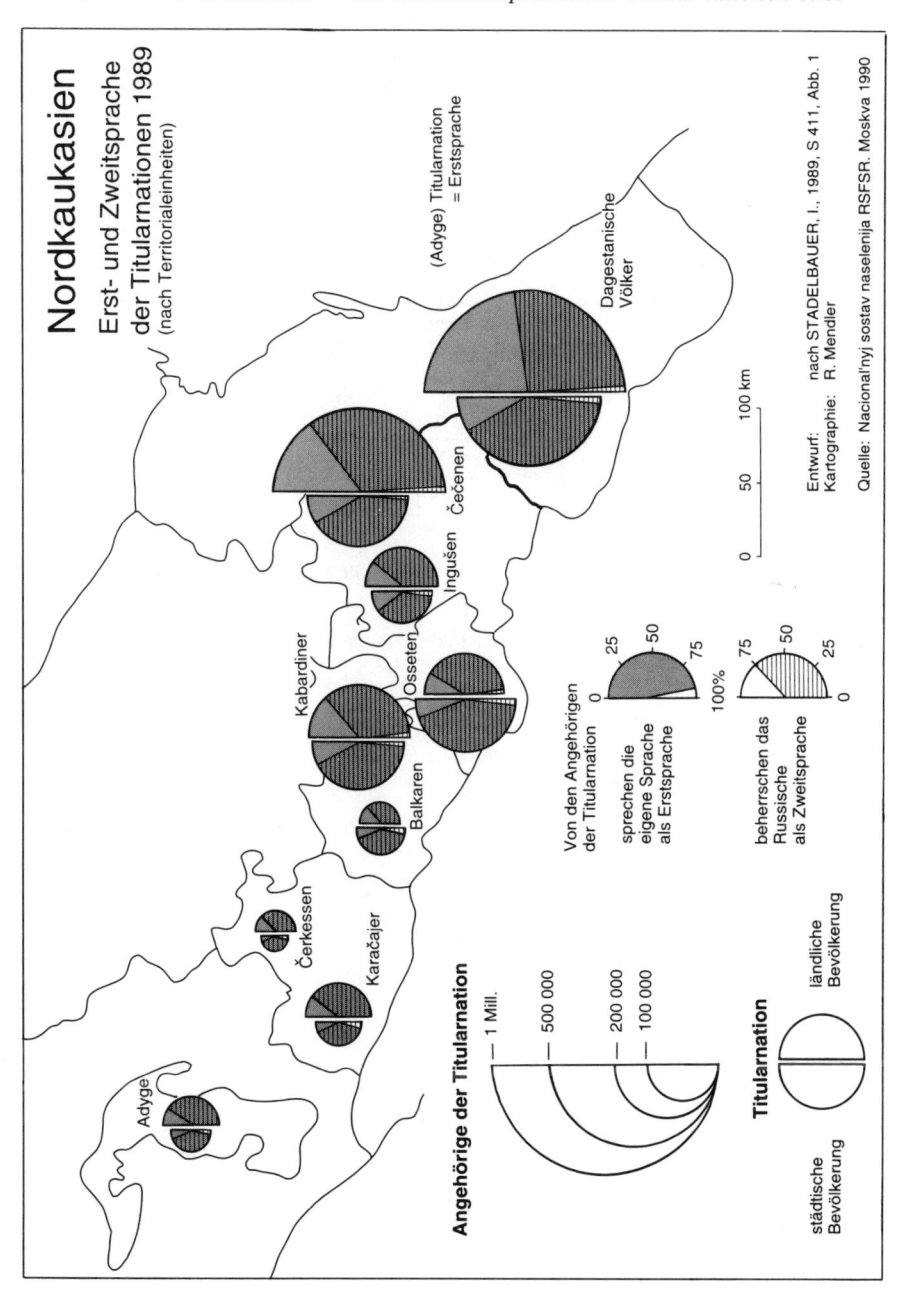

Ebenso sind für die dagestanischen Ethnien interethnische Assimilationsvorgänge anhand des statistischen Materials zur Sprachlichkeit nicht nachweisbar. Auffällig ist lediglich ein relativ großer Teil der Nogajer in Dagestan, der das Kumykische als Erstsprache angibt (1979: 16,1 %; 1989: 15,1 %).

*Tab. 12: Zusammenhang zwischen Siedlungsraum und Muttersprachlichkeit (bezogen auf die eigene Sprache der jeweiligen Ethnie) in Nordkaukasien 1979, 1989*

| Ethnische Gruppe | Von den Angehörigen der Ethnie sprechen die eigene Sprache als Muttersprache | | | |
|---|---|---|---|---|
| | innerhalb | | außerhalb | |
| | der eigenen Territorialeinheit | | | |
| | 1979 | 1989 | 1979 | 1989 |
| | [%] | | [%] | |
| Adyge | 98,7 | 98,4 | 88,3 | 88,2 |
| Karačajer | 99,4 | 99,2 | 95,1 | 93,0 |
| Čerkessen | 98,6 | 97,9 | 84,3 | 82,6 |
| Kabardiner | 99,1 | 98,9 | 86,8 | 82,8 |
| Balkaren[a] | 98,6 | 98,4 | | |
| Osseten | 98,3 | 98,2 | 86,6 | 83,4 |
| Čečenen | 99,7 | 99,7 | 99,0 | 98,1 |
| Ingušen | 99,4 | 99,6 | 99,0 | 99,0 |
| Avaren | 99,2 | 98,9 | 83,7 | 86,2 |
| Darginer | 98,9 | 98,8 | 98,0 | 97,4 |
| Lezgen | 98,2 | 98,0 | 85,3[b] | 90,0[b] |
| Laken | 98,3 | 97,7 | 86,1 | 87,7 |
| Kumyken | 99,1[c] | 99,0[c] | 96,5 | 96,6 |
| Nogajer | 83,4[c] | 84,1[c] | 97,1[d] | 96,1[d] |

Quelle: Zusammengestellt und berechnet nach: Itogi Vsesojuznoj perepisi naselenija 1979 goda. Moskva 1989. Nacional'nyj sostav naselenija SSSR po dannym Vsesojuznoj perepisi naselenija 1989 goda. Moskva 1990.
a   In den Ergebnissen der Volkszählungen 1979 und 1989 sind Balkaren nur für die ASSR der Kabardiner und Balkaren aufgeführt.
b   Lezgen in Azerbajdžan.
c   Kumyken und Nogajer in Dagestan; auf dem 2. Plenum der Kommunistischen Partei Dagestans wurden das Kumykische und das Nogajische als offizielle Sprachen in der ASSR festgelegt.
d   Nogajer in der ASSR der Čečenen und Ingušen sowie in der Region Stavropol'.

4. Zwischen dem Vorhandensein oder Fehlen eines eigenen politisch definierten Territoriums und der sprachlichen Russifizierung im Sinne der Verwendung des Russischen als Muttersprache besteht ein direkter Zusammenhang.
a) Bei den primären Ethnien Nordkaukasiens kommt dem Russischen in der Funktion als Muttersprache generell nur eine relativ geringe Bedeutung

*Tab. 13: Einfluß der ethnischen Bevölkerungsproportion auf die Muttersprachlichkeit der Titularnationen in binationalen Territorialeinheiten 1989*

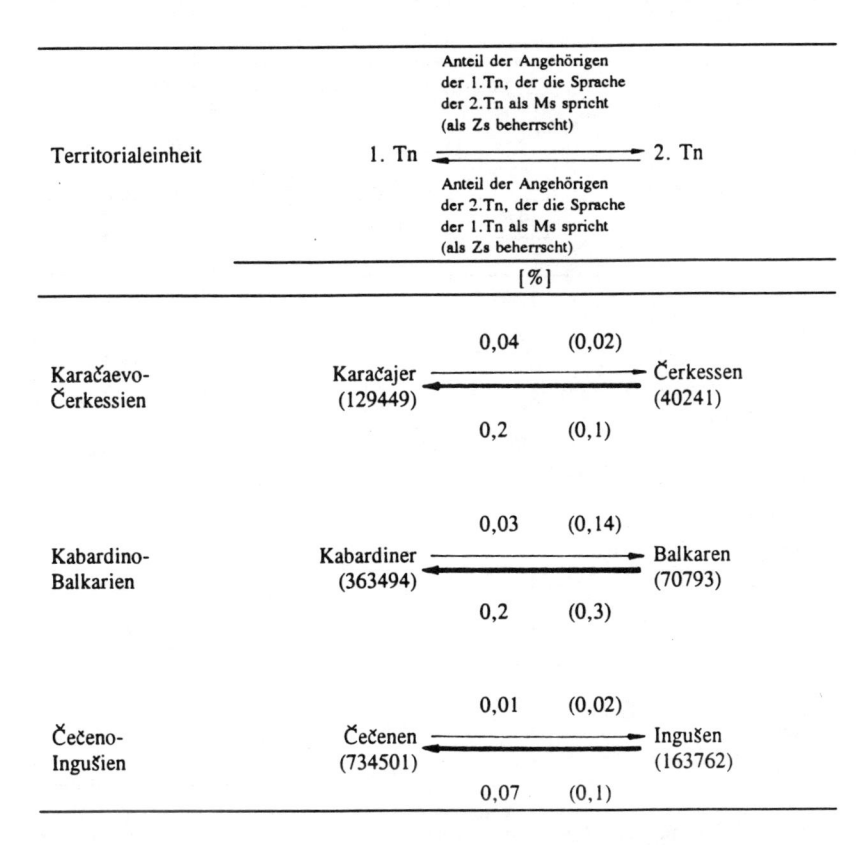

| Territorialeinheit | 1. Tn | Anteil der Angehörigen der 1.Tn, der die Sprache der 2.Tn als Ms spricht (als Zs beherrscht) ⟶ 2. Tn |
|---|---|---|
|  |  | Anteil der Angehörigen der 2.Tn, der die Sprache der 1.Tn als Ms spricht (als Zs beherrscht) |
|  |  | [%] |
| Karačaevo-Čerkessien | Karačajer (129449) | 0,04   (0,02) ⟶ Čerkessen (40241) |
|  |  | 0,2   (0,1) |
| Kabardino-Balkarien | Kabardiner (363494) | 0,03   (0,14) ⟶ Balkaren (70793) |
|  |  | 0,2   (0,3) |
| Čečeno-Ingušien | Čečenen (734501) | 0,01   (0,02) ⟶ Ingušen (163762) |
|  |  | 0,07   (0,1) |

Quelle: Nacional'nyj sostav naselenija RSFSR po dannym Vsesojuznoj perepisi naselenija 1989 goda. Moskva 1990.
Tn Titularnation
Ms Muttersprache
Zs Zweitsprache
Die unterhalb einer Ethnie angegebene Zahl nennt die Gesamtzahl der Angehörigen der jeweiligen Ethnie in der angegebenen Territorialeinheit.

zu. Die Neigung zur sprachlichen Russifizierung nimmt allerdings zu, sobald Angehörige der entsprechenden Ethnie außerhalb ihres nationalen Territoriums leben (Tab. 14).

b) Bei den sekundären ethnischen Gruppen ist der sprachlich russifizierte Bevölkerungsanteil deutlich größer. Er übersteigt bei Ukrainern, Belorussen, Deutschen und Juden sogar den Anteil derer, die die eigene Sprache als Muttersprache angeben.

*Tab. 14:* Zusammenhang zwischen Siedlungsraum und sprachlicher Russifizierung in Nordkaukasien 1979, 1989

| Ethnische Gruppe | Von den Angehörigen der Ethnie sprechen Russisch als Muttersprache | | | |
|---|---|---|---|---|
| | innerhalb | | außerhalb | |
| | der eigenen Territorialeinheit | | | |
| | 1979 | 1989 | 1979 | 1989 |
| | [%] | | [%] | |
| Adyge | 1,3 | 1,6 | 11,6 | 11,8 |
| Karačajer | 0,6 | 0,7 | 4,7 | 6,7 |
| Čerkessen | 0,9 | 1,6 | 14,0 | 15,3 |
| Kabardiner | 0,9 | 1,1 | 11,7 | 15,2 |
| Balkaren[a] | 1,3 | 1,4 | | |
| Osseten | 1,7 | 1,8 | 12,6 | 15,3 |
| Čečenen | 0,3 | 0,2 | 0,7 | 1,0 |
| Ingušen | 0,5 | 0,3 | 0,9 | 0,8 |
| Avaren | 0,6 | 0,7 | 3,1 | 2,6 |
| Darginer | 0,7 | 0,7 | 1,4 | 1,7 |
| Lezgen | 1,0 | 0,9 | 5,4[b] | 3,1[b] |
| Laken | 1,4 | 1,7 | 7,3 | 7,2 |
| Kumyken | 0,8[c] | 0,8[c] | 1,4 | 1,5 |
| Nogajer | 0,4[c] | 0,5[c] | 2,4[d] | 2,6[d] |

Quelle: Zusammengestellt und berechnet nach: Itogi Vsesojuznoj perepisi naselenija 1979 goda. Moskva 1989. Nacional'nyj sostav naselenija SSSR po dannym Vsesojuznoj perepisi naselenija 1989 goda. Moskva 1990.
a   In den Ergebnissen der Volkszählungen 1979 und 1989 sind Balkaren nur für die ASSR der Kabardiner und Balkaren aufgeführt.
b   Lezgen in Azerbajdžan.
c   Kumyken und Nogajer in Dagestan.
d   Nogajer in der ASSR der Čečenen und Ingušen sowie in der Region Stavropol'.

c) Eine generelle Zunahme der Bedeutung des Russischen als Muttersprache zwischen 1979 und 1989 ist nur bei Deutschen, Juden und Tataren zu verzeichnen.

d) Ein gleichbleibender oder geringfügig rückläufiger Bevölkerungsanteil mit Russisch als Muttersprache ist im genannten Zeitraum bei Griechen und Türken sowie bei den Angehörigen jener Ethnien zu erkennen, die außerhalb Kaukasiens in anderen Teilen der ehemaligen Sowjetunion über ein nationales Territorium verfügen (Tab. 15).

Ein konsequenter statistischer Zusammenhang zwischen dem Anteil der Russen an der Gesamtbevölkerung einer Territorialeinheit und den jeweiligen Anteilen der sekundären Ethnien, die Russisch als Muttersprache benutzen, besteht nicht.

5. Das Russische ist die am weitesten verbreitete Zweitsprache in Nordkaukasien – ein Resultat des obligatorischen Russischunterrichts an allen Schulen.

*Tab. 15: Muttersprachlichkeit sekundärer Ethnien in Nordkaukasien 1979, 1989*

| Ethnische Gruppe | Von den Angehörigen der Ethnie sprechen als Muttersprache | | | |
|---|---|---|---|---|
| | die eigene Sprache | | die russische Sprache | |
| | 1979 | 1989 | 1979 | 1989 |
| | [%] | | [%] | |
| Ukrainer | 44,8 | 45,0 | 55,2 | 54,9 |
| Belorussen | 38,6 | 37,9 | 61,3 | 61,8 |
| Griechen | 51,8 | 53,8 | 44,6 | 44,4 |
| Deutsche | 47,3 | 38,5 | 52,6 | 61,3 |
| Juden | 45,3 | 40,3 | 52,7 | 58,3 |
| Armenier | 72,3 | 73,6 | 27,5 | 26,2 |
| Georgier | 76,6 | 74,6 | 22,4 | 24,0 |
| Azeri | 93,8 | 92,0 | 5,3 | 6,4 |
| Türken | 97,7 | 98,4 | 0,7 | 0,9 |
| Tataren | 75,2 | 68,8 | 23,1 | 28,8 |

Quelle: Zusammengestellt und berechnet nach: Nacional'nyj sostav naselenija RSFSR po dannym Vsesojuznoj perepisi naselenija 1989 goda. Moskva 1990.
Mit der Bezeichnujg »Türken« sind möglicherweise die in Nordkaukasien lebenden Mes'cheten gemeint.

Die Bedeutung des Russischen als Zweitsprache hat langfristig zwar zugenommen; seit 1979 scheint diese Entwicklung jedoch zu stagnieren, wobei allerdings auch ein gewisser Sättigungseffekt zu berücksichtigen ist. 1979 gaben 66,9 % der gesamten nichtrussischen Bevölkerung im Untersuchungsgebiet an, das Russische als »frei gesprochene Zweitsprache« zu beherrschen. 1989 waren es 68,1 %. In Nordkaukasien ist der nichtrussische Bevölkerungsanteil mit Russisch als Zweitsprache wesentlich höher als in Transkaukasien (1979: 29,8 %; 1989: 35,5 %).

6. Allgemein gilt: Im Vergleich zur städtischen Population ist die eigene Sprache in der Funktion als Muttersprache unter der ländlichen Bevölkerung in Nordkaukasien anteilmäßig stärker vertreten. Analog ist die sprachliche Russifizierung in den Städten weiter fortgeschritten.

Das relativ starke Beharrungsvermögen der eigenen Sprache als Muttersprache unter der ländlichen Population resultiert aus dem Umstand, daß der ländliche Raum das traditionelle Siedlungsgebiet der Völker Nordkaukasiens ist und auch gegenwärtig mehr als die Hälfte der Angehörigen der meisten Ethnien Nordkaukasiens im ländlichen Raum lebt. Der durch die absolute Dominanz der jeweiligen Ethnie(n) bestimmten homogeneren ethnischen Struktur der ländlichen Bevölkerung steht eine ethnisch relativ he-

Tab. 16: *Erst- und Zweitsprache bei städtischer und ländlicher Bevölkerung in Nordkaukasien 1989*

| Territorialeinheit | Von der nichtrussischen Gesamtbevölkerung | | | | | |
| --- | --- | --- | --- | --- | --- | --- |
| | sprechen als **Muttersprache** | | | | beherrschen als **Zweitsprache** | |
| | die Sprache der eigenen Ethnie | | Russisch | | Russisch | |
| | Stadt | Land | Stadt | Land | Stadt | Land |
| | [%] | | [%] | | [%] | |
| Adygeja | 77,9 | 91,8 | 21,8 | 7,8 | 71,3 | 76,0 |
| Karačajevo-Čerkessien | 89,5 | 98,1 | 9,5 | 1,1 | 79,0 | 77,6 |
| Kabardino-Balkarien | 91,6 | 98,2 | 7,9 | 1,5 | 80,4 | 73,7 |
| Čečeno-Ingušien | 94,2 | 99,4 | 5,6 | 0,4 | 79,8 | 71,4 |
| Dagestan | 96,0 | 98,9 | 3,0 | 0.2 | 83,9 | 58,4 |

Quelle: Zusammengestellt und berechnet nach: Nacional'nyj sostav naselenija RSFSR po dannym Vsesojuznoj perepisi naselenija 1989 goda. Moskva 1990.

terogene Zusammensetzung der städtischen Bevölkerung mit einer Vorherrschaft des russischen Anteils gegenüber.

7. Auch als Zweitsprache besitzt das Russische unter der Bevölkerung in den Städten einen höheren Stellenwert als in den ländlichen Siedlungen. Besonders deutliche Unterschiede im Grad der Beherrschung der russischen »Fremdsprache« treten zwischen städtischer und ländlicher Population in Dagestan auf (Tab. 16).

## 6.2 Zur »Explosion des Ethnischen«

Das Auseinanderbrechen der Sowjetunion hat gezeigt, daß es »das Sowjetvolk« nicht gab, auch wenn dessen Entwicklung bzw. Existenz jahrzehntelang propagiert wurde. Der Zerfallsprozeß des einstigen Vielvölkerstaates offenbart vielmehr eine entgegengesetzte Entwicklung, die im weitesten Sinne als »nationale Konsolidierung« (*Simon* 1991, S. 2) bezeichnet werden kann. Ausdruck dessen ist u.a. eine »Explosion des ethnischen Bewußtseins« (russ. »vzryv etničnosti«) (*Halbach* 1990, S. 1), d.h. es findet eine verstärkte Hinwendung zur eigenen Ethnie statt, wobei ethnodifferenzierende Faktoren eine gewisse Abgrenzungsfunktion erfüllen und in diesem Sinne auch zur Legitimation von Souveränitäts- und Gebietsansprüchen herangezogen werden.

Mit aller Deutlichkeit und Komplexität verläuft diese Entwicklung in Kaukasien: Im einzelnen heißt das:

1. Der Stellenwert der eigenen Sprache ist deutlich gestiegen.
In den transkaukasischen Republiken besaßen die jeweiligen Nationalsprachen schon in sowjetischer Zeit relativ gefestigte Positionen, nicht zuletzt durch ihre verfassungsmäßige Festschreibung als Staatssprachen.[76] Dennoch prägte das Russische verschiedene Bereiche des öffentlichen Lebens. Schon allein wegen der späteren Aufstiegschancen im Beruf bevorzugten viele Eltern für ihre Kinder eine russische Schule. Auch im Verwaltungswesen hatte das Russische die jeweilige Nationalsprache weitgehend verdrängt. Gegenwärtig vollzieht sich eine Entwicklung in umgekehrter Richtung. In Armenien und Georgien ist die Anzahl der muttersprachigen Schu-

---

76 Als 1978 im Zusammenhang mit der Neuauflage der Republikverfassungen auch in den transkaukasischen Republiken das Russische zur Staatssprache erhoben werden sollte, kam es in Georgien zu heftigen Demonstrationen. Schließlich mußte Moskau zurückweichen und die entsprechenden Artikel zur Regelung der Staatssprache blieben erhalten.

len bedeutend gestiegen. In Armenien kann man an den Zeitungsständen kaum noch russischsprachige Presseerzeugnisse kaufen. Straßenschilder und Reclameschriften über den Geschäften erscheinen inzwischen fast ausschließlich in der jeweiligen Nationalsprache, so daß auch dem der russischen Sprache mächtigen Ausländer die Orientierung schwerfällt. Für die kleineren Völker, seien es Titularnationen der autonomen Gebietseinheiten (Abchazen, Osseten) oder Völker ohne nationale Territorialität (Nogajer) ist die Forderung nach Anerkennung ihrer Muttersprache durch die übergeordneten Instanzen längst zu einem Schwerpunkt im Ringen um nationale Selbstbehauptung geworden. Ein Beispiel: Als im August 1990 in der georgischen Presse die Einführung des Georgischen als offizielle Umgangssprache in Südossetien angekündigt wurde, verurteilte die ossetische Volksfront in einem Appell an Moskau diese Maßnahme als undemokratisch. Nur 14 % der Osseten in dem zu Georgien gehörenden autonomen Gebiet beherrschen die georgische Sprache (Report on the USSR, 15 Febr. 1991, S. 21).

2. Es erfolgt eine verstärkte Besinnung auf die eigene Geschichte.
In den ehemaligen Unionsrepubliken hat die Anzahl der Publikationen zur nationalen Geschichte deutlich zugenommen. Für Georgien und Armenien sind diesbezüglich zwei Besonderheiten zu nennen: Erstens waren armenische und georgische Historiker neben den litauischen lange Zeit die einzigen, die ihre Darstellungen ausschließlich in der jeweiligen Muttersprache verfaßt haben (*Simon* 1986, S. 12). Zweitens gehörten sie zu denen, die sich schon vor dem Recht auf Glasnost öffentlich gegen die zentral geforderte Variante der Historiographie wandten.
Auffällig ist eine Besinnung auf Perioden nationaler Eigenständigkeit, verbunden mit dem Hinweis auf die Unrechtmäßigkeit der Eingliederung in den Staatenbund der UdSSR. Bei der Begründung ihrer Territorialansprüche berufen sich die Völker nicht selten auf die Perioden, in denen »ihre« Territorien die größte Ausdehnung hatten, und versuchen auf diese Weise, historisches Vorrecht auf bestimmte Gebiete geltend zu machen.
So versäumen Armenier in Diskussionen zur Karabach-Problematik kaum den Hinweis darauf, daß das heutige Armenien nur ein Siebtel des von Tigran II. im ersten vorchristlichen Jahrhundert beherrschten Territoriums ausmacht.
Die kabardinische Nationalbewegung greift in die Periode des 15. und 16. Jahrhunderts zurück und benutzt die Grenzen der historischen Kabardei als Maßstab heutiger nationaler Territorialität.

3. Die Bedeutung der Religion als Mittel ethnischer Identifikation wächst.
Sowohl das Christentum in Armenien und Georgien als auch der Islam in

Azerbajdżan und im Nordkaukasus werden in dieser Funktion gebraucht, dennoch unterscheiden sich beide Religionen, abgesehen vom Inhalt der Glaubenslehre, in zwei wesentlichen Aspekten - Institutionalisierbarkeit und nationale Bindung -, deren Einfluß auf die einzelnen nationalen Entwicklungen nicht unerheblich ist.

In Armenien und Georgien handelt es sich um zwei spezifische Formen der christlichen Lehre. Als nationale Institutionen haben beide Kirchen seit ihrer Gründung bis in die jüngste sowjetische Vergangenheit eine wichtige Rolle im Ringen um nationale Eigenständigkeit gespielt.

Offensichtlich ist eine zunehmende Aktivität des Islam in allen muslimischen Gebieten der ehemaligen Sowjetunion. Seit 1990 haben die Muslime mehr als 2000 Moscheen zurückerhalten. In Baku wurde u.a. eine neue Medrese eröffnet (*Kendirbajeva* 1992, S. 1). In Machačkala soll bis 1994 die größte Moschee auf dem Territorium der ehemaligen Sowjetunion gebaut werden. Konzipiert ist das von der Türkei finanzierte Gebetshaus für 8000 Gläubige (FR v. 9. 8. 93, S. 6).

An der Pilgerfahrt nach Mekka nahmen 1990 1500 Muslime aus der Sowjetunion teil; ein Jahr später waren es bereits 47 774 (*Sheehy* 1991, S. 26). In der dagestanischen Hauptstadt Machačkala fanden im Juni 1991 heftige Demonstrationen statt wegen angeblich zu hoher Kosten für die Pilgerfahrt, worauf für einen Monat der Ausnahmezustand verhängt wurde. (Von zentraler Seite waren 30 000 Rubel pro Person veranschlagt worden.) (*Sheehy* 1991, S. 26.)

Eine Einschätzung derartiger Entwicklungen sollte äußerst vorsichtig erfolgen, zumal die genannten Beispiele nur die »offizielle Seite« des Islam verkörpern und das eigentliche Potential »islamischer Entwicklungen« in der geographischen Verbreitung und im Wesen dieser Religion zu suchen ist:

- Der Islam ist eine »grenzüberschreitende Religion« und im Gegensatz zum armenischen und georgischen Christentum nicht nationsspezifisch. Zwar erfolgte durch die Eingliederung der muslimischen Völker Kaukasiens und Mittelasiens in das sowjetische Imperium ihre formale Herauslösung aus dem türkisch/persisch-islamischen Kulturraum, doch geblieben ist das Bewußtsein der Zugehörigkeit der sowjetischen Muslime zur gesamten islamischen Welt, und dieses Zugehörigkeitsbewußtsein scheint sich angesichts des europäisch-russischen Einflusses ständig reproduziert zu haben. Im Fall der Azeri und mittelasiatischen Muslime (mit Ausnahme der Tadžiken) wird die Gemeinsamkeit des religiösen Bewußtseins zusätzlich durch eine ethnische - türkisch/persische - Komponente verstärkt (*Bräker* 1988, S. 786). Zudem relativierte die Lage ihrer nationalen Territorien an der südlichen Peripherie der Sowjetunion und die dadurch gegebene unmittelbare Nachbarschaft zu den Glaubensbrüdern im Süden die Wirksamkeit 70jähriger atheistischer Propaganda.

- Durch eine Vielzahl von Handlungsanweisungen, Verhaltensregeln und moralischen Grundsätzen vermittelt der Islam einen spezifischen Lebensstil, der für die Muslime in der Sowjetunion schon zu kommunistischer Zeit eine Möglichkeit darstellte, ihre (nichtrussische) Identität zu demonstrieren. In teilweise modifizierter Form sind Ge- und Verbote (Feiertage, Ernährungsregeln etc.) des Koran zum Bestandteil nationaler Traditionen geworden. Ein Synkretismus aus »sowjetischer Modernität« und islamischer Tradition prägt heute die Lebensweise der muslimischen Völker in der ehemaligen Sowjetunion.

Fast alle Muslime hielten an der Tradition der Beschneidung ihrer Söhne fest. Trauungen und Beerdigungen nach islamischem Ritus fanden nach wie vor statt (*Basse, Stricker* 1989, S. 274). Die Glaubenslehre an sich spielte eine eher nachgeordnete Rolle, zumal eine Vermittlung durch den Mangel an ausgebildeten Kräften eingeschränkt war und infolgedessen die Kenntnis des Korans relativ oberflächlich blieb.

Die Politisierung des Islam, wie sie gegenwärtig u.a. in der Gründung zahlreicher islamischer Organisationen[77] zum Ausdruck kommt, ist keineswegs neu, hat sie doch im Unabhängigkeitskampf der nordkaukasischen Bergvölker gegen die russische Eroberung ein bis in die Gegenwart fortlebendes historisches Beispiel.

Zeichnen sich in der jüngsten Entwicklung Čečniens auch fundamentalistische Züge ab, so muß die Belebung islamischer Traditionen und religiöser Aktivitäten insgesamt doch eher als Reaktion auf eine jahrzehntelange Bevormundung verstanden werden. Den Islam als *eine* Form des nationalen Bewußtseins und seine Aktivierung als *eine* Variante der Identitätssuche zu verstehen, scheint der Situation gerecht zu werden.

4. Die lokale Politik ist durch einen wachsenden Separatismus gekennzeichnet.

Die eigenmächtigen Unabhängigkeitserklärungen lokaler Oppositionspolitiker oder nationaler Bewegungen, die bislang ohne Zustimmung der übergeordneten (offiziellen) Instanzen blieben, sind deutlich vom Bestreben nach ethnischer Abgrenzung motiviert.

---

77 Neue islamische Organisationen in der GUS: »Muslimische Gesellschaft« (1990, Dagestan); »Islamische Partei der Wiedergeburt« (1889, Astrachan'); »Islamische Demokratische Partei« (1990, Uzbekistan); »Islamische Partei Turkestans« (1990, Uzbekistan); »Liga der muslimischen Frauen« (1990, Kazachstan). (In Klammern sind Gründungsjahr und Gründungsort genannt.)
Quelle: *Kendirbajeva, G.:* Islam und Politik in den orientalischen Staaten der GUS. (= Aktuelle Analysen des Bundesinstituts für ostwissenschaftliche und internationale Studien Nr. 19/1992.)

So fordert die Nationalbewegung der Adyge eine einheitliche čerkessische Republik, der alle westkaukasischen Völker, d.h. alle mit den Adyge verwandten Gruppen (Čerkessen, Kabardiner, Abazinen, Šapsugen, Abchazen) angehören sollen. Andererseits sind die Šapsugen an der Wiedererrichtung ihres nationalen Kreises interessiert.[78]
Auch die Čerkessen beanspruchen eine eigene Republik. Der von Moskau nicht anerkannten Ausrufung der Republik Karačaj im November 1990 folgte ein knappes Jahr später die ebenfalls nicht offiziell bestätigte Proklamation der Republik Čerkessien (*Saizew* 1992, S. 3).
Ebenso einseitig sind bislang die Erklärungen zu einer Abazinischen Republik sowie die Gründung der zwei Kosaken-Republiken Batalpašinsk und Zelenčuk-Urup.[79]
Inoffiziell gespalten ist auch Kabardino-Balkarien. Die Gründung getrennter Republiken innerhalb der Rußländischen Föderation wurde vom balkarischen Volkskongreß im Spätjahr 1991 und vom kabardinischen Volkskongreß im Januar 1992 beschlossen.
Bereits vollzogen ist die Trennung der Čečeno-Ingušischen Republik, wenngleich die Fragen der Grenzen und der Hauptstadt Ingušiens bisher nicht geklärt sind. Während sich Ingušien als Bestandteil der Rußländischen Föderation versteht, pocht Čečnien auf Unabhängigkeit von Rußland.
Im südazerbajdžanischen Lenkoran' stand im Sommer 1993 die Ausrufung einer »Unabhängigen Republik Talyš-Mugan« kurz bevor (FR v. 18. 8. 93, S. 2).
Von den dagestanischen Lezgen sowie den Kumyken und Nogajern, die jeweils eine eigene Autonomie fordern, war bereits die Rede.

---

78 Die Šapsugen sind ein Zweig der Adyge an der nördlichen Schwarzmeerküste. 1945 ließ Stalin den 1924 eingerichteten nationalen Kreis der Šapsugen liquidieren. Ihre Anzahl beträgt gegenwärtig etwa 10 000 (*Zhukov* 1992, S. 4).
79 Als mit der Erklärung Karačajevo-Čerkessiens zu einer selbständigen Republik 1990 die Kreise Zelenčuk und Urup aus der russischen Verwaltung herausfielen, bestanden die Kosaken auf der Bildung eines eigenen Territoriums aus den umstrittenen Kreisen und dem Austritt aus Karačajevo-Čerkessien sowie auf dem Anschluß an den Kreis Stavropol'.

# 7 Die neuen Staaten zwischen sowjetischer Hinterlassenschaft und nationalem Neubeginn

Es mag müßig sein, danach zu fragen, ob der sowjetische Staatenbund bei einem früheren Ausbau der politischen und wirtschaftlichen Kompetenzen der einzelnen Republiken eine größere Überlebenschance gehabt hätte. Vielleicht wäre so das derzeitige wirtschaftliche und soziale Fiasko vermeidbar gewesen. Möglicherweise hätte ein restriktives Einschreiten Moskaus die gewaltsamen Auseinandersetzungen zwischen Völkern oder die bürgerkriegsähnlichen Zustände in einzelnen Republiken verhindert... Wie auch immer, die politischen und wirtschaftlichen Strukturen, die die formale Föderation fast siebzig Jahre zusammenhielten, konnten dem Streben der Völker nach Unabhängigkeit nicht mehr standhalten. Doch sie haben ein Erbe hinterlassen, mit dem sich die inzwischen souveränen Staaten noch lange auseinandersetzen werden müssen.

## 7.1 Das »Erbe« der Sowjetunion – Bedingungsfeld für die Lösung ethnisch-territorialer Konflikte

Als am Ende der achtziger Jahre das multinationale Riesenreich »Sowjet-Union« mit atemberaubender Geschwindigkeit auseinanderzubrechen begann, gehörten Armenien und Georgien neben den baltischen Ländern zu den Vorreitern dieser Entwicklung. Der Drang nach Unabhängigkeit, die Spontaneität, z.T. Radikalität, die das Handeln der Nationalbewegungen bestimmten, schienen angesichts jahrzehntewährender Unterdrückung nationaler Entfaltungsmöglichkeiten verständlich. Aber eben diese Bevormundung durch das zentralistische System hat zu einer relativen Unerfahrenheit der Länder in bezug auf politische und wirtschaftliche Eigenständigkeit geführt. Die einzelnen Republiken gelten seit ihrer völkerrechtlichen Anerkennung nach dem Ende der UdSSR zwar als souveräne Staaten, doch die gegenwärtige Entwicklung zeigt deutlich, daß die Ausgestaltung bzw. Umsetzung der Unabhängigkeit einen längeren historischen Zeitraum in Anspruch nehmen wird.

Die vertikalen Strukturen des von Moskau aus organisierten Systems, die die Republiken zu bloßen Befehlsempfängern degradiert hatten, existieren nicht mehr. Die national-staatlichen Strukturen befinden sich hingegen erst in der Aufbauphase. Um das so entstandene Machtvakuum ist in den neuen Staaten ein Kampf zwischen nationalen Bewegungen unterschiedlicher politischer Ausrichtung entbrannt, der in einigen Republiken - so auch in Georgien und Azerbajdžan - bereits zu bürgerkriegsähnlichen Zuständen geführt hat.

In *Georgien* sind die politischen Kräfte extrem zersplittert. Schon 1990 waren mehr als 100 politische Gruppierungen registriert; an den Parlamentswahlen im Oktober 1990 nahmen 34 Parteien teil (*Halbach, Götz* 1992, S. 20).

Der diktatorische Führungsstil Gamsachurdias spaltete die Regierung und gipfelte im Dezember 1991/Januar 1992 in bewaffneten Auseinandersetzungen zwischen Anhängern des Präsidenten und abtrünnigen Teilen der Regierung bzw. der Opposition. Nach dem Sturz Gamsachurdias übernahm ein Militärrat die Macht. Einige oppositionelle Kräfte plädierten gar für die Umwandlung Georgiens in eine konstitutionelle Monarchie.[80]

Im Oktober 1992 wurde der ehemalige sowjetische Außenminister Ševardnadze zum Staatsoberhaupt gewählt, nachdem er bereits im März 1992 in ungewählter Position dieses Amt übernommen hatte. Abchazen und Südosseten boykottierten die Wahl.

Mit der Entlassung des Verteidigungsministers und der Auflösung des Verteidigungsrates begann im Frühjahr 1993 eine Regierungskrise in Georgien. Nach dem Rücktritt der Regierung und der Neuwahl des Ministerpräsidenten im August 1993 drohte Ševardnadze überraschend mit Rücktritt, blieb dann aber doch im Amt.

Im Herbst 1993 führten die georgisch-abchazischen Differenzen über den politischen Status der Schwarzmeer-Republik zu den bislang schwersten Unruhen. Zudem kämpften Anhänger des gestürzten Präsidenten Gamsachurdia, die sich hauptsächlich in der Region Mingrelien konzentrieren, gegen die georgischen Regierungstruppen. Politisch und militärisch bedrängt, kündigte Ševardnadze Anfang Oktover 1993 den Beitritt Georgiens zur GUS an.

In *Armenien* besitzen die weitgehend aus der Volksfront und dem Karabach-Komitee hervorgegangenen Nichtkommunisten die Mehrheit in Parlament und Regierung. Allerdings sieht sich Präsident Ter-Petrosjan zunehmender Kritik seitens des Volkes ausgesetzt.

Politische Instabilität prägt auch die Lage in *Azerbajdžan*. Nach wie vor besteht eine konservative kommunistische Mehrheit in der Regierung. Im

---

80 Bis zur Annexion durch Rußland 1801 war Georgien eine Monarchie. Angeblich ist das in Spanien lebende Oberhaupt der königlichen Familie Jorge Bagration an der Thronfolge interessiert (FR. v. 8. 1. 1992, S. 1).

September 1991 wurde der ehemalige kommunistische Parteichef Mutalibov zum Präsidenten Azerbajdžans gewählt, ein halbes Jahr später aber wegen seiner nachgiebigen Haltung im Karabach-Konflikt abgesetzt. Im Mai 1992 übernahm die oppositionelle Nationale Front Azerbajdžans unter Führung von El'čibej die Macht. Angesichts der Bedrohung durch bewaffnete Anhänger von Husseinov, den Elčibej Mitte Februar 1993 als Sonderbeauftragten für Nagornyj Karabach abgesetzt hatte, floh Elčibej im Juni nach Nachičevan', erklärte aber nicht seinen Rücktritt. Am 24. Juni stimmte der Nationalrat für eine Entmachtung Elčibejs. Die Vollmachten des Präsidenten übernahm Aliev, der bis dahin die Funktion des Parlamentsvorsitzenden der azerbajdžanischen Exklave Nachičevan' bekleidet hatte. Im September 1993 kündigte der frühere Chef der KP Azerbajdžans Aliev den Beitritt der Republik zur GUS an; ein Jahr zuvor hatte der Nationalrat die Ratifizierung des Vertrages über den Beitritt Azerbajdžans zur GUS abgelehnt. Aus den Präsidentschaftswahlen am 3. Oktober 1993 ging Aliev als Sieger hervor.

Hinzu kommen die seit Jahren schwelenden, jetzt mit aller Heftigkeit aufgebrochenen Auseinandersetzungen zwischen den Republiken und den ihnen inkorporierten autonomen Territorialeinheiten um die Rechtmäßigkeit von Grenzen, politische Zuständigkeiten und Statuserhöhungen. Dabei sind drei unterschiedliche Anspruchsniveaus ineinander verkeilt: Territorial- und Statusansprüche, die von den legitimen Führungen der autonomen Gebietseinheiten ausgehen, implizieren z.T. entgegengesetzte Reaktionen der übergeordneten Republikführungen (Statuserniedrigung), die - sofern sie noch zu Zeiten des Bestehens der Sowjetunion veranlaßt wurden (Aufhebung der südossetischen Autonomie durch Georgien im Dezember 1990; Aufhebung des autonomen Status von Nagornyj Karabach durch Azerbajdžan im Dezember 1991) - ohne Zustimmung Moskaus blieben. Hinzu kommen die Ansprüche verschiedener politischer Gruppierungen und Parteien.

Der politisch-rechtliche Ursprung dieser verzwickten Situation liegt in der Kollision zweier Völkerrechtsnormen, des Selbstbestimmungsrechts der Nationen einerseits und des Rechts auf territoriale Integrität andererseits. Osseten und Abchazen berufen sich auf das erste Prinzip, Georgier auf das zweite. Ähnlich verhält es sich im armenisch-azerbajdžanischen Streit um Nagornyj Karabach. Die Koexistenz dieser zwei Prinzipien, des nationalen und des territorialen, mußte dem hierarchischen Verwaltungsaufbau zum Verhängnis werden.

Die eigenständigen politischen Gehversuche der Republiken werden durch die prekäre wirtschaftliche Lage erschwert. Diese ergibt sich aus dem Dilemma zwischen der Auflösung des zentralen Unionsmarktes und dem damit verbundenen Ausbleiben von Subventionen und Investitionen einerseits sowie der noch bestehenden regionalen Wirtschaftsstruktur, die eine fortbestehende Abhängigkeit von Rohstoff- und Ersatzteillieferungen induziert, andererseits. Die interethnischen Auseinandersetzungen komplizieren die Situation zusätzlich. Sie legen in den umkämpften Gebieten nicht nur die Produktion lahm, sondern lösen auch massive Flüchtlingsströme (Abb. 18) aus, die in den jeweiligen Zielgebieten, insbesondere im städtischen Milieu, zu einer relativen Übervölkerung führen. Versorgungsprobleme, akuter Wohnraummangel und zunehmende Übersättigung des Arbeitsmarktes sind die Folgen.

Russen, die jahrzehntelang außerhalb ihrer (ethnischen) Heimat gelebt haben, und gegen die sich jetzt verstärkt der Unmut der nichtrussischen Bevölkerung richtet, sehen sich gezwungen, nach Rußland zu gehen. Dabei handelt es sich z.T. um hochqualifizierte Fachkräfte, deren die Wirtschaft in den neuen Staaten gerade jetzt bedurfte.

In welchem Maße die politischen Konflikte die wirtschaftliche Entwicklung beeinflussen, zeigt eine in der Ausgabe 12/1993 der Wochenzeitung »Kommersant« veröffentlichte Untersuchung des »geopolitischen Investitionsrisikos« in den autonomen Republiken und autonomen Bezirken der Rußländischen Föderation (Tab. 17). Die Ergebnisse belegen eindeutig, daß die nordkaukasischen Republiken bis auf die Republik Adyge im Vergleich zu den anderen nationalen Einheiten der Rußländischen Föderation mit einem höheren Investitionsrisiko belastet sind. Dabei erreicht Čečnien in allen drei Risikogruppen die höchsten Werte.

Ein keinesfalls außer acht zu lassendes Erbe ist das militärische. Wenngleich nicht anzunehmen ist, daß in den kaukasischen Konflikten atomare Waffen zum Einsatz kommen, bildet die militärische Hinterlassenschaft in den einzelnen Republiken eine potentielle Gefahr. Der Handel mit militärischem Gerät aus den Beständen der ehemaligen Sowjetarmee ist an den Brennpunkten Nord- und Transkaukasiens inzwischen zur grausamen Normalität geworden.

*Abb. 18: Kaukasien - Fluchtbewegungen 1988 bis 1993*

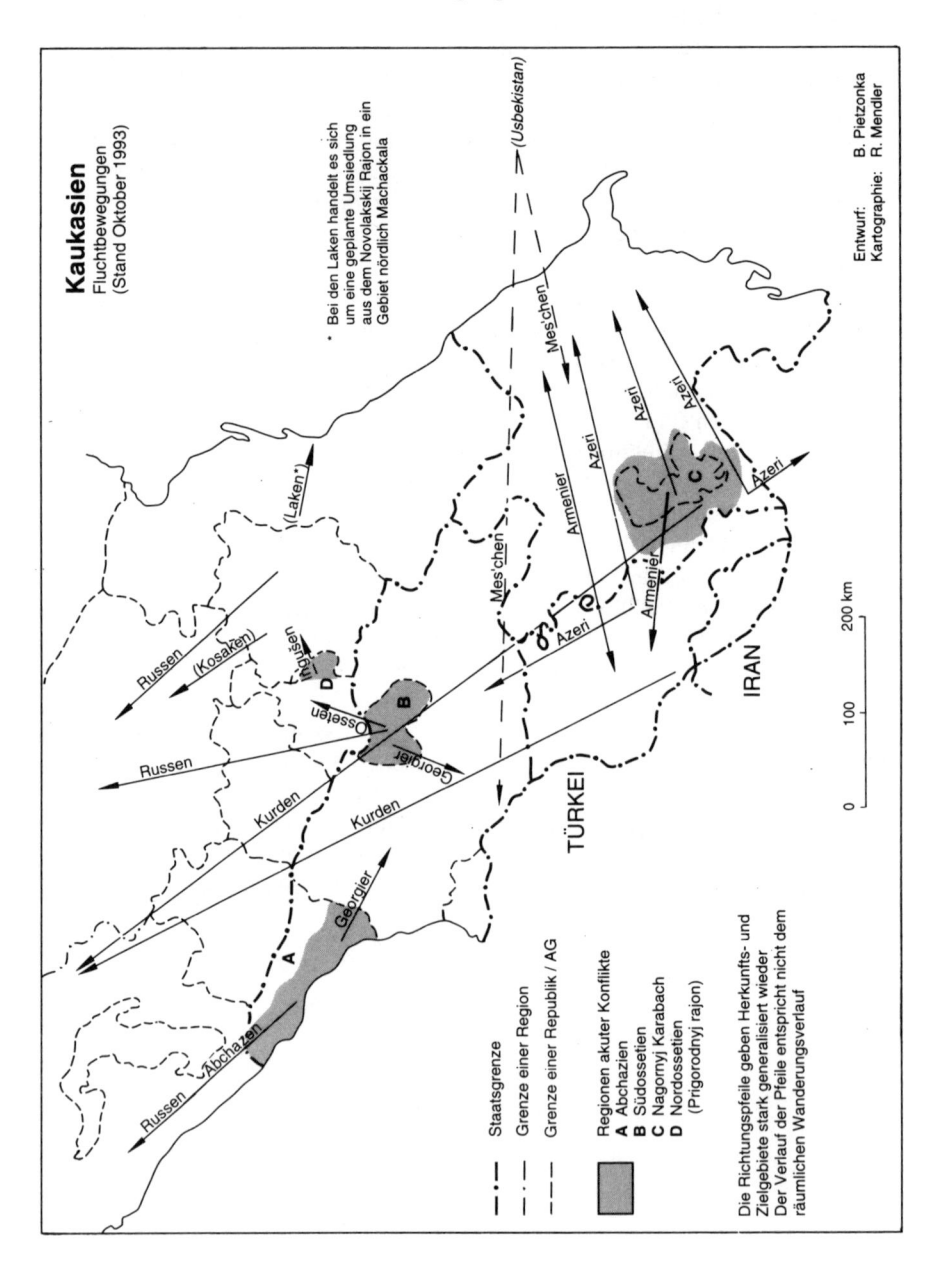

*Tab. 17:  Beurteilung des Investitionsrisikos in den Republiken und in den
autonomen Bezirken der Rußländischen Föderation
(Stand: März 1993)*

| Territorialeinheit | Summe der einzelnen Risikoquoten | geopolitische Risikoquoten | | |
|---|---|---|---|---|
| | | geopolitische i.e.S. | ethnopolitische | soziale |
| Rep. Čečnien | 13,2 | 3,6 | 5,0 | 4,5 |
| Rep. Nordossetien | 11,85 | 3,1 | 4,75 | 4,0 |
| Rep. Dagestan | 11,15 | 2,6 | 4,75 | 3,8 |
| Rep. Kabardino-Balkarien | 10,8 | 3,3 | 4,5 | 3,0 |
| Rep. Karačajevo-Čerkessien | 10,75 | 2,9 | 4,25 | 3,6 |
| Rep. Baškortostan | 10,55 | 4,0 | 3,75 | 2,8 |
| Rep. Tatarstan | 10,55 | 4,0 | 3,75 | 2,8 |
| Rep. Tuva | 10,05 | 3,0 | 4,25 | 2,8 |
| Rep. Buread | 8,3 | 3,1 | 3,0 | 2,2 |
| Rep. Adyge | 8,2 | 2,4 | 3,0 | 2,8 |
| Rep. Sacha | 3,1 | 2,6 | 3,5 | 2,0 |
| Rep. Komi | 8,05 | 3,2 | 2,25 | 2,6 |
| Rep. Chal'm Tangč | 7,85 | 2,3 | 2,75 | 2,8 |
| Rep. Čavas"en | 7,55 | 2,9 | 2,25 | 2,4 |
| Rep. Karelien | 8,95 | 3,25 | 1,5 | 2,2 |
| Rep. Marij-El | 6,6 | 2,0 | 2,0 | 2,6 |
| Rep. Udmurtien | 6,5 | 2,8 | 1,5 | 2,2 |
| Rep. Altaj | 6,45 | 2,5 | 1,75 | 2,2 |
| Rep. Chakassien | 6,1 | 2,0 | 2,5 | 1,6 |
| Rep. Mordvinien | 5,9 | 2,0 | 1,5 | 2,4 |
| AO d. Jamal-Nenzen | 5,75 | 2,7 | 1,25 | 1,8 |
| AO d. Burjaten von Aginskoe | 5,7 | 1,5 | 2,0 | 2,2 |
| AO Tajmyr | 5,7 | 2,7 | 1,0 | 2,0 |
| AO d. Juden | 5,5 | 2,5 | 1,0 | 2,0 |
| AO d. Nenzen | 5,15 | 1,3 | 1,25 | 2,6 |
| AO d. Čukčen | 5,0 | 1,8 | 1,0 | 2,2 |
| AO d. Chanten u. Mansen | 4,95 | 2,3 | 1,25 | 1,4 |
| AO d. Evenken | 4,95 | 1,3 | 1,25 | 2,4 |
| AO d. Burjaten von Ust' Orda | 4,8 | 1,7 | 1,5 | 1,6 |
| AO d. Komi-Permjaken | 4,7 | 1,5 | 1,0 | 2,2 |
| AO d. Korjaken | 4,7 | 1,7 | 1,0 | 2,0 |

Quelle: Śmarov, A.; Bogdanov, L.; Skorobokat'ko, B.: Investicionnye riski v Rossii. In: Kommersant 1993, Nr. 12, S. 21 f.
Die Republik Ingušien ist nicht berücksichtigt.

Die Risikoquoten wurden auf der Grundlage dreier Indikatorengruppen ermittelt, wobei für die Ermittlung der einzelnen Quoten spezifische Indikatoren herangezogen wurden.

1. Geopolitisches Risiko i.e.S.
*Indikatoren:* Reingewinn an Nationaleinkommen; Exportpotential; Grad der Eigenversorgung mit Nahrungsmitteln; Anteil der Angehörigen der Titularnation an der Gesamtzahl der Führungskräfte in der Wirtschaft; geographische Lage (Gunstfaktoren); Stellung im Förderationsvertrag.

2. Ethnopolitisches Risiko
*Indikatoren:* ethnische Zusammensetzung der Bevölkerung; Konfliktpotential der interethnischen Beziehungen; Anteil der Angehörigen der Titularnation in Schlüsselpositionen; Aktivität nationalistischer Bewegungen.

3. Soziales Risiko
*Indikatoren:* Höhe und Dynamik der Reallöhne; Arbeitslosenquote; Anteil der Bevölkerung mit einem Einkommen unterhalb der Armutsgrenze.
Die Differenz zwischen Maximal- und Minimalwert je Indikator (z.B. Arbeitslosenquote: 15 % in Territorialeinheit x (max.) und 5 % in Territorialeinheit y (min.) → Differenz 10) wird in 5 Intervalle gegliedert (z.B. 5-7 %; 7,1-9 %; ...), die mit den Ziffern 1 bis 5 belegt werden. In diese Skala werden die Quoten je Indikator und Territorialeinheit eingeordnet. Die Ermittlung des Wertes für die Risikogruppe erfolgt durch Mittelwertberechnung aller Quoten der entsprechenden Indikatorengruppe.
Allgemein gilt: Je höher die Quote, desto größer das Investitionsrisiko.

## 7.2 Ausblick

In der Entwicklung der interethnischen Auseinandersetzungen treten fünf Aspekte immer deutlicher hervor und verweisen auf eine neue politische und territoriale Dimension der Konflikte.

1. Die Konflikte erfahren eine *räumliche Ausweitung.* Vor allem im Zusammenhang mit den Flüchtlingsströmen, die aus den »Konfliktzentren« nach außen gerichtet sind, werden die bisherigen Randzonen verstärkt in das aktive Konfliktfeld einbezogen.

2. Die Konflikte erfahren teilweise eine *Internationalisierung.* Einerseits erfolgt dies von außen über das Eingreifen der Vereinten Nationen, sei es durch Resolutionen oder Beobachtertruppen. Im Fall Nagornyj Karabachs hat es mehrfach auch Vermittlungsversuche mit internationaler Beteiligung gegeben. Schließlich zeigen die Drohung der Türkei, militärisch in die armenisch-azerbajdžanischen Auseinandersetzungen einzugreifen und die Verstärkung iranischer Truppen an der Grenze zu Azerbajdžan die inzwi-

schen internationale Reichweite des Konflikts. Andererseits tragen die Flüchtlingsströme aus den armenisch besetzten Gebieten Azerbajdžans in den Iran zu einer endogenen Ausweitung der Karabach-Problematik über die Staatsgrenzen der früheren Sowjetunion bei.

3. Immer deutlicher zeichnet sich eine *gegenseitige Verzahnung* ethnisch-territorialer Auseinandersetzungen ab. In Nordkaukasien reihen sich an der Achse Balkarien-Nordossetien-Ingušien-Čečnien-Dagestan verschiedene Konfliktfälle aneinander, die teilweise untereinander verbunden sind. Bei drei ethnisch-territorialen Streitfällen (Abchazien, Ossetien, Lezgistan) besteht eine Verhakung zwischen Nord- und Transkaukasien.

4. Die Flüchtlingsströme haben zu erheblichen *Bevölkerungsumverteilungen* geführt. Zum Teil sind nach Beruhigung von Konflikten auch Rückwanderungen zu verzeichnen. Abschließende Aussagen über den Umfang der Fluchtbewegungen sowie über die Veränderung der Bevölkerungsstruktur in den Herkunfts- und Zielgebieten sind noch nicht möglich.

5. Die interethnischen Auseinandersetzungen werden zunehmend *von innenpolitischen Machtkämpfen (Georgien, Azerbajdžan, Čečnien) beeinflußt.*
Daß ein Weg zur Lösung ethnisch-territorialer Streitfragen in Transkaukasien kaum an Rußland vorbeiführen kann, zeigen die Beitritte Azerbajdžans und Georgiens zur GUS nur allzu deutlich. Rußland besitzt die Führungsrolle in der neuen Staatengemeinschaft und ist allein aufgrund seiner politischen und wirtschaftlichen Interessen und durch seine geographische Lage in unmittelbarer Nachbarschaft zu den Republiken wahrscheinlich am ehesten bereit und fähig, eine regulative Funktion in den Konflikten zu übernehmen. Ob sich diesbezüglich für die Nachfolgestaaten eine neue Abhängigkeit von Rußland ergibt, hängt in entscheidendem Maße von der künftigen politischen Entwicklung in der Rußländischen Föderation ab. Für die politischen Führungen der Republiken stellt eine GUS-Mitgliedschaft zunächst einmal eine Art Sicherheitsfaktor dar; die Bereitschaft zu tatsächlicher politischer Kooperation scheint dabei zweitrangig.
Ob sich die Rußländische Föderation in der im Föderationsvertrag vom März 1992 vorgesehenen Form bewährt, bleibt abzuwarten. Die Entwicklung in Nordkaukasien wird dabei eine entscheidende Rolle spielen, denn immerhin entfallen sieben der insgesamt 32 autonomen Einheiten der Föderation auf diese Region. Den Vorhaben der nordkaukasischen Völker nach politisch-territorialen Veränderungen sollte man durchaus Beachtung schenken. Das gilt insbesondere für die Forderungen nach Aufteilung der binationalen Republiken Karačajevo-Čerkessien und Kabardino-Balkarien.

Im Zusammenhang damit stellt sich aber auch die Frage, wie weit eine territoriale Desintegration und eine damit verbundene Aufteilung politischer Machtbefugnisse sinnvoll bleibt. Das betrifft ebenso die Forderungen der Lezgen, Kumyken und Nogajer nach Errichtung eigener territorial-kultureller Autonomien. Das »Gesetz über die Rehabilitierung der repressierten Völker« vom 26. April 1991 hat bisher nicht zu einer Lösung der balkarisch-ossetischen und ingušisch-ossetischen Streitigkeiten geführt, und der Aufschub territorialer Veränderungen bis 1995 läßt kaum eine schnelle Beilegung des Konflikts um den Prigorodnyj Rajon erwarten.

Auch südlich des Kaukasuskammes scheint keine Beruhigung der Konflikte in Sicht. Ein politisch-administrativer Anschluß Nagornyj Karabachs an Armenien ist zwar denkbar, würde aber allein schon durch die Lagesituation des Gebietes neue Probleme aufwerfen. Außerdem hat Armenien das Gesetz vom 12. Januar 1989 zurückgenommen, das Nagornyj Karabach als armenisches Territorium anerkannte (*Manutscharjan* 1992, S. 6). Was Südossetien und Abchazien betrifft, ist die Entwicklung gleichfalls nicht absehbar.

Gemeinsame politische bzw. wirtschaftliche Aktivitäten der transkaukasischen Republiken gibt es bislang nicht. Die drei Staaten sind deutlich nach außen orientiert, wobei die periphere Lage innerhalb der Sowjetunion vor allem für Azerbajdžan eine wichtige Rolle gespielt hat. Die auch durch die Staatsgrenze nie vermeidbare räumliche Nähe zu Ländern, in denen der Islam entweder Staatsreligion ist oder zumindest der überwiegende Teil der Bevölkerung sich zu dieser Religion bekennt, hat die traditionellen Verbindungen Azerbajdžans zur islamischen Welt nie abreißen lassen. Noch im Jahr seiner Unabhängigkeitserklärung wurde Azerbajdžan Mitglied der Organisation »Islamische Konferenz«. Gegenwärtig sind es insbesondere die Türkei und der Iran, die in Azerbajdžan einen neuen politischen Verbündeten und Wirtschaftspartner sehen. Die Türkei hatte im November 1991 neben Pakistan als erster Staat die Unabhängigkeit des Landes anerkannt und diplomatische Beziehungen mit Baku aufgenommen. Der Iran hat sein Interesse an Ölbohrungen im Kaspischen Meer bereits angemeldet. In der »Tehran Times« war von einem »gemeinsamen islamischen Markt« die Rede, an dem Iran, die Türkei und Pakistan sowie die sechs islamischen Republiken der ehemaligen Sowjetunion beteiligt sein sollen (FR v. 9. 1. 1992, S. 2). Seit der Machtübernahme durch den früheren Parteichef Aliev hat sich die Position Azerbajdžans im historischen und nun wieder aktuellen Kräftedreieck »Rußland-Türkei-Iran« zugunsten Moskaus verschoben. Politisch wird sich Azerbajdžan wahrscheinlich am säkularen Modell der Türkei orientieren.

Armenien befindet sich dagegen in einer relativ isolierten Lage. Die historisch belasteten Beziehungen zur Türkei sind von den Vorgängen um Nagornyj Karabach überschattet. Das Verhältnis zu Georgien ist ebenfalls nicht spannungsfrei. (Nachdem sich der gestürzte georgische Präsident Gamsachurdia im Januar 1992 für kurze Zeit in Armenien aufgehalten hatte, sperrte Georgien die für Armenien bestimmten Gaslieferungen aus Rußland. An der armenisch/georgischen Grenze kam es daraufhin zu gewalttätigen Auseinandersetzungen.) Was die wirtschaftliche Entwicklung betrifft, wird Armenien um eine Zusammenarbeit mit der Türkei kaum umhinkommen.

Insgesamt werden die drei transkaukasischen Länder auch in Zukunft auf eine wirtschaftliche Kooperation mit Rußland angewiesen sein. Das gilt in besonderem Maße für Armenien und Georgien aufgrund der Importabhängigkeit bei Energieträgern.

Impulse für eine wirtschaftliche Entwicklung der Kaukasus-Region könnten sich aus der Einbindung Georgiens, Armeniens und Azerbajdžans sowie Rußlands in die Schwarzmeer-Wirtschaftsregion (SMWR)[81] ergeben, deren Gründungsakte die genannten Staaten bereits unterzeichnet haben. Es ist jedoch kaum zu erwarten, daß das von der Türkei angeregte Projekt zu einem politischen Stabilitätsfaktor in der insgesamt krisenanfälligen Region wird.

Wenngleich hinter der politischen Zukunft Kaukasiens im Moment ein großes Fragezeichen steht und sich der Eindruck einer gewissen Ausweglosigkeit aufdrängt, sollte man nicht vergessen, daß Kaukasien seit jeher ein »Völkerlabyrinth« darstellt, daß ethnische und kulturelle Vielfalt Merkmale sind, die die Region als Ganzheit charakterisieren. Die gegenwärtige Situation deutet darauf hin, daß das Muster ethnisch-national bestimmter Territorialeinheiten aufgrund der Interferenz politischer Interessen und territorialer Ansprüche kaum zu einer Beruhigung der Konflikte führen wird. Vielleicht sollte sich die künftige politische und administrative Gliederung des Raumes nicht vordergründig an der ethnischen Komponente orientieren. Wie immer auch eine Lösung der Streitfälle aussehen wird, Kompromisse werden unvermeidbar bleiben, selbst wenn die betroffenen Seiten dazu momentan keine Bereitschaft zeigen. Sowohl die Revision bestehender als auch die Errichtung neuer Grenzen sind künftig nicht auszuschließen; letzteres erscheint dabei zumindest für die nähere Zukunft wahrscheinlicher.

---

81 Das Endkommuniquee der SMWR (»Bosporus-Erklärung«) wurde am 25. Juni 1992 von 11 Staaten (Türkei, Griechenland, Rußland, Ukraine, Moldova, Georgien, Armenien, Azerbajdžan, Rumänien, Bulgarien, Albanien) unterzeichnet. Die SMWR faßt damit eine Bevölkerung von ca. 324 Mill. zusammen. Im Vordergrund soll die Zusammenarbeit in den Bereichen Handel, Industrie, Wissenschaft, Technik und Umwelt stehen. Eine »Schwarzmeer-Bank für Außenhandel und Investment« befindet sich im Aufbau (FR v. 7. 1. 1993, S. 12).

# 8 Ergebnisse

Interethnische Differenzen, die in einigen Fällen bereits zu heftigen Unruhen geführt haben, sind ein politisches Kernproblem Kaukasiens. Eine Analyse von Ursachen und Hintergründen dieses konzentrierten Konfliktpotentials macht es erforderlich, regionale kulturräumliche Strukturen, darunter auch politisch-territoriale, zu untersuchen und die strukturellen Merkmale in ihrer Interferenz zu betrachten.

1. Das markanteste Charakteristikum Kaukasiens ist eine ausgeprägte Heterogenität der ethnolinguistischen Struktur der Bevölkerung, wohinzu noch Unterschiede in der Religionszugehörigkeit treten. Die Hauptmasse der Bevölkerung Kaukasiens gliedert sich in Angehörige dreier Sprachfamilien - Indoeuropäer, Kaukasier und Altajer - sowie Gläubige zweier Weltreligionen - Christen und Muslime - wobei sprachlich-ethnische Zugehörigkeit und religiöses Bekenntnis einander nicht decken.

2. Eine völlige Korrelation zwischen der ethnischen Gliederung und der politisch-territorialen Aufteilung des Raumes ist wegen der dispersen Siedlungsweise einzelner Ethnien ausgeschlossen. Dennoch resultiert die Mehrzahl der interethnischen Streitfälle aus einer der ethnischen Struktur nicht in jedem Falle angemessenen politischen Raumgliederung, die zum einen Teil aus der Zeit des Anschlusses peripherer Regionen an das Russische Reich bzw. an Sowjet-Rußland herrührt, zum anderen Teil den bislang nicht rückgängig gemachten Veränderungen, die im Zusammenhang mit der Deportation zahlreicher kaukasischer Völker in den vierziger Jahren vorgenommen wurden, zuzuschreiben ist.

3. Aus diesem Mißverhältnis resultiert eine Vielzahl von Konfliktkonfigurationen, die sich zu zwei Hauptproblemgruppen zusammenfassen lassen. Ein erster Problemkomplex besteht hinsichtlich des Verhältnisses von ethnischem Territorium bzw. historischem Siedlungsraum eines Volkes und der politischen Abgrenzung oder (und) der verwaltungsrechtlichen Unterstellung der zugeordneten Territorialeinheit. Dazu gehören:
- Eine ethnisch inhomogene Struktur vieler Territorialeinheiten. Das betrifft in erster Linie die binationalen autonomen Republiken Nordkaukasiens (Karačajevo-Čerkessien, Kabardino-Balkarien) und Dagestan. Außerdem stehen den jeweiligen Titularnationen in Nordkaukasien rela-

tiv große slawische (russische, ukrainische) Bevölkerungsgruppen gegenüber, wodurch nach quantitativen Gesichtspunkten die eponymen Ethnien in zwei Fällen eine Minderheit innerhalb des eigenen Territoriums darstellen (Adygeja, Karačajevo-Čerkessien).
- Die Zerschneidung ethnisch relativ homogener Territorien durch politische Grenzen. Die Mehrzahl der innerkaukasischen Grenzen durchschneidet in einzelnen Abschnitten ethnische Territorien. Einige Grenzen überlagern nahezu in ihrem gesamten Verlauf ein ethnisches Territorium.

Zu unterscheiden sind zwei Typen der staatlichen oder administrativen Trennung ethnischer Territorien:

a) Mindestens ein Teilstück des ethnischen Territoriums ist politisch legitimiert. Die übrige, also außerhalb des staatlichen bzw. autonomen Territoriums als sekundäre Gruppe lebende Bevölkerung ist bestrebt, ihre Gebiete dem politisch legitimierten Teil des ethnischen Territoriums anzugliedern oder einen Autonomiestatus innerhalb der übergeordneten »fremdnationalen« Einheit zu erlangen.

b) Die Abschnitte des ethnischen Territoriums sind jeweils nicht-autonome territoriale Bestandteile übergeordneter staatlicher oder administrativer Einheiten. Hauptforderung der jeweiligen Bevölkerungsgruppe ist die Errichtung eines nationalen Territoriums, dessen Grenzen den ethnischen entsprechen.
- Ethnisch-territoriale Inkongruenzen infolge administrativer Veränderungen im Zusammenhang mit Zwangsmigrationen. Der Nordkaukasus war die von den Deportationen der vierziger Jahre am stärksten betroffene Region innerhalb der Sowjetunion. Bis in die Gegenwart sorgen territoriale Verschiebungen und dadurch bedingte veränderte administrative Zuständigkeiten sowie veränderte ethnische Proportionen in den früheren Siedlungsgebieten der ausgewiesenen Völker für Unruhen.
- Die Existenz von Ex- bzw. Enklaven: Konflikte wie im Fall »Nagornyj Karabach« ergeben sich hierbei weniger aus Abgrenzungs- als aus Zuordnungsproblemen. Durch die Transformation der früheren Unionsrepubliken in souveräne Staaten gewinnen derartige Streitfälle eine zusätzliche Dimension.

Ein *zweiter Problemkreis* dreht sich um die Hierarchie autonomer Territorialeinheiten bzw. die Zuordnung von Autonomiestufen zu einzelnen Völkern. Das betrifft:
- Den umstrittenen politischen Status der den Republiken eingegliederten autonomen Gebietseinheiten (in sowjetischer Zeit: AG und ASSR). Besondere Brisanz erreichen derartige Streitfälle, wenn die Statusansprüche mit Forderungen nach Veränderung der verwaltungsrechtlichen Zuordnung verbunden sind (Abchazien, Südossetien).

- Die Problematik der ethnischen Minderheiten, denen bislang autonome Rechte vorenthalten wurden. Ansprüche auf eigene Autonomie bestehen in Kaukasien seitens der Nogajer, Kumyken, Lezgen, Talyšen und Kurden.

Auch wenn es vorrangig um das Thema »Autonomie« geht, stellt sich zwangsläufig eine territoriale Frage. Die eponymen Ethnien der autonomen Gebietseinheiten und minoritäre Gruppen beanspruchen bzw. fordern eine eigene Territorialität, die Titularnationen der übergeordneten Einheiten beharren dagegen auf der Integrität ihrer Territorien.

4. Bei aller Differenziertheit der zu einem großen Teil ineinander verschachtelten Problemlagen geht der »Nationalitätenkonflikt« schließlich auf das Verhältnis von *Ethnos* und *Territorium* zurück und veräußerlicht sich in der Beziehung *»Ethnizität - Territorialität«*. Territorialität wirkt dabei als räumlicher Bedingungsfaktor ethnischer Identität, d.h. die Möglichkeiten zur Reproduktion ethnisch-kultureller Spezifika werden wesentlich vom Vorhandensein eines eigenen Territoriums beeinflußt. Andererseits steuert Ethnizität die Wahrnehmung territorialer Zuständigkeiten. Ethnisch bestimmte Territorialansprüche treten vor allem dann auf,
- wenn ethnische Grenzen bei der politischen Gliederung des Raumes keine oder ungenügende Berücksichtigung fanden oder (und)
- wenn die betreffende(n) Ethnie(n) bestrebt ist (sind), die ethnischen Grenzen politisch zu fixieren.

5. Der Faktor »Ethnizität« gewinnt im sich gegenwärtig vollziehenden Prozeß einer »nationalen Verselbständigung« der Völker besondere Bedeutung. Dabei zeigt sich das zunehmende Bewußtwerden bzw. Bewußtsein eigener ethnischer bzw. nationaler Identität vor allem:
- in einer verstärkten Besinnung auf die eigene Geschichte und eigene kulturelle Traditionen;
- in einer wachsenden Bedeutung der Muttersprachen;
- in der Hinwendung eines immer größeren Bevölkerungskreises zur Religion als Mittel ethnischer Identifikation;
- in ethnisch-separatistischen und ethnozentristischen Entwicklungen.

6. Etwa seit Beginn der neunziger Jahre zeichnet sich eine neue politische und territoriale Dimension interethnischer Streitfälle ab. Darauf verweisen die räumliche Ausweitung und Internationalisierung einzelner Konflikte ebenso wie die gegenseitige Verzahnung ethnisch-territorialer Probleme und das zunehmende Ineinandergreifen interethnischer Auseinandersetzungen und innenpolitischer Machtkämpfe. Schließlich haben die Flüchtlingsströme zu gravierenden Bevölkerungsumverteilungen geführt.

# Results

Interethnical differences have already lead to violent unrest in a number of cases and they are a central political problem in Caucasia. The analysis of the causes and of the background leading to this concentrated potential for conflict makes it necessary to examine the regional setup of cultural areas, to include political and territorial structures in this analysis, and to look into the interference of structural characteristics.

1. The most outstanding characteristic of Caucasia is the marked heterogenety in the ethnic and linguistic setup of the populations in addition to differences in their religious affiliation. The majority of the Caucasian population is subdivided into the members of three language groups: Indo-European, Caucasic and Altaic, as well as into the believers of two world religions: Christians and Muslims, while linguistic and ethnic affiliations do not coincide with religious confessions.

2. The dispersed way of settlement of the individual ethnic groups excludes a complete correlation between ethnic breakdown and political and territorial division in the area. In spite of this, the majority of the interethnical conflicts result from a political division of the area which is not adequate to the technical structure in every case. On the one hand, this division goes back to the time when peripheral regions were annexed by the Russian Empire or by Soviet Russia respectively, on the other hand, it is due to the modifications which have been made in relation with the deportation of many Caucasian peoples during the 1940ies and which have not been undone up until now.

3. A large number of conflictual situations result from these disproportions. They can be summarized into two main problem groups:
The first set of problems consists in the relationship between the ethnic territory or the historic area of settlement respectively of a people and the political delimitation or (and) the administrative subordination of the respective territorial entity. This includes:
- The ethnically inhomogenous structure of many territorial entities. This mainly concerns the binational autonomous republics of northern Caucasia (Karachai-Circassia, Kabardino-Balkaria) and Daghestan.
- In addition to this, the respective titular nation(s) face(s) relatively large

Slavonic (i.e. Russian and Ukrainian) population groups in nothern Caucasia. For this reason and from the point of view of quantity, the eponymous ethnic group(s) form(s) a minority on their own territories in two cases (i.e. Adygeya, Karachai-Circassia).
- The cutting of relatively homogenous ethnic territories by political frontiers. Most frontiers in Caucasia cut through ethnic territories in some parts. A number of frontiers overlay an ethnic territory almost over their entire length.

We distinguish two types of governmental or administrative separation of ethnic territories:

a) At least part of the ethnic territory has a legitimate political status. The remainder of the population, i.e. those living as a secondary group outside of this governmental or autonomous territory, are anxious to annex their area to the part of the ethnic territory which has a legitimate political status or they try to obtain a status of autonomy within the dominant entity of the »alien nation«.

b) Every section of the ethnic territory is a non-autonomous part of the territory of a dominant governmental or administrative entity. The main demand of the respective population group is to establish their own national territory within frontiers corresponding to their ethnic territory.
- Ethnic and territorial incongruities caused by administrative modifications in the context of forced migration. Northern Caucasia was the region most affected by deportations in the Soviet Union during the 1940ies. Up until today, territorial shifts and related changes in administrative responsibility lead to trouble in addition to changed ethnic proportions in the earlier settlement areas of the deported populations.
- The existence of exclaves or enclaves respectively: In this context, conflicts such as in »Nagorny Karabakh« result from problems of affiliation rather than delimitation. The transformation of the former Soviet republics into souvereign states gives a new dimension to disputes of this kind.

A second set of problems concerns the hierarchy of autonomous territorial entities or the allocation of certain levels of autonomy to individual peoples. This includes:
- The controversial political status of the autonomous territorial entities which are part of the republics (called Avtonomskaya oblast' - i.e. autonomous province, and ASSR - i.e. Autonomous Soviet Socialist Republics during the Soviet period). Conflicts of this kind reach a particular degree of explosiveness when status claims are linked with demands for a change in administrative affiliation (i.e. in Abkhasia and south Ossetia).
- The problems of ethnic minorities which have been withheld autonomy rights so far. In Caucasia, demands for an autonomous status of their

own have been made by the Nogai, Kumyks, Lezghians, Talyshins and Kurds.

Although »autonomy« is at stake in the first place, a territorial question is bound to arise as well. Eponymous ethnic groups in autonomous territorial entities and minority groups ask for or claim a territoriality of their own, while the titulary nations of the dominant entities insist on the integrity of their territories.

4. In spite of the differential character of these largely involved problem situations, the »nationality conflict« finally has its origin in the relation between *ethnos* and *territory* and it appears in the relationship between *»ethnicity and territoriality«*. In this way, territoriality acts as a factor which determines ethnic identity with regard to the respective area. This means that the opportunities to reproduce specific ethnic and cultural features are essentially influenced upon by the existence of one's own territory. On the other hand, ethnicity controls the perception of territorial authority. Territorial claims determined by ethnic reasons mainly occur in the following cases:
- when ethnic boundaries have not been taken into account or have been taken into account insufficiently in the political subdivision of the area; and (or)
- when the ethnic group(s) concerned attempt(s) to fix ethnic boundaries on a political basis.

5. The »ethnicity« factor becomes especially important in the process under way at present: Peoples are gaining more and more »national independence«. In this context, the higher degree of awareness or of becoming aware of one's own ethnic or national identity is mainly shown by:
- more reflection of one's own history and cultural traditions,
- the growing importance of mother tongues,
- the fact that an increasing part of the population turns toward religion as a means to assert ethnic identity, and by
- ethnic and separatist, and ethnocentric developments.

6. A new political and territorial dimension has been emerging in interethnic conflicts approximately since the beginning of the 1990ies. This is shown by the extension of the areas concerned by individual conflicts and by their internationalization along with the mutual involvement of ethnic and territorial problems and the increasing superimposition of interethnic conflicts and domestic power struggle. Finally, the flows of refugees have brough about a serious redistribution of populations.

(Übersetzung: Th. Gohlke)

# 9 Quellenverzeichnis

## 9.1 Abkürzungen für häufig zitierte Zeitungen

FR          Frankfurter Rundschau
MN(dt.)    Moskau News (deutsche Ausgabe)
MN(engl.)   Moscow News (englischsprachige Ausgabe)

## 9.2 Schrifttum

*Akiner, S.:* Islamic Peoples of the Soviet Union (with an Appendix on the non Muslim Turkic Peoples of the Soviet Union). London, Boston, Melbourne, Henley 1983.
*Ante, U.:* Politische Geographie. (= Das Geographische Seminar) Braunschweig 1981.
*Aristov, T.F.:* Kurdy Zakavkaz'ja. Moskva 1966.
*Arnold, J.:* Die nationalen Gebietseinheiten der Sowjetunion. Köln 1973.
*Artanovskij, S.N.:* Ėtnocentrism i »vozvrat k etničnosti«. Koncepcii i dejstvitel'nost'. In: Ėtnografičeskoe obozrenie (1992) 3, S. 15-23.
*Arutjunjan, V.B.:* Sobytija v Nagornom Karabache. Chronika, T.1. Febr. 1988-Jan. 1989. Erevan 1990.
*Arutjunov, G.A:* Ob ėtnokul'turnom vosproizvodstve v respublikach. In: Sovetskaja ėtnografija (1990) 5, S. 20-28.
*Auch, E.-M.:* Ewiges Feuer in Aserbaidschan. Ein Land zwischen Perestroika, Bürgerkrieg und Unabhängigkeit. (= Berichte des Bundesinstituts für ostwissenschaftliche und internationale Studien, 8-1992) Köln.
*Avtorchanov, A.:* Čečnja, Čečency i prezident El'cin. In: Novoe vremja 1991, Nr. 44, S. 12 f.
Back to the Land of their ancestors. In. Moscow News (engl.) 1990, Nr. 20, S. 2.
*Balkarej, B.:* Das Drama im Fergana-Tal. In: Neue Zeit 1989, Nr. 25.
*Barth, F.* (ed.): Ethnic Groups and Boundaries. The Social Organization of Culture Difference. London 1969.
*Basse, O.; Stricker, G.* (Hrsg.): Religionen in der UdSSR. Zollikon 1989.
*Beckherrn, E.:* Pulverfaß Sowjetunion. Der Nationalitätenkonflikt und seine Ursachen. München 1990.
*Benningsen, A.A.; Wimbush, S.E.:* Muslims of the Soviet Empire. A Guide. London 1985/86.

*Benningsen-Broxup, M.* (ed.): The North Caucasus Barrier. The Russian Advance towards the Muslim World. London 1992.
*Bloch, D.:* Geographische Namen kurz erklärt. (= Geographische Bausteine. Neue Reihe, Heft 34) Gotha 1989.
*Bock, U.:* Georgien und Armenien. Zwei christliche Kulturlandschaften im Süden der Sowjetunion. Köln 1988.
*Boesler, K.-A.:* Politische Geographie. (= Teubner Studienbücherei) Stuttgart 1983.
*Böhn, D.; Cheauré, E.; Wagner, H.-G.* (Hrsg.): Südliche Sowjetunion. Exkursion 1988. (= Würzburger Geographische Manuskripte, Heft 24) Würzburg 1989.
*Bomsdorf, F.:* Ein neuer Putsch. Oder: Wer gewinnt das russische Machtspiel. Zur Entwicklung der politischen, sozialen und militärischen Verhältnisse in Moskau. In: Frankfurter Rundschau, 18. 8. 1992, S. 14.
*Bradshaw, M.J.* (ed.): The Soviet Union. A new Regional Geography? London 1992.
*Bräker, H.:* Moskaus orientalische Frage. In: Osteuropa 42 (1988) 9, S. 783-796.
*Brunner, G.:* Die Rechtslage der Minderheiten nach sowjetischem Verfassungsrecht. In: *Brunner, G.; Kagedan, A.* (Hrsg.): Die Minderheiten in der Sowjetunion und das Völkerrecht. (= Nationalitäten- und Regionalprobleme in Osteuropa, Bd. 2 der Schriftenreihe) Köln 1988.
*Bugaj, N.F.:* Prinuditel'nye stalinskie pereselenija narodov Kavkaza i ich posledstvija. Vortrag, gehalten auf der Internationalen Tagung zum Thema »Krisenregion Kaukasus« am 21. 10. 1993 in Köln.
*Bugaj, N.F.:* V bessročnuju ssylku. Tajny »Osoboj papki Stalina«: Kak vyseljali narody. In: Moskovskie novosti 1990, Nr. 41, S. 11.
*Conquest, R.:* Stalins Völkermord: Wolgadeutsche, Krimtataren, Kaukasier. Wien 1974.
*Cox, C.; Eibner, J.:* with a preface by *E. Bonner Sakharov:* Ethnic Cleansing in Progress. War in Nagorno Karabach. Zürich, London, Washington 1993.
*Deeters, G.:* Die kaukasischen Sprachen. In: Armenisch und kaukasische Sprachen. (= Handbuch der Orientalistik, I. Abt., 7. Bd.) Köln, Leiden 1963, S. 1-79.
Dekrety Sovetskoj vlasti. Bd. XII (Dez. 1920-Jan. 1921) Moskva 1986.
Dekrety Sovetskoj vlasti. Bd. XIII (Febr. 1921-März 1921) Moskva 1989.
Deportacii narodov SSSR. Dokumental'nye istočiki Central'nogo Gosudarstvennogo Archiva Oktjabr'skoj revoljucii, vysšich organov gosudarstvennoj vlasti i organov gosudarstvennogo upravlenija (CGAOR) SSSR. (= Materialy k serii »Narody i Kul'tury«, Vypusk XII, Čast' I) Moskva 1992.
*Ehlers, E.; Abdoljavad, F.* et al.: Der Islamische Orient. Grundlagen zur Länderkunde eines Kulturraumes (= Studien zum Islam in interkulturellen Wechselbeziehungen) Köln 1990.
*Feldbrugge, F.M.J.* (ed.): The Constitutions of the USSR and the Union Republics: Analysis, Texts, Reports. Alphen 1979.
*Franz, H.-J.:* Physische Geographie der Sowjetunion. Leipzig o.J. (1973).
*Fuller, E.:* Azerbajdjani Exodus from Georgia imminent? In: Report on the USSR 1991[a], 15 February, S. 17 f.
*Fuller, E.:* What lies behind the current Armenian-Azerbajdjani tensions? In: Report on the USSR 1991[b], 24 May, S. 12-15.

*Fuller, E.:* Georgia's Adzhar Crisis. In: Report on the USSR 1991[c], 9 August, S. 8-13.
*Fuller, E.:* Georgia, Abkhazia and Checheno-Ingushetia. In: RFE/RL Research Report 1992[a], 7 February, S. 3-7.
*Fuller, E.:* Kurdish Demands for Autonomy complicate Karabach Equation. In: RFE/RL Research Report 1992[b], 5 June S. 12-14.
*Fuller, E.:* Caucasus: The Lezgin Campaign for Autonomy. In: RFE/RL Research Report 1992[c], 16 October, S. 30-32.
*Geiger, B.; Halasi-Kun, T.; Kuipers, A.; Menges, K.-H.:* Peoples and Languages of the Caucasus. A Synopsis. 's-Gravenhage 1959.
*Gelaschwili, N.:* Georgien. Ein Paradies in Trümmern. Berlin 1993.
Georgier besetzen Suchumi. In: Frankfurter Rundschau, 19. 8. 1992, S. 1.
*Gerber, J.:* Georgien nach dem Bürgerkrieg - Hoffen auf Schewardnadse. (= Bundesinstitut für ostwissenschaftliche und internationale Studien, Aktuelle Analysen Nr. 44/1992) Köln.
*Gerloff, J. U.; Zimm, A.:* Ökonomische Geographie der Sowjetunion. Gotha, Leipzig 1978.
*Ginzburg, A.; Osipov, A.:* Comments from specialists. In: Moscow News 1989, Nr. 25, S. 13.
*Glezer, O.; Kolossov, V.; Petrov, N.* et. al.: Samaja političeskaja karta SSSR. In: Moskovskie novosti 1991, Nr. 11, S. 8 f.
*Glezer, O.; Petrov, N.; Streletsky, V.:* The updated political map of the CIS. In: Moscow News 1992, Nr. 14, S. 8.
*Gläser, O.; Petrow, N.; Strelezki, W.:* Der Flächenbrand der Nationalitätenkonflikte. In. Moskau News 1992, Nr. 5, S. 6.
*Götz, R.: Halbach, U.:* Daten zur Geographie; Bevölkerung, Politik und Wirtschaft der Republiken der ehemaligen UdSSR. (= Sonderveröffentlichung des Bundesinstituts für ostwissenschaftliche und internationale Studien, Februar 1992) Köln.
*Götz, R.; Halbach, U.:* Republiken und nationale Gebietseinheiten der Russischen Föderation. Geographie, Bevölkerung, Politik und Wirtschaft. (= Sonderveröffentlichung des Bundesinstituts für ostwissenschaftliche und internationale Studien, März 1993) Köln.
*Gumpert, L.; Müller, H.:* Geographische Aspekte der historischen Entwicklung Armeniens. In: Geographische Berichte 63 (1972) 2, S. 115-128.
*Halbach, U.:* Ethnische Beziehungen in der Sowjetunion und nationale Bewußtseinsprozesse bei Nichtrussen. (= Berichte des Bundesinstituts für ostwissenschaftliche und internationale Studien, 8-1989) Köln.
*Halbach, U.:* Nationale Frage, Souveränität, Föderation. Schwerpunkte der innersowjetischen Diskussion 1988-1990. (= Berichte des Bundesinstituts für ostwissenschaftliche und internationale Studien, 40-1990[a]) Köln.
*Halbach, U.:* Nationalitätenfrage und Föderation. In: Osteuropa 40 (1990[b]) 11, S. 1011-1024.
*Halbach, U.:* Islam, Nation und politische Öffentlichkeit in den zentralasiatischen (Unions-)republiken. (= Berichte des Bundesinstituts für ostwissenschaftliche und internationale Studien, 57-1991), Köln.

*Halbach, U.:* Ethno-territoriale Konflikte in der GUS. (= Berichte des Bundesinstituts für ostwissenschaftliche und internationale Studien, 31-1992) Köln.

*Hambloch, H.:* Kulturgeographische Elemente im Ökosystem Mensch-Erde. Eine Einführung unter anthropologischen Aspekten. Darmstadt 1983.

Handbuch der Sowjetverfassung. Redigiert v. M. Fincke, Bd. I-II. (= Veröffentlichungen des Osteuropa-Instituts München. Reihe: Wirtschaft und Gesellschaft, H. 9/I und 9/II) Berlin 1983.

Hunderttausende auf der Flucht. In: Frankfurter Rundschau, 10. 11. 1992, S. 2.

*Inal-Ipa, S.D.:* Ob izmenenii ětničeskoj situacii v Abchazii v XIX-načale XXv. In: Sovetskaja ětnografija (1990) 1, S. 38-49.

*Isaev, M.J.:* Istorija nacional'no-gosudarstvennogo stroitel'stva v SSSR. Bd. I-II. Moskva 1979.

*Jemeljanenko, W.:* Krisenherd Abchazien. »Vor dem Absturz in die Diktatur«. In: Moskau News 1992, Nr. 10, S. 4.

*Kalinovskaja, K.P.; Markov, G.E.:* Nogajcy - problemy nacional'nych otnošenij i kul'tury. In: Sovetskaja ětnografija 1990, Nr. 2, S. 15-22.

*Karger, A.:* Sowjetunion. (= Fischer Länderkunde, 9) Frankfurt a.M. 1978/87.

*Karpov, I.J.:* K probleme ingušskoj avtonomii. In: Sovetskaja ětnografija 1990, Nr. 5, S. 29-33.

*Kendirbajeva, G.:* Islam und Politik in den orientalischen Staaten der GUS. (= Bundesinstitut für ostwissenschaftliche und internationale Studien, Aktuelle Analysen Nr. 17/1992) Köln.

*Kirakosjan, Dz.S.:* Mladoturki pered sudom istorii. Erevan 1986.

*Kolossov, V.A.:* Ethno-Territorial Conflicts and Boundaries in the Former Soviet Union. (= International Boundaries Research Unit [IBRU] International Territory Briefing Series) Durham 1992.

*Koval'skaja, G.:* Respublika bez granic i stolicy. In. Novoe vremja 1992, Nr. 22, S. 20 f.

*Kozlov, V.I.;* Nacional'nosti SSSR. Moskva 1975.

*Kozlov, V.I.:* The peoples of the Soviet Union. London, Melbourne, Sydney, Auckland, Johannesburg 1988.

*Kraas-Schneider, F.:* Bevölkerungsgruppen und Minoritäten. Handbuch der ethnischen, sprachlichen und religiösen Bevölkerungsgruppen der Welt. Stuttgart 1989.

*Krupnik, I.I.:* Nacional'nyj vopros v SSSR. Poiski ob"jasnenij. In: Sovetskaja ětnografija (1990) 4, S. 3-15.

*Lenin, V.I.:* Über die national-kulturelle Autonomie. In: Über die nationale und koloniale Frage.

*Leont'eva, L.:* Prem'era Rossijskoj Ženevy. In: Moskovskie novosti 1993, Nr. 4, S. 12.

*Manutscharjan, A.:* Zur politischen Situation in Armenien. (= Bundesinstitut für ostwissenschaftliche und internationale Studien, Aktuelle Analysen Nr. 41/1992) Köln.

*Mark, R.A.:* Die Völker der Sowjetunion. Ein Lexikon. Opladen 1989.

*Mark, R.A.:* Die Völker der ehemaligen Sowjetunion. Die Nationalitäten der GUS, Georgiens und der baltischen Staaten. Ein Lexikon. Opladen 1992.

*Meckelein, W.:* Ortsumbenennungen und -neugründungen im europäischen Teil der Sowjetunion. Nach dem Stand der Jahre 1910, 1938, 1951 mit einem Nachtrag für Ostpreußen 1953. (= Osteuropa-Institut an der Freien Universität Berlin, Wirtschaftswissenschaftliche Veröffentlichungen, Bd. 2) Berlin 1955.

*Meissner, B.:* Partei, Staat und Nation in der Sowjetunion. Ausgewählte Beiträge. Berlin 1985.

*Mikadze, A.:* Another South Ossetia? In: Moscow News 1992, Nr. 34, S. 5.

*Mineyev, A.:* Meskhetian Turks on a new Land. In: Moscow News 1989, Nr. 26, S. 13.

*Mineyev, A.:* The Northern Caucasus: Russia's Powder Keg. In: Moscow News 1991, Nr. 42, S. 10.

*Nansen, F.:* Durch den Kaukasus zur Wolga. Leipzig 1930.

Narody Kavkaza. T.1-2. Moskva 1960/62.

*Nerisjan, M.G.* (Red.): Istorija armjanskogo naroda. S drevnejšich vremen do našich dnej. Erevan 1980.

Nochmals Tote in Georgien. In: Frankfurter Rundschau, 8. 1. 1992, S. 1, 5.

*Novikov, N.:* Nationalitätenkonflikte im Kaukasus und in Mittelasien. In: Aus Politik und Zeitgeschichte (= Beilage zur Wochenzeitung Das Parlament, B52-53/91) 20. Dezember 1991, S. 24-34.

*Nyssen, W.; Schulz, H.-J.; Wiertz, P.* (Hrsg.): Handbuch der Ostkirchenkunde. Bd. I. Düsseldorf 1984.

*Osipov, A.G.:* Ideologičeskij faktor v processe formirovanija samosoznanija malych ètničeskich grupp (na primere meschetinskich turok). In: Prava i status nacional'nych men'šinstv v byvšem SSSR. Moskva 1993.

*Pain E.A., Popov, A.A.:* Mežnacional'nye konflikty v SSSR. Nekotorye podchody k izučeniju i praktičeskomu rešeniju. In: Sovetskaja ètnografija (1990) 1, S. 3-15).

*Paneš, E.Ch., Ermolov, L.B.:* Turki-meschetincy. Istoriko-ètnografičeskij analiz problemy. In: Sovetskaja ètnografija (1990) 1, S. 16-24.

*Pannoff, M.; Perrin, M.:* Taschenwörterbuch der Ethnologie. (= Ethnologische Paperbacks) Berlin 1983.

*Pokšiševskij, V.V.:* Geografija naselenija SSSR. Moskva 1971.

*Rietdorf, W.:* Kaukasusreise. Westkaukasus, Swanetien, Elbrusregion. Leipzig 1990.

*Robbe, M.* (Red.): Welt des Islam. Geschichte und Alltag einer Religion. Leipzig, Jena, Berlin 1988.

*Rostankowski, P.:* Siedlungsentwicklung und Siedlungsformen in den Ländern der russischen Kosakenheere. (= Berliner Geographische Abhandlungen, 6) Berlin 1969.

Russische Föderation besiegelt. Zwei Republiken nicht dabei. In: Frankfurter Rundschau, 1. 4. 1992, S. 1 f.

*Saizew, S.:* Separatismus in Rußland. (= Berichte des Bundesinstituts für ostwissenschaftliche und internationale Studien, 41-1992) Köln.

*Sarkisyanz, E.:* Geschichte der orientalischen Völker Rußlands bis 1917. Eine Ergänzung zur ostslawischen Geschichte Rußlands. München 1961.

*Sarkisyanz, E.:* A Modern History of Transcaucasian Armenia. Privately printed for the author by Udyama Press. Nagpur, India, 1975.

*Sakina, M.:* Nordkaukasus in Flammen. In: Neue Zeit 1991, Nr. 19, S. 6.
*Schröder, F.-Ch.; Meissner, B.:* Bundesstaat und Nationalitätenrecht in der Sowjetunion. Berlin 1974.
*Schultze, E.:* Die Wirtschafts- und Siedlungsregionen der Erde. (Manuskriptdruck) Dresden 1985.
*Schultze, E.:* Zur Methodologie der Regionalen Geographie. In: Fortschritte in der Regionalen Geographie. Festschrift zum 60. Geburtstag von Prof. Dr. sc. oec. E. Schultze. (= Dresdner Reihe zur Forschung der PH Dresden, 11/1990, S. 29-38).
*Seidlitz, N.v.:* Die durch den Vertrag von Berlin 13. Juni-13. Juli 1878 an Rußland gekommenen Türkischen Gebiete von Ardahan, Kars und Batum. In: Petermanns Geographische Mitteilungen, Jahresband 1878, S. 321.
*Sen, F.:* Die Schwarzmeer-Region auf dem Weg nach Europa. In: Frankfurter Rundschau, 7. 1. 1993, S. 12.
Severnyj Kavkaz. Moskva 1957.
*Sheehy, A.:* Dagestani Muslims protest against cost of Pilgrimage to Mecca. In: Report on the USSR 1991, 28 June, S. 26-28.
*Simon, G.:* Das nationale Bewußtsein der Nichtrussen in der Sowjetunion (Berichte des Bundesinstituts für ostwissenschaftliche und internationale Studien, 47-1986[a]) Köln.
*Simon, G.:* Nationalismus und Nationalitätenpolitik in der Sowjetunion. Von der totalitären Diktatur zur nachstalinschen Gesellschaft. (= Osteuropa und der internationale Kommunismus, Bd. 16) Baden-Baden 1986[b].
*Simon, G.:* Berg-Karabach im Rampenlicht des Weltgeschehens. (= Bundesinstitut für ostwissenschaftliche und internationale Studien, Aktuelle Analysen Nr. 21/ 1988) Köln.
*Simon, G.:* Die Desintegration der Sowjetunion durch die Nationen und Republiken. (= Berichte des Bundesinstituts für ostwissenschaftliche und internationale Studien, 25-1991) Köln.
*Smarov, A.; Bogdanov, L.; Skorobokat'ko, B.:* Investicionnye riski v Rossii. In: Kommersant 1993, Nr. 12, S. 21 f.
*Stadelbauer, J.:* Studien zur Agrargeographie Transkaukasiens. Subtropische Landwirtschaft im gesamtsowjetischen Rahmen. (= Gießener Abhandlungen zur Agrar- und Wirtschaftsforschung des europäischen Ostens, Bd. 121) Berlin 1983.
*Stadelbauer, J.:* Arzach - Völker und Verwaltungsgrenzen in Sowjet-Kaukasien. In: Ostmittel- und Osteuropa. Beiträge zur Landeskunde. Festschrift für A. Karger, T.1. Tübingen 1989 (= Tübinger Geographische Studien 102, Sonderbd. !8).
*Stadelbauer, J.:* Ortsumbenennungen auf dem Gebiet der ehemaligen Sowjetunion. In: Geographische Rundschau 44 (1992) 3, S. 180-182.
*Stadelbauer, J.:* Politisch-geographische Aspekte der Systemtransformation in der ehemaligen Sowjetunion. In: Geographische Rundschau 45 (1993) 3, S. 180-190.
*Stadelbauer, J.:* Die Konflikte im Süden der ehemaligen Sowjetunion: Der Kaukasus. In: Spillmann, K.R. (Hrsg.): Zeitgeschichtliche Hintergründe aktueller Konflikte III. Vorlesung für Hörer aller Abteilungen. Sommersemester 1993. (= Züri-

cher Beiträge zur Sicherheitspolitik und Konfliktforschung, Heft Nr. 31, Zürich 1994).

*Stalin, J.W.:* Marxismus und nationale Frage. In: Werke, Bd. 2 (1907-1923), Berlin (Ost) 1951.

*Stalin, J.W.:* Die Lage im Kaukasus. Unterredung mit einem Mitarbeiter der Prawda. In: Werke, Bd. 4 (1917-1920), Berlin (Ost) 1952.

*Stölting, E.:* Eine Weltmacht zerbricht. Nationalitäten und Religionen in der UdSSR. Frankfurt a.M. 1990.

*Svensson, T.G.:* Basic Anthropological Perspectives in the Study of Ethnicity. In: Ethnicity in Canada. (= Marburger Geographische Schriften, Heft 96) Marburg 1985.

*Tarkhov, S.A.:* From Karlo-Libknekhtovsk and New York to Propysk and Rasputino?: How place names are changing in the former USSR. In: Post Soviet Geography 32 (1992) 9, S. 454-462.

*Tikanadse, I.:* Die außenpolitische Situation Georgiens aus der Sicht einer Georgierin. (= Bundesinstitut für ostwissenschaftliche und internationale Studien, Aktuelle Analysen Nr. 33/1992) Köln.

*Uibopuu, H.-J.:* Die Völkerrechtssubjektivität der Unionsrepubliken der UdSSR. (= Forschungen aus Staat und Recht, 33) Wien, New York 1975.

*Waldmann, P.; Elwert, G.* (Hrsg.): Ethnizität im Wandel. (= Spektrum, Bd. 21) Saarbrücken, Fort Lauderdale 1989.

*Weissenburger, U.:* Umweltprobleme in den Nachfolgestaaten der Sowjetunion. (= Sonderveröffentlichung des Bundesinstituts für ostwissenschaftliche und internationale Studien, April 1993) Köln.

*Wixman, R.:* The Peoples of the USSR. An Ethnographic Handbook. London 1984.

*Wixman, R.:* Language Aspects of Ethnic Patterns and Processes in the North Caucasus. (= The University of Chicago. Department of Geography. Research Paper, 191) 1980.

*Yemelyanenko, V.:* Russia-Chechnya: a forced love affair. In: Moscow News 1992, Nr. 47, S. 5.

*Zhukov, A.:* Tha Shapsug issue. In Moscow News 1992, Nr. 37, S. 4.

*Zimm, A.; Markuse, G.:* Geographie der Sowjetunion. (= Studienbücherei Geographie, Bd. 8) Gotha 1984.

9.3 *Statistiken*

Die Ergebnisse der russischen Volkszählung vom 17. Dezember 1926. (Quelle: Allgemeine Volkszählung vom 17. Dezember 1926, vorläufige Ergebnisse, russ. amtl. Veröffentlichung). In: Petermanns Geographische Mitteilungen (1928) 3/4, S. 87-90.

Der Fischer Weltalmanach 1994. Frankfurt a.M. 1993.

*Frey, U.:* Neue Ergebnisse der Volkszählung in der Sowjetunion vom 9. Januar 1939. In: Petermanns Geographische Mitteilungen (1939) 9, S. 303 f.

Nacional'nyj sostav naselenija Dagestanskoj ASSR (po dannym Vsesojuznoj perepisi naselenija 1989 goda). Machačkala 1990.

Nacional'nyj sostav naselenija RSFSR (po dannym Vsesojuznoi perepisi naselenija 1989 goda). Moskva 1990.

Nacional'nyj sostav naselenija SSSR, Teil 1: Raspredelenie naselenija SSSR, sojuznych i avtonomnych respublik, kraev, oblastej i avtonomnych okrugov po nacional'nosti i jazyku. Buch 1 und 3. (= Itogi Vsesojusnoj perepisi naselenija 1979 goda. Statističeskij sbornik) Moskva 1989.

Nacional'nyj sostav naselenija SSSR po dannym Vsesojuznoj perepisi naselenija 1989 goda. Moskva 1990.

Narodnoe chosjajstvo RSFSR v 1979 godu. Statističeskij ežegodnik. Moskva 1980.

Narodnoe chozjajstvo SSSR v 1959 godu. Statističeskij ežegodnik. Moskva 1960.

Narodnoe chozjajstvo SSSR v 1970 godu. Statističeskij ežegodnik. Moskva 1971.

Narodnoe chozjajstvo SSSR v 1989 godu. Statističeskij ežegodnik. Moskva 1990.

O predvaritel'nych itogach Vsesojuznoj perepisi naselenija 1989 goda. (= Soobšenije Goskomstata SSSR). In: Ėkonomičeskaja gazeta, Mai 1989, Nr. 19, S. 16 f.

*Schultz, A.:* Die Völker des Russischen Reichs (SSSR). In: Petermanns Geographische Mitteilungen (1932) 3/4, S. 72-77.

*Schwartz, L.:* USSR Nationality Redistribution by Republik, 1979-1989: From Published Results of the 1989 All-Union-Census. In: Soviet Geography 32 (1991) 4, S. 209-248.

Sowjetunion 1980-1991. Bilanz der letzten Jahre. Statistisches Bundesamt Wiesbaden 1992.


## 9.4 Atlanten

Atlas Armjanskoj SSR. Erevan-Moskva 1961.
Atlas Azerbajdžanskoj SSR. Baku-Moskva 1959.
Atlas istorii SSSR dlja srednej školy. Bd. II-III. Moskva 1949/59.
Atlas narodov mira. Moskva 1964.
Atlas SSSR. Moskva 1955, 1983, 1985.
Bol'šoj Sovetskij Atlas mira. T.1. Moskva 1937.
Haack Weltatlas. Gotha 1984.
Meyers Großer Handatlas. Leipzig 1933.
*Opitz, C.:* Eisenbahn- und Verkehrsatlas von Rußland. Leipzig 1911.

*Verzeichnis der Ethnonyme*

Abazinen (Abasinen)
Abchazen (Abchasen)
Adyge
Adžaren (Adsharen)
Agulen *(Ag[h]uler)*
Akkiner
Armenier
Azerbajdžaner/Azeri
  (Aserbaidshaner/Aseri)
Assyrier
Avaren

Balkaren
Belorussen
Bergjuden
Budugen

Cachuren (Zachuren)
Čečenen (Tschetschenen)
Čerkessen (Tscherkessen)
Chemšilen (Chemschilen)
Chinalugen *(Chynalug)*

Darginer *(Daruga)*
Deutsche

Esten

Georgier
Georgische Juden

Ingilonen
Ingušen (Inguschen)

Jesiden
Juden

Kabardiner
Karačajer *(Karatschaiier)*
Karapapachen
Kumyken
Krim-Tataren
Kryzen *(Krys)*
Kurden

Laken
Lazen (Lasen)
Lezgen (Lesgen; *Lesginen,*
  *Lesg[h]ier)*
Mes'cheten *(Mes'chen)*
Mingrelier *(Megrelen)*

Nogajer

Osseten *(Ossen)*

Russen
Rutulen *(Rutuler)*

Šachdagen (Schachdagen)
Šapsugen (Schapsugen)
Svanen

Tabasaranen
Talyšen (Talyschen; *Talyschi)*
Taten

Ubychen
Uden
Ukrainer

*Verzeichnis der geographischen Namen*

Abchazien (Abchasien)
Achalciche (Achalziche)
Achalkalaki
Adigeni
Adygeja
Adžarien (Adsharien)
Albanien
Aparan
Ardahan
Armavir
Armenien
Artvin
Astarak
Auchovskij Rajon (Auchowski Raion)
Azarbaijan-Bakhtari
Azarbaijan-Khavari
Azerbajdžan (Aserbaidshan)

Batalpašinsk (Batalpaschinsk)
Batumi
Belorečensk (Beloretschensk)
Bogdanovka (Bogdanowka)
Bolnisi
Bujnaksk (Buinaksk)

Cchinval[i] (Zchinwal[i])
Čečeno-Ingušien (Tschetscheno-Inguschien)
Čečnien (Tschetschnien; *Tschetschenien*)
Čiatura (Tschiatura)
Chankendy

Dagestan
Derbent
Džaudžikau (Dshaudshikau)
Džavachetien (Dshawachetien)

Ečmiadzin (Etschmiadsin)
Elizavetpol' (Jelisawetpol)
Erevan (Jerevan)

Fizuli (Fisuli)

Gagra
Gardabani
Georgien
Gjandža (Gjandsha)
Groznyj (Grosny)
Gudauta
Gurien

Idževan (Idshewan)
Imeretien
Ingušien (Inguschien; *Inguschetien*)

Kabardei
Kabardino-Balkarien
Kachetien
Karabach
Karačajevo-Čerkessien (Karatschajewo-Tscherkessien)
Kars
Kartli
Kel'badžar (Kelbadshar)
Kilikien
Kirovakan (Kirowakan)
Kislovodsk (Kislowodsk)
Košechabl' (Koschechabl)
Krasnodar
Kubatly
Kumajri
Kursk
Kutaisi

Lačin (Latschin)
Leninakan
Lenkoran' (Lenkoran)

Machačkala (Machatschkala)
Majkop (Maikop)
Malgobek
Marneuli

186

Mecamor (Mezamor)
Mineral'nye Vody (Mineralnyje Wody)
Mingrelien
Mozdok (Mosdok)

Nachičevan' (Nachitschewan)
Nagornyj Karabach (Nagorny Karabach)
Nal'čik (Naltschik)
Nazran' (Nasran)
Nordossetien
Novočerkassk (Nowotscherkassk)
Novyj Afon (Nowy Afon)

Očamčira (Otschamtschira)
Oktjembrjan
Ordžonokidze (Ordshonikidse)
Ossetien

Picunda (Pizunda)
Pjatigorsk
Prigorodnyj Rajon (Prigorodny Raion)
Rostov (Rostow)
Rustavi (Rustawi)

Šaumjanovsk (Schaumjanowsk)
Šeka (Scheka)
Šemacha (Schemacha)
Sevan

Širvan (Schirwan)
Soči (Sotschi)
Spitak
Stavropol' (Stawropol)
Stepanakert
Suchumi
Südossetien
Sumgait
Sunža (Sunsha)
Šuša (Schuscha)
Svanetien (Swanetien)

Taganrog
Tbilisi
Tichoreck (Tichorezk)
Tiflis
Tkibuli
Tkvarčeli (Tkwartscheli)

Urvan

Vanadzor (Wanadsor)
Vedi (Wedi)
Verin-Talin (Werin-Talin)
Vladikavkaz (Wladikawkas)

Zakataly (Sakataly)
Zangezur (Sangesur)
Zelenčuk-Urup (Selentschuk-Urup)
Železnovodsk (Shelesnowodsk)

Hans-Henning Schröder
# Sowjetische Rüstungs- und Sicherheitspolitik zwischen »Stagnation« und »Perestrojka«

Eine Untersuchung der Wechselbeziehung von auswärtiger Politik und innerem Wandel in der UdSSR (1979–1991)

Der Wandel der sowjetischen Außen- und Sicherheitspolitik nach 1985 war Teil der umfassenden Systemreform, die die Jahre der Ära Gorbatschow kennzeichnen.

Die Politik des »Neuen Denkens« mußte gegen den Widerstand von Militärs, Rüstungsmanagement und konservativen Parteiführern durchgesetzt werden. Erst die Öffnung der Gesellschaft und die Parlamentarisierung des politischen Prozesses schufen die Basis für die praktische Durchsetzung der Gorbatschowschen Abrüstungspolitik. Andererseits trugen der europäische Entspannungsprozeß und der Abbau der Bedrohungsvorstellungen innerhalb der sowjetischen Gesellschaft dazu bei, die politischen Reformen weiter voranzutreiben. Die Studie ist nicht nur für das Verständnis der sicherheitspolitischen Entscheidungsprozesse in der Endphase der Sowjetunion von Bedeutung, sondern zeigt auch die Faktoren auf, die bis heute die Rüstungs- und Militärpolitik Rußlands und der übrigen GUS-Staaten beeinflussen.

Sie wendet sich an Experten in der Sowjetunion und ihrer Nachfolgestaaten, ist aber auch für all diejenigen von Interesse, die sich mit Fragen der internationalen Politik oder der Friedensforschung befassen.

*1995, 647 S., geb., 76,– DM, 593,– öS, 76,– sFr, ISBN 3-7890-3610-2 (Schriftenreihe des Bundesinstituts für ostwissenschaftliche und internationale Studien, Köln, Bd. 25)*

**NOMOS VERLAGSGESELLSCHAFT**
Postfach 610 • 76484 Baden-Baden

Marlis Sieburger
# Die Finanzautonomie der Unternehmen im Kontext der sowjetischen Wirtschaftsreformen

Auswirkungen des ›Gesetzes über das staatliche Unternehmen‹

Die von Gorbatschow eingeleitete „Perestrojka" der sowjetischen Wirtschaft sollte die Versorgung der Bevölkerung verbessern. Die Umorientierung der Produktion hin zu tatsächlich nachgefragten Produkten schien durch eine selbständigere Unternehmenstätigkeit erreichbar zu sein. Das 1987 verabschiedete Gesetz über das staatliche Unternehmen bildete hierfür den Ausgangspunkt.

Auf der Basis von theoretischen Überlegungen zeigt die Analyse umfangreichen empirischen Materials, daß die Vernachlässigung der systemaren Zusammenhänge innerhalb der sowjetischen Wirtschaft zum Scheitern dieses Reformschrittes geführt hat.

Die Monographie richtet sich an alle, die die Probleme der Umwandlung der sowjetischen Zentralverwaltungswirtschaft in eine Marktwirtschaft verstehen wollen, aber auch an solche, die an der Wirtschaft der Nachfolgestaaten der UdSSR interessiert sind oder sich allgemein mit der Aufgabenteilung von Staat und Unternehmen beschäftigen.

Die Aufarbeitung überwiegend sowjetischer Quellen – ergänzt durch zahlreiche Gespräche der Autorin in der Sowjetunion – stellt eine wesentliche Bereicherung der Informationsbasis dar.

*1993, 199 S., geb., 48,– DM*, ISBN 3-7890-2788-X
(Schriftenreihe des Bundesinstituts für ostwissenschaftliche und internationale Studien, Köln, Bd. 24)

**NOMOS VERLAGSGESELLSCHAFT**
Postfach 610 • 7570 Baden-Baden

# Kaukasien
## Territorial- und Statusansprüche

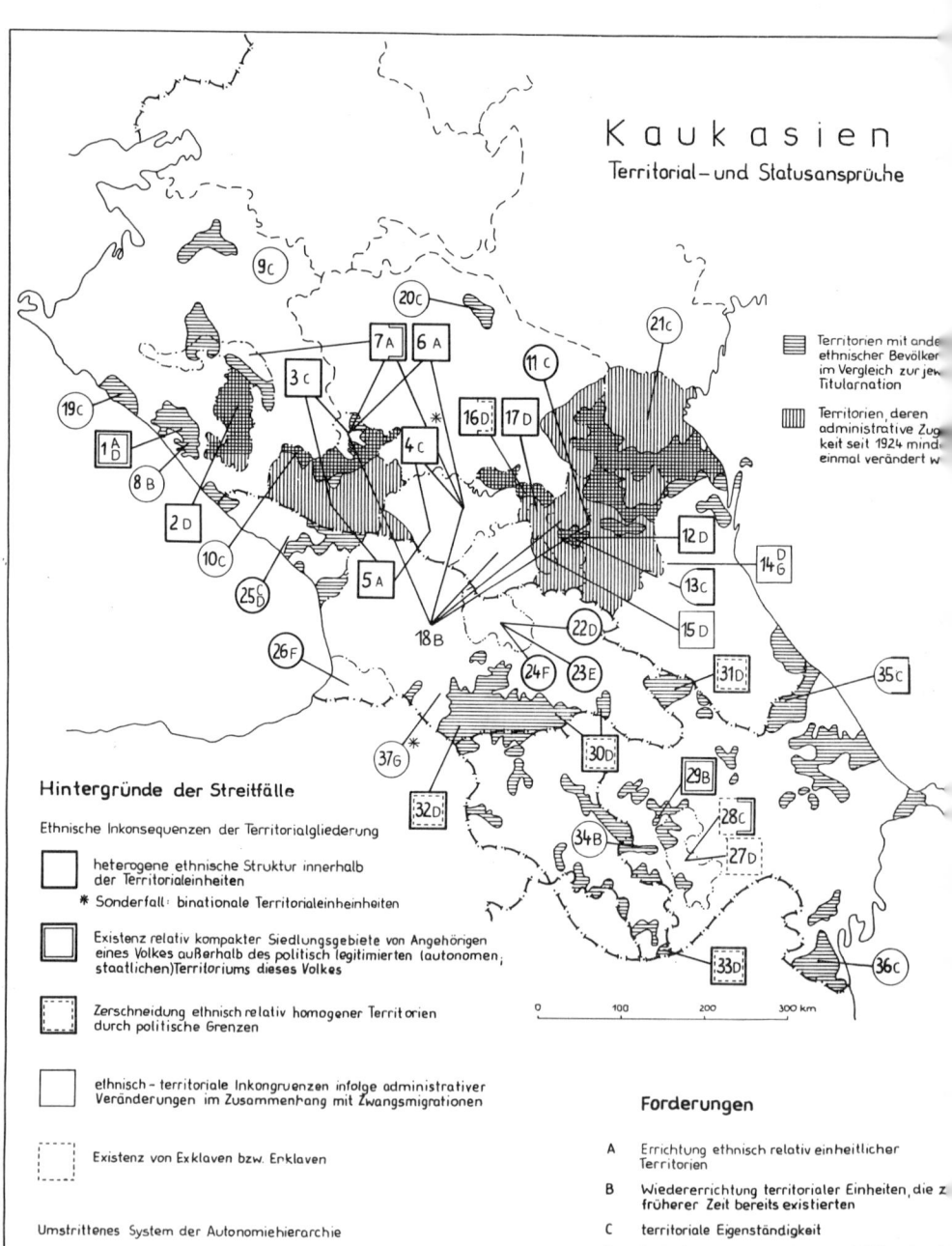

Territorien mit anderer ethnischer Bevölker[ung] im Vergleich zur jew[eiligen] Titularnation

Territorien, deren administrative Zug[ehörig]keit seit 1924 mind[estens] einmal verändert w[urde]

## Hintergründe der Streitfälle

**Ethnische Inkonsequenzen der Territorialgliederung**

☐ heterogene ethnische Struktur innerhalb der Territorialeinheiten
  * Sonderfall: binationale Territorialeinheiten

☐ Existenz relativ kompakter Siedlungsgebiete von Angehörigen eines Volkes außerhalb des politisch legitimierten (autonomen; staatlichen) Territoriums dieses Volkes

☐ Zerschneidung ethnisch relativ homogener Territorien durch politische Grenzen

☐ ethnisch-territoriale Inkongruenzen infolge administrativer Veränderungen im Zusammenhang mit Zwangsmigrationen

☐ Existenz von Exklaven bzw. Enklaven

**Umstrittenes System der Autonomiehierarchie**

○ Einordnung bzw. Zuordnung autonomer Territorien in höherrangige Einheiten

○ Nichtgewährung von Autonomie (Minderheiten-Problematik)
  * Sonderfall: keine Rückkehrerlaubnis nach Zwangsmigration

## Forderungen

A  Errichtung ethnisch relativ einheitlicher Territorien
B  Wiedererrichtung territorialer Einheiten, die z[u] früherer Zeit bereits existierten
C  territoriale Eigenständigkeit
D  Veränderung der verwaltungsrechtlichen Zuord[nung]
E  Statuserhöhung
F  Statuserniedrigung
G  Rückkehr in frühere Siedlungsgebiete